날마다 큐티하네요 !

강영재 목사

날마다
큐티하는 여자

날마다
큐티하는 여자

김양재 지음

QTM

차 례

에스겔 말씀으로 인도함 받은

Part 1 내 인생의 큐티

추천의 글 1

김양재 목사님은 제가 처음 만났을 당시 서울대학교 음악대학 3학년에 재학 중이던, 아직 소녀티가 가시지 않은 외모에 새침데기 성격이 남학생들 사이에서 늘 화제가 되던 예쁜 여학생이었습니다. 저는 CCC(한국대학생선교회)에서도 그의 신앙 열정을 보았으나 제가 CCC를 나온 이후 오랫동안 만나지 못했습니다. 그러다 1975년에 제가 반포에서 남서울교회를 개척했을 때 우연히 길을 가다 만났는데, 결혼해서 반포에 살고 있다고 했습니다. 제가 근처에 교회를 막 개척했다고 하자 그때부터 저희 교회에서 신앙생활을 하게 되었습니다.

남서울교회에서 줄곧 신앙생활을 함께하면서 가까이서 지켜본 그는, 남편의 영혼 구원을 위해 얼마나 간절하게 하나님께 매달렸는지 모릅니다. 김 목사는 괴로운 영적 갈증을 하나님 말씀을 묵상함으로 해결해나가기 시작했습니다. 누구의 도움도 거의 받지 않고 홀로 큐티지 본문으로 말씀을 묵상하기 시작했는데, 그 묵상의 은혜가 주변 사람들에게 많은 감동과 감화를 끼쳤습니다.

남서울교회에서 재수생 아이들과 마음 둘 곳이 없어서 중심을 잡지 못한 아이들을 돌보기 시작했고, 그 아이들은 말씀으로 힘을 얻어 고통스러운 시절을 건강하게 이겨냈습니다. 그런데 어느 날 그의 남편이 간 파열로 갑자기 세상을 떠나게 되는 청천벽력 같은 일이 일어났고, 저는 그가 남편의 임종을 지키는 것을 보게 되었습니다. 그때 저는 말씀의 위로가 그 무서운 비극 속에서도 힘이 되고 능력이 되는 것을 똑똑하게 보았습니다. 그것 자체가 제게는 놀라움이자 감동이었습니다. 사람으로는 도저히 상상할 수 없는 강건한 모습을 보여주었습니다.

"너희는 여호와를 영원히 신뢰하라 주 여호와는 영원한 반석이심이로다"(사 26:4). 이 반석 때문에 꿋꿋이 서 있는 그의 모습을 보며 지금도 그때를 회상하면 다시 감격에 겨워지곤 합니다. 이후 그는 구체적으로 큐티의 범위를 넓혀가기 시작했습니다. 남서울교회에서는 본당을 이용해 큐티 모임을 키워 갔고, 또한 세계 도처의 유학생들에게 큐티를 가르치는 스승이자 앞선 큐티의 모범

답안으로서 사람들에게 은혜와 영향을 끼치게 되었습니다. 이러한 모든 과정에서 하나님께서 주시는 풍성한 은혜가 계속 자라 몇 곳에서 커다란 큐티 모임을 시작했고, 그는 하나님의 말씀을 더 깊이 연구하기 위해 백석신학대학원 석사(M. Div.) 3년 과정을 귀하게 잘 마쳤습니다. 지금껏 인도하시고, 역사하시고, 사역하게 하신 하나님께서 앞으로 김양재 목사님을 어떻게 사용하실지 다 상상할 수가 없습니다.

특별히 그의 안에는 이 땅에서 눈물 흘리는 무수한 사람과 함께 울면서 주의 위로를 전하는 놀라운 모습이 있습니다. 하나님께서 이 시대에 그를, 주님의 사랑을 받던 마리아처럼 거룩한 부녀들의 발자취를 따르는 은혜로운 삶으로 계속 인도하실 것을 기대해봅니다. 하나님의 풍성한 사랑이 그의 간증을 통해서 우리 마음속에 풍성히 역사하실 줄 믿습니다.

홍정길 (남서울은혜교회 원로목사)

추천의 글 2

　제가 김양재 목사님(당시 강도사)을 처음 본 것은 미국에서 열린 코스타(KOSTA, 한국유학생 수련회)에서였습니다. 속된 말이지만 당시 김양재 강도사님의 강의는 그 어떤 강사의 강의나 설교보다도 학생들에게 인기가 좋았습니다. 솔직히 목사로서 자존심도 조금 상하고 배도 조금 아팠지만(?) 학생들이 김양재 강도사님의 강의에 은혜를 받고 줄을 서서 강의 테이프를 사는 모습을 보고 하나님께 감사했습니다.

　예전에 김양재 목사님이 사역하시던 큐티선교회에서 제가 섬기던 교회의 본당을 빌려 큐티 집회를 연 적이 있습니다. 2천 석이나 되는 작지 않은 예배당이었는데 그 큰 예배당을 꽉 채운 것을 보고 솔직히 많이 놀랐습니다. 그리고 그때도 하나님께 감사했습니다. 단순히 큐티를 통한 말씀의 은혜에 사람들이 감동하고 움직인다는 것은 우리나라에 아직도 희망이 있다는 뜻이 아닐까 생각했습니다.

　기독교와 미신(迷信)을 비교할 필요도 없지만 군이 비교하자면, 미신은 자기가 믿는 신의 능력을 이용해 자신의 뜻과 소원을 이루려고 하는 종교입니다. 물론 우리 기독교에도 그와 같은 면이 없는 것은 아닙니다. 그러나 우리 기독교 신앙은 하나님의 능력을 이용하여 자신의 뜻과 욕심을 이루려고 하기보다 하나님의 말씀을 깨달아 알게 된 하나님의 뜻을 자신의 삶 속에서 이루려고 하는 종교라는 점이 중요합니다. 미신은 자기의 뜻과 소원이 이루어지는 나라를 천국으로 이해하지만, 기독교는 하나님의 뜻과 소원이 이루어지는 나라를 천국으로 이해합니다.

예수님은 주기도문을 통해 "나라가 임하시오며 뜻이 하늘에서 이루어진 것같이 땅에서도 이루어지이다"(마 6:10)라고 기도하라 가르쳐주셨습니다. 예수님은 하나님의 뜻이 이루어지는 곳이 하늘이든 땅이든 하나님의 나라라고 이해하셨습니다. 말씀이 없이는 천국도 없습니다. 그러므로 우리 기독교 신앙인에게는 하나님의 말씀을 날마다 묵상하고, 그 묵상을 통해 자신에게 향하신 하나님의 뜻을 이해하고 그 뜻대로 살려고 힘쓰고 노력하는 것처럼 중요한 일은 없습니다.

그런데 바로 그와 같은 일을 세상에서 가장 잘하는 사람을 꼽으라면 저는 서슴지 않고 김양재 목사님을 꼽겠습니다. 김양재 목사님은 정말 '날마다 큐티하는 여자'입니다. 그의 그 유명한 큐티에 대한 간증과 강의를 담은 책이 세상에 나와서 하나님께 감사합니다. 이 책을 통해 많은 사람이 큐티에 대해 도전받고, 큐티 방법을 전수받아 김 목사님처럼 날마다 큐티하면서 이 땅에서도 천국을 사는 귀한 백성이 되기를 기대합니다.

저는 지금껏 누구의 책을 소개한 일이 거의 없습니다. 사람 추천도 웬만해서는 하려고 하지 않습니다. 그러나 김양재 목사님과 그가 책으로 펴낸《날마다 큐티하는 여자》는 자신 있게 추천할 수 있습니다.

김동호 (높은뜻연합선교회 前 대표)

이 책을 펴내며

저의 고난은 하잘것없습니다. 그러나 저는 그 고난 가운데서도 말씀으로 임하신 하나님을 증거하며 모든 사람이 말씀을 묵상하게 되기를 바라는 소망을 품고 지금까지 걸어왔습니다. 큐티(Quiet Time) 모임을 통해 수많은 분과 함께 말씀을 읽고 또 나누었습니다. 저는 말씀을 통해 알게 된 저의 추함과 더러움 그리고 욕심뿐만 아니라, 제가 겪은 고난의 여정을 숨김없이 사람들에게 나누었습니다. 그리고 모인 사람들 개개인이 직면한 문제들에 대한 해답도 말씀 안에서 함께 찾기 위해 노력했습니다.

30여 년 전 저희 집 응접실에서 시작한 재수생 모임이 매주 천여 명이 참석하는 주 3회 모임이 되었고, 지금은 우리들교회 수요예배로 모이고 있습니다. 당시 섬기던 남서울교회 홍정길 목사님의 부탁으로 큐티 모임을 시작했는데, 떨리는 마음으로 '집사 신분이니 잠깐 하다가 그만두게 될 거야' 하고 생각했습니다.

그러나 하나님께서는 날마다 힘들고 아픈 사람들을 보내주시고 말씀으로 가정이 회복되고 살아나는 열매를 보여주셨습니다.

저는 정말 내세울 것이 없는 사람인지라 제 간증을 한다는 것이 무척 조심스럽습니다. 그럼에도 많은 분에게 말씀묵상의 은혜와 말씀 가운데 임하는 하나님의 능력을 전하고 싶어 이렇게 책을 내게 되었습니다.

　제 삶을 나누려다 보니 어쩔 수 없이 제 가족 이야기를 하게 되었습니다. 한 분 한 분이 참 성실하게 자기 삶에 최선을 다해 살아오신 분들입니다. 만에 하나 저의 간증으로 이분들에게 누가 되지 않을까 염려가 됩니다. 제 간증이 단순한 사건으로서가 아니라 오직 하나님의 관점에서 전달되기를 바랍니다. 또한 우리 주님이 모든 일에 증인이 되어주시고 세밀한 부분까지 간섭해주시기를 기도합니다. 때에 따라 등장하는 분들의 이름을 가명으로 사용하기도 했습니다. 독자 여러분의 많은 이해를 바랍니다.

2002년 12월

김양재

이 책을 '다시' 펴내며

《날마다 큐티하는 여자》가 출간된 지도 어느덧 15년여의 세월이 흘렀습니다. 당시만 해도 평신도 입장에서 쓴 글이었는데, 그후 신학을 하고 15년 넘게 목회를 하는 지금 다시 봐도 전하고자하는 바는 별반 차이가 없다는 게 놀랍기도 합니다. 아마도 남을 가르치려고 쓴 글이 아니라 주님이 나에게 주시는 '말씀'으로 여기고 썼기에 그런 것 같습니다. 지난 2012년에 일부를 수정한 개정판을 출간했지만, 이번에 다시 책 곳곳에 새로운 에피소드와 메시지를 더해 개정증보판으로 펴냅니다. 그간 제 삶을 이끌어준 에스겔서 48장 전체를 아우르는 간증을 다 담지 못한 아쉬움이 못내남아 있었기 때문입니다. 특별히 이 증보판은 큐티선교회(QTM)가 본격적인 문서 사역을 위해 출판사를 설립하고 '도서출판 큐티엠'의 이름으로 펴내는 것이라 감회가 더욱 새롭습니다.

《날마다 큐티하는 여자》는 평신도로서 큐티 모임을 인도하던 제가 주변의 권유로 내게 된 첫 책입니다. 저희 집에서 시작한 재수생 모임이 매주 천여 명이 모이는 큐티선교회가 되었고, 큐티 모임을 통해 수많은 분과 말씀을 읽고 나누다 보니 하나님은 목회를 전혀 생각해본 적 없던 제게 우리들교회를 맡기셨습니다. 목회를 위한 목회가 아니라 오직 말씀으로 사람을 살리는 데만 집중하다 보니 주님이 여기까지 한 걸음 한 걸음 인도해주셨습니다.

선한 것 하나 없는 제가 일관되게 영혼 구원과 말씀묵상을 부르짖으며 여기까지 걸어올 수 있었던 것은 전적인 하나님의 은혜입니다. 여성 고유의 섬세함으로 성도들의 삶 속 깊숙이 들어가 함께 울며 아파할 수 있었던 것은 주님이 제게 허락하신 축복이었습니다. 그러나 유교적 관념이 남아 있는 한국 교회에서 겪어야 하는 어려움도 적지 않았습니다. 그럼에도 주님이 보내주신 환난당한 자, 빚진 자, 원통한 자들과 함께 울고 웃을 수 있었던 것은 모든 사람이 말씀을 묵상하게 되기를 바라는 간절한 소망 때문이었습니다. 척박한 환경에서 지쳐 쓰러지려 할 때마다 하나님은 사람들이 살아나는 것을 눈앞에서 보게 하셨습니다. 삶을 포기했던 사람들이 살아나고, 이혼하려던 부부가 합쳐지고, 무너진 가정이 회복되는 것을 수도 없이 보게 하셨습니다. 성전에 가득한 하나님의 영광을 보니 제 안에도 날마다 새로운 은혜와 사명감이 충만했습니다.

이렇게 한 걸음 한 걸음 걸어온 우리들교회가 지금은 1만 명이 넘는 교회로 성장했고, 1년에 두 차례 진행하는 '목욕탕 큐티목회세미나'를 통해 한국 교회를 섬기는 일도 감당해나가고 있습니다.

지난 세월 동안 크고 작은 굴곡들도 있었습니다. 개인적으로는 2016년 가을, 가슴에 암이 발견되어 수술 후 여섯 차례에 걸친 항암 치료를 받기도 했습니다. 어찌 보면 목회의 정점에 다다른 것 같은 시점에 암에 사로잡혀서 문자 그대로 꼼짝 못 하고 대여섯 달을 항암의 감옥에 갇혀 지냈습니다. 그러나 믿음으로 항암을 겪은 것과 아닌 것에는 큰 차이가 있습니다. 저는 말씀으로 사건을 해석하면서 가니까 사명 때문에 일어나고, 먹고, 산책도 했습니다. 그러나 아픈 것만 생각하면 이 질고를 감당하기가 어려웠을 것입니다. 그동안 주의 일을 한다고 열심히 달려왔는데 상(賞)을 주셔야지 '무슨 암인가' 그러지 않겠습니까?

그런데 그런 마음이 전혀 들지 않았습니다. 유황불 같은 항암의 사로잡힘에서 또 하늘이 열렸습니다(겔 1:1-3). 저 자신의 죄성(罪性)을 더 많이 보고 직면하게 되었습니다. 당해보지 않으면 알 수 없는 일이지만, 택한 자는 사건이 올수록 자기 죄를 보는 것, 이것이 상이고 그리스도의 신비라고 생각합니다. 1987년에 에스겔서 말씀을 처음 묵상할 때는 제가 아무것도 모르고 에스겔 같은 삶을 살게 해달라고 기도했는데, 참 겁도 없이 그런 기도를 했다고 생각합니다. 그러나 이 모든 일이 저 개인의 일이 아니라 하나님의 일이기 때문에 하나님이 그 일을 온전히 이루어가실 것을 믿습니다.

언젠가 KBS 다큐멘터리 프로그램에 '암'이라는 사로잡힘 가운데 말씀으로 헤쳐나가는 부부의 삶이 소개되었습니다. 결혼 3년 만에 첫 아이를 낳고 아내가 산후조리원에 있을 때 남편이 대장암 말기라는 소식을 듣습니다. 그 충격으로 시어머니는 너무 괴로워하시다 스스로 생을 마감하셨고, 몇 개월 후에는 아내까지 혈액암 말기라는 청천벽력 같은 일이 계속 일어났습니다.

그런데 그 부부가 고난 가운데서도 묵묵히 말씀묵상을 하는 모습이 방송에 나왔습니다. 놀랍게도 그 교재는 큐티엠에서 발행하는 《큐티인》이었습니다. 더군다나 기독교 방송도 아닌 공영방송에서 《큐티인》을 만나게 되다니요. 그 인연으로 큐티엠에서 부부를 찾아가 인터뷰를 했는데, "암을 낫게 해달라는 기도보다 내 죄를 보게 해주는 기도가 더 은혜가 된다"고 이야기했습니다. 죽음을 목전에 두고 이런 고백을 할 수 있다는 것은 말씀이 특별히 임했기에 가능한 일입니다. 부부가 암 투병이라는 사로잡힌 환경에서도 각자의 죄를 보면서 "암마저도 내 삶의 결론"이라고 고백하고 있으니, 이 부부는 사나 죽으나 큰 영광이 임한 것 아닐까 싶습니다. 내 죄 때문에 아파하면 어떤 고난도 문제가 되지 않는 것입니다.

이처럼 전혀 생각하지 못한 곳에서 큐티로 살아났다는 이야기, 가치관이 바뀌었다는 이야기를 듣고, 또 그 삶의 간증이 약재료가 되어 이 세상을 살리고 있다는 소식을 들으니 이 말씀묵상 운동의 사명이 참 대단하다는 생각을 하게 됩니다.

이 책을 읽는 여러분도 날마다 큐티하며 말씀대로 하루하루 살아가는 참 기쁨을 누리기 바랍니다. 그리고 제 삶을 말씀으로 인도해주시고 해석해주신 주님을 다시금 뜨겁게 만나는 시간이 되기를 소원합니다. 그리하여 여러분 모두가 사해와 같은 각자의 선교지로 가서 죽은 생명을 살리는 사명을 감당하는 교회의 일꾼이 되기를 기도합니다.

2018년 4월

김양재 (우리들교회 담임목사 · 큐티엠 이사장)

Part 1

에스겔 말씀으로 인도함 받은

내 인생의 큐티

제 인생은 에스겔서 1장부터 48장까지의 말씀으로 인도함 받았다고 해도 과언이 아닙니다.

에스겔 선지자에게 특별히 말씀이 임한 후, 여호와의 권능이 그 위에 있던 것처럼

저에게도 이전에는 몰랐던 기쁨과 감격이 함께했습니다. 그리고 에스겔서 1장 전체를 통해

하나님 나라의 엄청난 영광과 인간이 순종해야 할 완벽한 모범을 보여주시며

"네가 거할 곳은 이 땅 네 집이 아니다. 하늘의 하나님 나라가 네 성전이다.

그러니 앞으로 어떤 어려운 일이 있어도 놀라지 말라"고 말씀하셨습니다.

제가 앞으로 감당해야 할 하나님의 일이 있기 때문이었습니다.

Chapter 01

사로잡힌 자 중에 있을 때
하늘이 열리며

서른째 해 넷째 달 초닷새에 내가 그발 강가 사로잡힌 자 중에 있
을 때에 하늘이 열리며 하나님의 모습이 내게 보이니 여호야긴 왕
이 사로잡힌 지 오 년 그달 초닷새라 _겔 1:1-2

야망과 신앙 사이

에스겔서 1장 1절에 에스겔 선지자가 바벨론 포로로 잡혀갔다고 합니다. 서른째 해는 에스겔의 나이로 보는데, 제사장 역할을 해야 할 사람이 포로로 사로잡혀서 아무 일도 할 수 없었다는 이야기입니다. 게다가 바벨론의 그발 강가는 없는 것 없이 풍요로워 하나님이 결코 나타나시지 않을 것만 같은 곳이었습니다. 그런데 이스라엘의 마지막 왕 여호야긴이 사로잡힌 지 5년 만에 하늘이 열리고, 하나님이 그 모습을 보이셨다고 합니다. 여호야긴 같은 나의 왕이 사로잡혀가고 나 또한 사로잡힌 자가 되어 땅끝까지 내려가는 고난을 겪어야 하늘이 열린다는 것입니다. 그마저도 금세 열리는 것이 아니고, 사로잡히고도 5년이 지나야 한다고 합니다.

내가 그토록 목매어 바라보던 최고의 나라 바벨론이라 할지라도, 그 땅에 포로로 사로잡혀가는 처지가 되면 그제야 '내가 왜 이렇게 됐을까?'를 돌이켜보게 되는 것입니다. 그래서 사로잡힌 자 중에 있는 것이 중요합니다.

저도 제 인생의 시기마다 사로잡힌 부분이 있었고, 그렇게 사로잡힌 만큼 하늘이 열렸습니다. 학창 시절에는 최고 강대국인 바벨론 그발 강가의 영광을 사모해 그곳에 가기 위해 피아노를 치면서 시간에 사로잡히고, 인정중독에 사로잡혀 서울대를 가고, 그 학벌로 바벨론의 그발 강가 같은 남편을 만나고자 했습니다. 교회를 그렇게 열심히 다니면서도 하나님의 방문은 안중에도 없었습니다. '설마?' 하고 하나님의 방문을 기다리지 않은 채 오직 백마 탄 왕자만 기다렸습니다. 그런 남자를 만나 결혼하면 '고생 끝 행복 시작'일 줄 알았습니다.

"운동선수도 아닌데 체격은 왜 저리 크담. 휴, 서른 살이라 니…… 나이도 너무 많아."

눈송이가 하나둘 안국동 거리에 살포시 내려앉는 토요일 오후였습니다. 그해 겨울의 첫눈이라는 반가운 마음도 잠시, 아버지와 함께 나선 맞선 자리는 몹시 지루하고 갑갑했습니다. 저는 당시 대학 졸업을 두세 달 남겨둔 학생이었는데, 양가 어른들은 이미 결혼을 결정하고 상견례를 하는 듯한 분위기였습니다. 맞선 상대는 의사 후보생으로 좋은 조건이었지만, 저는 그의 외모부터 마음에 들지 않았습니다.

부모님들이 먼저 일어나신 후 둘 사이에는 어색한 대화만 오갔습니다. 저녁 식사를 하고 꽤 길게 느껴지는 시간이 흐른 후 맞선 상대는 기사를 대동한 차로 저를 집까지 바래다주었습니다. 집에 들어가자 아버지께서 제 의중을 물으셨습니다. 하지만 저는 대학을 졸업하고 대학원에 진학하거나 유학 가서 피아노를 더 공부해 교수가 되겠다는 꿈이 있던 터라 결혼은 애초에 생각이 없었습니다. 마침 한 예술고등학교에서 전임 강사를 맡아달라는 제의도 오가던 때였습니다.

저는 딱 잘라 마음에 들지 않는다고 대답했습니다. 그러자 아버지는 제 말이 떨어지기가 무섭게 "네래 교만해서 그렇다우" 하시 며 저를 나무라셨습니다. 맞선 상대는 이름난 사업가 집안의 셋째 아들로 산부인과 레지던트인 데다 그 부모님은 장로님, 권사님이 었으니 제가 교만하다는 소리를 듣는 것이 어쩌면 당연했는지도 모릅니다.

여하튼 제 마음과는 상관없이 상대가 저를 마음에 들어 했기 때 문에 만남은 계속 이어졌습니다. 그는 당시 진주에서 무의촌 봉사 를 하고 있었는데, 금요일이면 야간열차로 서울에 올라와 주말에 저를 만난 후 주일 밤이면 다시 야간열차를 타고 진주에 내려가곤 했습니다. 그리고 서울에 올 때마다 저희 집에 와서는 "아버님" 하 고 부르며 넙죽 큰절을 올리니 부모님도 이 청년을 듬직하게 여길 수밖에 없었습니다.

그렇게 꼬박 6개월을 진주에서 서울로 오가는 그의 적극적인 모습에 제 마음도 조금씩 움직였고, 마침내 결혼을 결심하게 되었 습니다. 어쩌면 유복한 가정환경과 산부인과 의사라는 배경이 제 마음을 가장 크게 움직였는지도 모릅니다.

사실 저는 예배 반주자로 섬기면서 교회를 열심히 다니고 학교 에서도 대학생선교회(CCC)라는 선교단체의 일원으로 활동했지 만, 제 안에는 음대 교수를 하고 싶은 세상적인 야망이 가득했습니 다. 그래서 속으로는 남편이 갖춘 요건을 발판 삼아 내 꿈을 이 룰 수 있겠다는 생각을 한 것입니다.

저는 4대째 모태신앙인 집에서 자랐습니다. 이북이 고향인 저희 집안은 선교사에게 일찍 복음을 받아들인 기독교 가정이었습니다. 큰 부자는 아니었지만 믿음 좋은 어머니와 성품 좋은 아버지 사이에서 저는 위로 언니 셋을 둔 막내딸로 태어났습니다.

저희 어머니는 3대째 신앙생활을 하는 가정에서 자라셨지만 믿음은 그다지 없었다고 합니다. 그러다 시집와서 아들을 낳지 못하는 고난을 통해 주님을 인격적으로 만나게 된 분이었습니다. 부유한 집안에서 태어났고 시집도 부잣집에 와서 남부러울 것이 없었지만 연달아 딸만 셋을 낳자 어머니는 아들을 낳기 위해 갖은 애를 쓰셨다고 합니다. 교회 성가대원들을 집으로 초대해 식사 대접을 하기도 하고 온갖 봉사와 헌금을 하셨습니다.

저를 임신하셨을 때는 목사님을 통해 이름도 아예 남자 이름인 '양재'로 지어놓고 이불도 파란 비단이불로 준비해놓았지만 네 번째도 딸인 저를 낳자 큰 충격을 받으셨다고 합니다. 그전까지는 정성을 다하지 않아서 딸을 낳았다고 생각했는데, 이번에는 온갖 정성을 쏟았는데도 딸을 낳자 어머니는 인생을 다 산 것처럼 슬퍼하셨답니다. 그야말로 모든 게 잘되려고 예수를 믿는 기복신앙이었습니다.

아들 하나 낳기 위해 섬김이 요란하다 못해 눈살을 찌푸리게 할 정도로 지나쳤지만, 아들을 낳지 못해 겪은 수모와 고난을 통해 주님을 뜨겁게 만나게 된 어머니는 평생 직분 없이 교회를 섬기며 생색 한 번 내지 않으셨습니다. 그때부터 완전히 회개하고 새로운 인생을 사신 것입니다. 매일 새벽 '몸뻬' 차림으로 기도하시면서 아무도 알아주지 않는 화장실 청소를 도맡아 하는 것은 물론 남의 집 빨래까지 도와가며 전도에 힘썼습니다. 냄새가 심한 재래식 화장실이었는데도 개의치 않으셨고, 헌금도 무명으로 하시면서 정말 이름도 없이 빛도 없이 섬기셨습니다.

하지만 저는 예수 잘 믿는 어머니 밑에서 힘든 학생 시절을 보내야 했습니다. 남을 섬기느라 초라하기 짝이 없는 어머니의 모습만 보고 자랐으니까요. 어머니는 교회에 무슨 일이 있으면 자식들의 입학식이나 졸업식에도 오지 않으셨을 뿐 아니라 교육이나 진로 문제에도 전혀 신경 쓰지 않으셨습니다. 학창 시절에 공부를 잘하셨던 어머니셨지만, 제게는 "공부 잘하면 뭐하네? 사도 바울처럼 고난만 많아, 야!" 하며 관심을 두지 않으셨습니다. 각별하게 예수 잘 믿는 부모를 둔 것이 제게는 고난이었던 것입니다.

더군다나 저는 특별한 뒷바라지가 필요한 피아노를 전공하면서 중학교 때부터 치열한 입시 경쟁을 치러야 했는데, 그 모든 어려움을 혼자 이겨내야 했습니다. 그 시절 제가 할 수 있는 것이라곤 원망과 불평 대신 그저 열심히 공부하고 피아노 연습을 하는 일뿐이었습니다. 그러나 지금 와서 생각해보면 어머니의 무관심에도 불구하고 네 딸들 모두 자발적으로 공부를 열심히 했던 것은, 어머니의 기도로 말미암아 하나님께서 저희를 친히 돌봐주셨기 때문이 아닌가 싶습니다. 남의 집에 빨래를 해주러 가는 초라한 어머니가 그때는 싫었고 제 인생에 전혀 보탬이 안 된다고 여겼지만, 그 때문에 오늘날의 제가 존재한다고 생각합니다.

시집살이에 사로잡히다

다들 제 결혼을 두고 잘하는 결혼이라고 입을 모았습니다. 10년 넘도록 교회에서 피아노 반주로 봉사했으니 하나님께 복을 받은 거라고도 했습니다. 저 역시 사람들의 말처럼 '어릴 때부터 교회에 한 번도 안 빠지고 열심히 봉사해서 하나님이 복 주신 거구나' 하고 생각했습니다. 그러나 제 결혼생활의 실상은 문자 그대로 '사로잡힌 자' 중에 있는 삶이었습니다. 모든 것을 다 갖춘 집안으로 시집을 가서 '고생 끝 행복 시작'인 줄 알았는데 사로잡히고 만 것입니다. 시집살이하는 동안 문자 그대로 사로잡혀 집 밖으로 나갈 수조차 없었습니다. 공식적인 외출은 1년에 딱 하루 친정아버지 생신에만 허락되었습니다.

돈과 세상 능력을 보고 결혼을 택한 저를 하나님께서는 그 돈과 능력에 사로잡히게 하심으로 톡톡히 훈련시키셨습니다. 강대국 바벨론이 좋아 제 발로 찾아간 저를 결국 포로로 살게 하신 것입니다. 외출조차 허락되지 않는 사로잡힌 상황에서 에스겔서 말씀을 저에게 주시는 하나님의 음성으로 듣기 시작했습니다. 말씀을 그렇게 제게 주시는 음성으로 들으니 점차 제 인생이 해석되었습니다.

저희 시어머니는 전형적인 한국 여인으로 남편과 자식, 살림이 우상인 분이었습니다. 게다가 학교 교육을 제대로 받아본 적이 없으셔서 여자가 신문이나 책 읽는 것을 이해하지 못하셨습니다. 피아노 연주는 더더욱 그러했습니다. 할 줄 아는 거라고는 피아노 치는 것과 공부밖에 없는 제가 그런 시어머니 밑에서 혹독한 시집살이를 시작하게 된 것입니다.

매일같이 이어지는 저의 가장 중요한 일과는 새벽 네 시 반부터 아침 여덟 시까지, 오후 두 시부터 저녁 식사 전까지 계속되는 집 안 청소였습니다. 시어머니와 저, 일하는 사람 둘, 이렇게 네 여인이 아씨 걸레, 젖은 걸레, 마른걸레, 기름걸레, 윤내는 걸레, 유리창 걸레를 챙겨 들고 종일 집 안 구석구석을 오가며 청소를 했습니다.

그때의 광경은 지금 떠올려도 얼마나 부산스러운 모습이었는지 모릅니다. 네 사람에게는 각자 정해진 걸레가 있었는데, 서로 좀 더 깨끗하게 걸레를 관리하기 위해 온 신경을 곤두세우고 경쟁을 했습니다. 시어머니는 걸레의 물기가 많거나 적거나 혹은 깨끗하지 않으면 걸레를 바닥에 집어던지며 "다시 하라"고 야단치셨습니다. 그래서 늘 걸레를 힘주어 짜다 보니 나중에는 손이 부르트고 습진까지 생겼습니다.

하지만 그렇게 열심을 내어도 저는 늘 시어머니의 걸레 검사를 통과하지 못하는 열등생이었습니다. 나중엔 걸레에 얼마나 신경을 썼는지 분무기를 들고 다니며 물기를 조절하기도 하고, 자다가 일어나서 빨아놓은 걸레를 뒤집어 널기도 했습니다. 최고 학벌을 자랑하던 제가 시어머니 눈치를 보며 걸레 하나에 온 힘과 능력이 사로잡히게 된 것입니다.

시어머니는 저희가 신혼여행 다녀온 첫날부터 방문을 활짝 열어젖히며 청소하자고 하시던 분이었습니다. 그래서 낮에 잠깐 여유가 생겨도 방에 들어가서 책을 읽거나 낮잠을 자는 일은 상상도 할 수 없었습니다. 그러다 보니 하루 중 잠시라도 짬이 나면 무얼 해야 할지 몰라 허둥대야 했습니다.

고민 끝에 시어머니가 언제 방문을 열어도 책잡히는 일이 없는 소일거리로 손뜨개질을 생각해냈습니다. 언젠가 시어머니께서 형님의 뜨개질을 칭찬하신 기억이 났기 때문입니다. 그래서 얼마나 열심히 뜨개질을 했는지 침대보를 두 개나 뜨고 피아노 커버에 의자 커버까지 떴습니다. 하지만 실상은 얼마나 재미가 없고 지겨웠던지 지금은 뜨개질 코뜨기의 코 잡는 법도 까맣게 다 잊어버렸습니다.

그처럼 시어머니는 비록 학력은 없으나 권세를 가진 분이었고, 저는 세상 지식으로 교만하기는 했으나 지혜가 없는 무능력자에 불과했습니다. 그러면서도 저는 마음속으로 무서워서 피하는 게 아니라 더러워서 피하는 거라고 되뇌며 그 시간들을 견뎠습니다.

그리고 돈에 있어서도 시댁이 아무리 부자이고 남편이 의사여도 저는 그야말로 '비단 치마 속의 넝마' 신세였습니다. 시어머니와 남편이 제가 외출하는 것을 싫어했기 때문에 종일 집에만 있다

보니 남편은 제게 돈이 왜 필요하냐는 식이었습니다.

그렇게 사방이 꽉 막힌 환경에서 저는 속이 썩어들어가면서도 저의 교양을 포기할 수 없어 겉으로는 전혀 표현하지 않았습니다. 남들에게 어떻게든 착한 며느리, 좋은 아내 소리를 듣는 것이 제 우상이었기 때문에 오히려 겉으로는 맹종에 가깝게 순종했습니다. 그러다 밤이 되면 그런 저 자신이 너무 가증스럽고 위선자 같아서 차라리 죽는 게 낫겠다는 생각을 하기도 했습니다.

나도 속고 남도 속인 믿음

결혼 전, 10년 넘게 반주자로 섬기다 보니 주위 분들은 저를 믿음 좋고 경건한 처녀로 보았습니다. 하루는 어떤 분이 제게 목사 사모가 되는 건 어떠냐고 물으신 적이 있습니다. 당시는 지금처럼 대형 교회가 있던 시절도 아니고 교회도 많지 않았던지라 목사는 신랑감 선호도에서 맨 아래쪽에 있었습니다. 그래서 속으로 '내가 얼마나 궁해 보였으면 목사 사모를 하라고 하나' 싶어 언짢아했던 게 제 믿음의 수준이었습니다.

결혼 후에도 그런 표면적인 신앙생활은 계속되었습니다. 주일이면 인물 좋은 장로님이신 시아버지와 권사님이신 시어머니 그리고 남편과 함께 교회 앞자리에 앉아 많은 사람의 부러움을 사며 예배를 드렸습니다. 특히 어머님은 교회 가는 일을 거의 우상으로 삼다시피 하신 분이어서 일주일 내내 주일에 뭘 입고 교회에 갈지 고민하셨습니다. 그리고 토요일부터는 온 가족이 대기 상태에 들어가 주일 아침이면 모두 멋지게 차려입고 교회에 갔습니다. 저역시 인정받고 칭찬받는 것을 우상으로 삼았던 사람인지라 꼬박 2년 동안 한복을 곱게 입고 교회에 가는 것으로 시부모님의 마음을 기쁘게 해드렸습니다.

하지만 주일예배 한 번만 드릴 수 있을 뿐, 교회에서 교제나 봉사 등의 다른 활동은 전혀 허락되지 않았습니다. 그러다 보니 한복을 다리고 고무신을 깨끗하게 닦아놓는 일 또한 저의 중요한 임무였습니다. 임신했을 때는 배를 가리기 위해 한복 치마를 조여매는 바람에 숨을 쉬기도 힘이 들었습니다. 숨쉬기가 힘드니 산소 공급이 안 돼 졸음은 밀려오고 장로님 며느리 체면에 맨 앞자리에서 졸 수도 없어서 교회 가는 일이 점점 고역이었습니다. 그러면서도 남에게 인정받고 싶은 욕망은 사그라지지 않았습니다.

그런 시집살이 고난 가운데 남편이 레지던트를 끝내고 전문의 자격증을 따던 날이었습니다. 시부모님께서 남편과 저를 불러 앉히셨습니다.

"너네들 이제 살림 나간?"

아버님의 말씀을 듣는 순간, 저는 귀가 번쩍 뜨이는 것 같았습니다. 그러나 남편의 입에서는 꿈에도 생각지 못한 대답이 나왔습니다.

"저는 평생 아버지, 어머니 모시고 살 겁니다. 제 눈에 흙이 들어가기 전에는 분가 안 해요."

저는 순간 억장이 무너져 내렸지만 알량한 교양 때문에 가만히 미소 지을 수밖에 없었습니다. 혹시나 그동안 잘해온 것이 살림 빨리 나고 싶어서 그런 거라고 할까 봐 싫은 기색을 할 수가 없었습니다. 게다가 남편에게 듣는 '착한 며느리' 소리도 포기할 수 없어서 남편에게 한마디 상의도 없이 그럴 수 있냐는 투정 한번 제대로 부려 보지 못하고 끙끙 앓기만 했습니다.

그리고 첫아이를 낳을 때는 산부인과 의사였던 남편이 자연분만을 고집해 열일곱 시간의 진통을 겪으면서도 "아이 낳을 때 지르는 비명으로 그 여자의 성격을 알 수 있다"며 남편이 악쓰는 여자들을 흉보던 기억 때문에, 정말 이대로 죽는구나 싶을 정도로 아팠지만 절대 소리 지를 수 없다는 일념으로 이를 악물고 참았습니다. 교양에 대한 저의 집착은 그만큼 컸습니다.

사람에게 어떤 목표가 있을 때는 어려움이 있어도 잘 이겨냅니다. 저 역시 남편이 전문의를 따기까지 시집살이 3년은 레지던트 기간이 끝나면 분가할 수 있다는 희망 때문에 참아낼 수 있었습니다. 더군다나 남편은 셋째였기 때문에 눈에 흙이 들어가도 부모님을 모시겠다고 할 줄은 정말 몰랐습니다. 결혼 전 남편의 그런 마음을 알았더라면 결혼을 망설였을지도 모릅니다. 언젠가 분가하리라는 희망이 그렇게 사라지자 저는 더 이상 그 상황을 견딜 힘이 없었습니다. 살림을 변변히 잘하는 것도 아니고, 죽어라 공부했던 피아노도 못 하게 되고 보니 뭔가를 성취하는 데서 오는 기뿜도 없었습니다. 게다가 남편의 월급을 저축하는 즐거움이나 내 살림이 있어서 꾸미고 장만하는 재미가 있는 것도 아니었으니 사는 것에 회의가 들었습니다.

그렇다고 죽을 용기가 있는 것도 아니었습니다. 그러면서도 한편으로는 '나같이 괜찮은 사람은 죽는 것도 멋있어야 하는데 왜 죽는 걸 두려워하지' 하는 마음 때문에 저 자신을 용납하기가 힘들었습니다. 그러나 지금 돌이켜 보면 그것도 하나님의 택하심 때문이었습니다. 사실 자기 신념 때문에 자살하는 사람이 얼마나 많습니까.

그런 결혼생활 5년에 저는 위장병과 편두통, 툭하면 고열이 나는 편도선염으로 시달렸습니다. 천성적으로 몸이 약해 가족들이 의사에게 시집가라고 할 정도로 어릴 적부터 병을 달고 살았는데, 시집와서도 매일 속을 끓였으니 병에 안 걸렸다면 오히려 그게 이상했을 것입니다.

정말 가족들 말처럼 의사 남편을 만나긴 했지만 약한 체질에 시집살이 스트레스까지 더해져 어릴 때부터 툭 하면 부어오르던 편도선염으로 열이 39.5도까지 오르며 앓아눕곤 했습니다. 성인이 그 정도로 열이 오르면 생명이 위급한 상태입니다. 그렇게 한 번 누우면 일주일을 꼼짝 못 하고 힘들어하다 남편이 놓아주는 페니실린 주사 1000cc를 맞고 겨우 열을 가라앉혔습니다. 그것도 아플 때마다 계속 맞다 보니 차츰차츰 양이 늘어서 나중에는 3,000~4,000cc까지 맞게 됐습니다. 저에게 약한 체질을 주신 것도 이미 태초부터 나를 아시고 지으신 하나님의 목적이 있기 때문인데, 그 목적대로 살지 못하고 걸레 하나에 온 신경을 쏟고 사니 아픈 것이 당연했습니다.

그저 착하고, 공부 잘하고, 믿음 좋고, 상냥하고, 예의 바르게 살아온 저였습니다. 죄라곤 그동안 열심히 산 죄밖에 없었습니다. 그러니 도대체 내가 무얼 잘못했는지 알 수도 없었습니다. 나도 속고 남도 속는 믿음 때문이었습니다.

눈만 뜨면 이혼을 생각했지만, 몸뻬 차림으로 화장실 청소하던 어머니의 간절한 기도가 생각나 그마저도 제 뜻대로 할 수가 없었습니다. 그저 연기처럼 사라지고 싶었지만, 사람들에게 인정받으며 교양 있게 살아온 인생이었기에 살고 죽는 일조차도 제 뜻대로 하지 못했습니다. 그 크신 하나님의 경륜이 제 삶 가운데서 이루어지고 있었지만, 그걸 깨닫지 못하니까 그저 암담한 절망의 시간을 견뎌내야만 했습니다. 오직 하나님의 은혜로 죽지 않고 살았습니다.

Chapter 02

내 안에 여호와의
말씀이 임하시고

갈대아 땅 그발 강가에서 여호와의 말씀이 부시의 아들 제사장
나 에스겔에게 특별히 임하고 여호와의 권능이 내 위에 있으니라
_겔 1:3

비참함 속에 허락해주신 회개의 영

첫아들을 낳은 후 시부모님과 저희 가족은 그동안 살던 단독주택을 떠나 아파트로 이사를 가게 되었습니다. 마당마저 없다 보니 그곳에서의 생활은 더욱 감옥처럼 느껴졌습니다. 누가 어디서 뭘 하는지 빤히 감지되는 집 안에서 종일 시어머니와 일하는 아주머니의 얼굴을 마주하는 것이 결코 쉬운 일은 아니었습니다.

그러던 어느 날, 대학에서 함께 공부했던 친한 친구로부터 "독일로 떠나게 되었으니 점심이라도 한번 먹자"는 연락이 왔습니다. 여느 때 같으면 아쉽지만 어쩔 수 없이 거절했을 텐데 그날은 집에 손님이 와 계셔서 마음을 달리 먹었습니다. '시어머니도 손님 앞에서라면 좀 관대해지시지 않을까' 하는 어린아이 같은 계산으로 시어머니께 허락을 구했습니다. 예상대로 시어머니는 체면 때문이었는지 "일찍 돌아오라"며 허락해주셨습니다.

어렵사리 허락받은 외출이었지만 마음은 그리 가볍지 않았습니다. 친구가 있는 태릉이 초행길이라 찾아가는 데 많은 시간을 허비하는 바람에 막상 가서는 밥을 먹는 둥 마는 둥 하고 일어서야 했습니다. 낮 열두 시쯤 집을 나섰다가 금세 왔는데도 오가는 데 시간을 다 보내는 통에 저녁 다섯 시가 되어서야 집에 도착할 수 있었습니다. 그리 늦은 시간도 아닌데 때가 겨울이라 그런지 어느새 날이 저물고 있었습니다. 다급한 마음으로 집에 들어서는데 그날따라 일찍 퇴근한 남편이 제 앞을 가로막고 서더니 무슨 큰일이라도 난 것처럼 말했습니다.

"당신, 지금이 몇 시야! 아버지 들어와 계시니 들어가 봐, 큰일 났다."

어머니도 저를 매서운 눈으로 쳐다보고 계셨습니다.

저는 순간 마음이 덜컥 내려앉았습니다.

"다녀왔습니다."

쭈뼛거리며 들어가 인사를 드리는데 아버님은 고개를 돌린 채 외면하셨습니다. 지친 몸과 마음으로 방에 들어서자 남편이 호랑이 같은 얼굴을 하고는 야단을 쳤습니다. 그날 제가 무슨 정신으로 저녁을 차렸는지……. 그런데 그렇게 실컷 혼이 나고 나니 내가 뭘 그리 잘못했나 싶어 자꾸만 억울한 생각이 들고 분노가 일었습니다. 허락 없이 외출한 것도 아니고, 못 갈 데를 다녀온 것도 아닌데 야단을 치는 남편과 시부모님이 미웠습니다. 그리고 집이 더욱 감옥처럼 느껴졌습니다.

저는 이튿날 아침이 되어서도 마음이 가라앉지 않아 결혼 5년 만에 처음으로 아침상 차리는 데도 나가보지 않고 남편의 출근길도 내다보지 않았습니다. 시위 아닌 시위를 시작한 것입니다. 그럼에도 속에서는 자꾸만 화가 치밀어 올라 답답해서 견딜 수가 없었습니다. 그래서 학생 때 입던 빨간 아스트라칸(astrakhan) 오버코트를 꺼내 입고 집을 나서서 눈이 쏟아지는 둑길을 미친 사람처럼 왔다 갔다 했습니다. 일하는 아주머니는 갑작스런 저의 행동에 놀라셨는지 쫓아 나와서는 "어머니가 화가 많이 나셨다"면서 빨리 집에 들어가자고 했습니다. 그렇게 한바탕 눈을 맞고 집에 들어서자 시어머니의 매서운 야단이 쏟아졌습니다.

"당장 친정에 가서 부모님 모셔 오라야! 얼마나 보고 배운 게 없으면 하는 행동이 그 모양이네."

"제가 시집을 왔지, 감옥에 온 건가요. 친구 한 번 만난 것 가지고 무슨 죽을죄를 지었다고 이러세요."

정말 무슨 용기로 그랬는지 처음으로 시어머니에게 말대답을 하고 방으로 들어와 문을 잠갔습니다. 화가 많이 나신 시어머니는 급기야 형님을 부르셨고, 잠잠하던 집안이 저로 인해 시끄러워지고 말았습니다. 퇴근해 집에 돌아온 남편은 낮에 무슨 일이 있었는지도 모른 채 전날의 일로 화가 나서는 저와 말도 하지 않았습니다.

저는 그런 남편이 너무 야속하게 여겨졌습니다. 뭐가 그리 잘못됐는지 몰라도 전부 저를 향해 화를 내고 있는 걸 보니 정말 더 이상 살고 싶지 않았습니다.

그날 밤새 남편의 차가운 뒷모습만 바라보다 저는 집을 나섰습니다. 다섯 살 된 아들을 두고 집을 나서자니 마음이 무겁고 아팠지만 뭘 어떻게 해야 할지 생각할 겨를이 없었습니다. 그러나 막상 나와 보니 수중에 돈이 한 푼도 없어 별수 없이 친정으로 갔습니다. 친정에서 하룻밤을 보내고 다음 날 아침, 밥 먹으라는 소리에 먹지 않겠다고 돌아누웠더니 식탁에 앉아 계시던 친정아버지의 화난 음성이 들려왔습니다.

"저 따우로 하니까 쫓겨났디!"

결국 친정도 제가 있을 곳이 아니었습니다. 그렇다고 창피를 무릅쓰고 친구를 찾아갈 수도 없었습니다. 그 와중에도 저를 가장 괴롭힌 것은 그 상황과 처지를 결코 용납하지 못하는 제 교양이었습니다.

막막해진 저는 자그마한 기도원으로 갔습니다. 그리고 남편이 으레 데리러 올 거라는 생각에 집에다 기도원 위치와 전화번호를 알렸습니다. 하지만 하루가 지나고 이틀이 지나도 남편의 전화는 없었고 저를 데리러 오지도 않았습니다. 저는 한없이 비참했습니다. 그러나 하나님께서는 그 비참함 속에 괴로워하는 저에게 회개의 영을 허락하셨습니다.

저는 기도원에 들어서자마자 '이런 사람들과 어떻게 같이 지내나' 하는 걱정부터 앞섰습니다. 제가 있던 방에는 남편에게 맞아 팔이 부러진 사람, 암 환자, 끼니가 없어 찾아온 사람 등 저와는 비교도 안 되는 고난을 겪는 사람들이 함께 있었기 때문입니다. 그러나 저는 다른 이들의 아픔에는 무심한 채 무슨 병이라도 옮는 게 아닌가 싶어 걱정했던 교만하고 악한 사람이었습니다. 그러면서도 시부모님과 남편에게 맹종한 건 저 자신이 착해서 그런 거라 생각했습니다. 저는 전도하기 가장 힘든 사람이 스스로 자기를 착하다고 생각하는 사람이 아닐까 생각합니다. 과거의 제가 바로 그런 사람이었으니 말입니다.

주님과의 만남

사랑 안에 두려움이 없고 온전한 사랑이 두려움을 내쫓나니 두려움에는 형벌이 있음이라 두려워하는 자는 사랑 안에서 온전히 이루지 못하였느니라 (요일 4:18)

기도원에서 그날 주신 말씀을 읽는데 모태신앙으로 30년 동안 교회를 다녔지만, 성경에 그런 말씀이 있는지조차도 몰랐습니다. 그런 제게 이 말씀이 임함으로 성령께서 함께하시는 회개의 역사가 일어났습니다.

그랬습니다. 제게는 사랑이 없었습니다. 온통 두려움뿐이었습니다. 언젠가 시어머니께서 미국에 있는 동서에게 저를 두고 "쟤처럼 비위 잘 맞추는 애는 처음 봤다야" 하시는 말씀을 듣고는 자존심이 상했던 적이 있었습니다. '내가 뭐 다방 아가씨도 아닌데, 비위를 맞추는 게 뭔가' 싶어 속으로 억울했습니다. 하지만 시어머니의 표현은 정확한 것이었습니다. 시어머니에 대한 사랑은 없고, 제 안에 두려움만 가득했기에 그저 싫은 소리 안 들으려고 애쓰고 눈치 보며 섬겼으니 그런 말을 듣는 게 당연했다는 생각이 들었습니다. 그 죄가 깨달아졌습니다.

저는 그렇게 말씀으로 저 자신의 죄를 보면서 깨어지기 시작했습니다. 눈물과 콧물로 뒤범벅이 되어 기도하면서, 사랑하지 못했기에 늘 두려워하며 형벌의 삶을 살 수밖에 없었던 제 모습을 주님 앞에 고백했습니다. 그리고 마침내 예수 그리스도와의 인격적인 만남을 체험하게 되었습니다.

저는 이제껏 예수밖에 모르고 인간적으로 돌봐주지 않던 친정 어머니 때문에 고난당한 피해자라고 생각했지만, 실은 신실한 어머니의 기도가 있었기에 고된 시집살이를 통해 주님을 만나게 된 것이었습니다. 만일 하나님께서 저와 함께하시지 않았다면 이와 같은 진정한 회개는 일어나지 않았을 것입니다.

사실 저희 어머니는 제가 대학에 다닐 때 새벽기도 다녀오시는 길에 교통사고로 돌아가셨습니다. 뺑소니 차에 치여 그 자리에서 돌아가셨는데, 연락을 받고 달려가 보니 어머니는 그때도 헐렁한 몸뻬 차림이셨습니다. 그런데 어머니의 시신 아래 '30대 여인'이라는 팻말이 놓여 있었습니다. 나이가 오십이 넘은 어머니를 30대로 보다니요. 뇌출혈이 있었지만 외상 하나 없었고, 팽팽해진 얼굴은 유난히 검은 머리카락 덕분에 오히려 뽀얗게 빛이 났습니다. 마치 천사 같은 모습이었습니다.

그때까지 교회를 다니지 않던 아버지가 어머니의 마지막 모습을 보시고는 "하나님은 살아 계시다"고 눈물을 흘리셨습니다. 그리고 그 주일부터 교회에 출석하셨습니다. 성품 좋던 아버지는

"술, 담배를 다 끊고 사업을 그만두면 교회에 가겠다"고 입버릇처럼 말씀하셨는데, 그때부터 신앙생활을 시작하셔서 나중에 장로님이 되셨습니다. 이름도 없이 빛도 없이 그렇게 교회와 가족을 섬기시더니 어머니는 돌아가신 모습으로도 가족에게 은혜를 끼치셨습니다.

저의 믿음은 친정어머니의 발바닥도 못 따라가는 믿음입니다. 생전에 어머니의 믿음이 그렇게 좋은지 깨닫지도 못했고, 어머니의 죽음 앞에서도 거듭남을 경험하지 못했습니다. 그런데 시집살이를 하면서 바닥으로 내려가니까 어머니의 믿음이 참 대단했다는 사실을 뒤늦게 깨달은 것입니다. '내가 이토록 믿음이 없으니 시댁에서 무시받는 게 당연하다'는 생각이 들었습니다.

그렇습니다. 제 믿음이 대단해서 회개한 것이 아니었습니다. 갈대아 땅 그발 강가에서 여호와의 말씀이 '부시의 아들' 에스겔에게 특별히 임한 것처럼 돈과 교양이라는 우상에 사로잡힌 결혼생활 5년 만에 드디어 여호와의 말씀이 제게 임했기에 성령이 함께하시는 회개가 제 안에서 일어났던 것입니다. '부시'라는 이름은 "천하다, 멸시받다"는 뜻이고, '에스겔'은 "하나님이 힘을 주신다"는 뜻입니다. 만인제사장 시대에 4대째 모태신앙인 저희 집안도 제사장 가문이라고 할 수 있는데, 제사장 가문의 딸로서 바벨론과 같은 시집살이에 사로잡혀 있던 저에게도 특별히 말씀이 임한 것입니다.

하나님의 말씀이 특별히 임해서 말씀이 들리고 깨달아지면 여호와의 권능이 반드시 임합니다. 권능이란 돈을 벌거나 권세를 얻는 세상적인 능력이 아닙니다. 말씀이 들림으로 그 말씀을 통해 내 삶을 해석하고, 그 말씀대로 믿고 살며 누리는 능력이 곧 권능입니다.

저 역시 아들 하나 낳지 못한, '천하다 여김받던' 어머니의 딸에 불과합니다. 저희 어머니는 아들을 못 낳는다고 사람들에게 얼마나 무시를 받았는지 모릅니다. 그러나 부모가 육적, 영적으로 멸시받고 천대받는 가정에서 태어났다고 해도 내게 말씀이 들리면 하나님께서 힘을 주신 에스겔처럼 그 권능이 임할 것입니다.

저 또한 죄 사함을 얻고 구원받게 되자 산천초목이 다 저를 위해 존재하는 것만 같았습니다. 지금껏 누리지 못했던 기쁨이 제 안에 가득했습니다. 제 나이 서른에, 어머니 배 속에서부터 교회를 다닌 지 30년 만에 진정한 그리스도인이 된 것입니다. 에스겔 선지자에게 특별히 말씀이 임한 후 여호와의 권능이 그 위에 있던 것처럼 저에게도 이전에는 몰랐던 기쁨과 감격이 함께했습니다. 그리고 하나님은 에스겔서 1장 전체를 통해 하나님 나라의 엄청난 영광과 인간이 순종해야 할 완벽한 모범을 보여주시며 "네가 거할 곳은 이 땅 네 집이 아니다. 하늘의 하나님 나라가 네 성전이다. 그러니 앞으로 어떤 어려운 일이 있어도 놀라지 말라"고 말씀하셨습니다. 제가 앞으로 감당해야 할 하나님의 일이 있었기 때문입니다.

그런데 정작 남편은 5년 동안 철저히 순종하다가 갑작스레 기

도원에 온 제 행동을 가출이나 반란으로 여겨 전화를 하지도, 데
리러 오지도 않았습니다. 저는 진실한 마음으로 시부모님과 남편
에게 편지를 띄웠습니다.

아버님, 어머님, 성근 아빠 보세요.
어려서부터 신앙생활하며 교회에서 반주로 10여 년간 봉사했는데
결혼하고 나서 손을 놓고 있으니 믿음이 약해졌습니다.
그래서 몸과 마음이 많이 아팠습니다.
제가 신앙생활을 잘못해서 하나님께서 연단하시는가 봅니다.
제가 겉으로 표현은 안 했지만 삶이 허무하고
무엇을 봐도 기쁜 것도, 좋은 것도 없고, 솔직히 죽고 싶었습니다.
그런데 주님을 만났습니다.
그리고 저 자신을 보니 얼마나 연약하고 이기적인지
알게 되었습니다.
모든 것이 저에게서 출발한다는 것을 알았습니다.
제 마음이 기쁘면 모두가 기쁘고
제 마음이 슬프면 모두가 슬픈 것입니다.
저는 제가 착한 줄 알았는데…….
인정받으려고 행한 맹종임을 깨달았습니다.
이렇게 저의 잘못을 많이 보게 되니
도리어 마음이 평안해집니다.

저의 지나온 잘못을 회개합니다. 용서해주세요.

그리고 어머님, 아버님, 가족들을 위해 기도합니다.

제가 이렇게 기도원에 와서 기도하는 것은

가정을 깨려고 온 것이 아니라 힘을 얻어

앞으로 사랑받는 며느리, 아내, 엄마가 되기 위해서입니다.

성근이 보시느라 얼마나 힘드십니까.

죄송합니다. 할 말이 없습니다.

더구나 크리스마스, 회사 연초 모임, 어머님 생신 등

여러 가지 일로 가장 바쁠 때 자리를 지키지 못해

더더욱 죄송합니다.

다시 한 번 거듭거듭 용서를 빕니다.

곧 가서 뵙겠습니다.

제가 기도원에 가 있던 때가 연말이었는데, 그 시기에 아들 성근이의 생일과 시어머님의 생신, 그리고 연례적으로 모이는 회사 직원들과 가족들의 연말, 연초 모임으로 가장 부산할 때였습니다. 그런 때에 집을 비우고 있노라니 마음이 한없이 무겁고 죄송했습니다. 게다가 밤낮 "네, 네" 하던 며느리가 "죽고 싶었다"고 솔직하게 마음을 드러냈으니 제 편지가 얼마나 충격적일까 걱정되었습니다. 하지만 그 편지는 제가 예수를 믿고 나서 처음으로 솔직하게 제 마음을 표현한 것이었습니다.

며칠이 지났습니다. 편지를 받아도 이미 받아보았을 텐데 집에서는 아무 연락이 없었습니다. 밤낮으로 기도원 사무실 쪽을 쳐다보며 혹시나 저를 부르지 않을까 기다렸지만 아무런 호출이 없었습니다. 예수님을 인격적으로 만난 사실에 기쁘면서도 한편 제가 벌인 엄청난 일로 인해 혹시 쫓겨나지는 않을까 두렵기도 했습니다. 그래서 열흘이 좀 지나 저는 기도원 생활을 끝내고 기쁘고도 무거운 마음으로 친정집에 갔습니다.

그런데 전혀 생각지 못한 일이 저를 기다리고 있었습니다. 시아버지께서 처음으로 친정아버지에게 전화를 하셨다는 겁니다.

"갸가 내려오면 살림을 내보낼까 합네다. 노친네들이 뭘 압네까? 방실방실 웃으니 갸가 그렇게 아픈 줄은 몰랐습네다."

저는 제 귀를 의심했습니다. 시아버지께서 하셨다는 말씀이 믿기지 않았습니다. 제가 살림 나게 해달라는 기도를 한 것도 아닌데 하나님께서는 의외의 응답으로 저를 맞아주셨습니다. 그래서 저는 곧장 시아버지께 전화를 드렸습니다.

"너가? 기래, 아픈 데는 없네? 날래 들어오라우."

울먹이시는 시아버지의 목소리에 저도 울컥 눈물이 솟았습니다. 남편은 자존심이 워낙 세서 아무리 기다려도 저를 데리러 올 사람이 아니었기 때문에 저는 스스로 시댁에 돌아갈 수밖에 없었습니다. 칼을 뽑긴 뽑았는데 제대로 찔러보지도 못하고 다시 칼집에 넣으려니 참 처량했습니다.

야곱이 20년간의 긴 훈련을 치르고도 형 에서가 무서워 쉽게 앞장서지 못하고 얍복 나루터에서 씨름했듯 저 역시 제 안에 구원의 기쁨이 있다 해도 돌아가는 길이 결코 쉽지는 않았습니다. 하지만 당시 자존심을 꺾고 돌아가는 것이 제게는 꼭 필요한 훈련이었습니다.

기도하는 마음으로 시댁에 들어서자 가족들은 마치 돌아온 탕자를 맞이하는 아버지처럼 따뜻하게 저를 맞아주었습니다. 그때가 오전 열한 시쯤이었는데 시아버지께선 출근하셨다가 다시 들어와 계셨고, 남편도 출근했다가 제 약한 몸이 걱정됐는지 링거주사를 준비해서 기다리고 있었습니다. 그리고 시어머니는 "네가" 하시더니 눈물을 흘리며 저를 안아주셨습니다. 노하셨던 시부모님과 남편의 마음이 편지를 받고 난 후 성령님의 주장하심으로 바뀐 것입니다.

순종의 선물

기도원에서 돌아온 후 제 삶에 변화가 생겼습니다. 외적인 가장 큰 변화는 살림을 나게 된 것이었습니다. 그동안 그렇게 원해도 안 되던 일이 제가 기도원에서 눈물로 회개하며 "죽는 날까지 시부모님을 모시고 살겠다"고 기도했더니 이루어진 것입니다.

저는 그제야 "다른 건 참아도 저건 못 참겠다"는 온전치 못한 그 한 부분을 하나님께서는 끝까지 훈련시키신다는 사실을 알았습니다. 입에 발린 말이 아니라 진심 어린 마음으로 끝까지 섬기겠다고 할 때 오히려 그 사람과 떨어져 있게 하시는 것이 하나님의 방법이었습니다. "끝까지 견디는 자는 구원을 얻으리라"(마 10:22) 하신 말씀처럼 언제나 오래 참는 사랑의 순종이 있을 때, 하나님께서는 비로소 영적인 평안과 함께 육적인 평안도 허락하시는 것입니다.

전도서 3장 말씀처럼 범사에 기한이 있고 모든 목적이 이룰 때가 있으며(1절), 하나님이 모든 것을 지으시되 때를 따라 아름답게 하시는 것입니다(11절). 비록 진정한 사랑이 없는 맹종이었지만 하나님께서는 저를 긍휼히 여기셔서 며느리의 때에 감당해야 할 훈련을 통해 구원의 목적을 이루셨고, 때를 따라 아름답게 하시는 선물을 허락하셨습니다.

그리고 그 선물로 일어난 저의 내적인 변화는 시어머니를 사랑하게 된 것이었습니다. 주님과의 만남을 경험하고 나서 시어머니를 뵈니까 시어머니가 주님과의 인격적인 만남이 없기에 집안 살림과 자녀를 우상 삼아 살아가신다는 것을 알 수 있었습니다. 그리고 하나님께서는 제 마음에 그런 시어머니의 구원에 대한 애통함을 주셨습니다.

구원을 위한 사랑이 아닌 이 세상의 모든 사랑은, 남녀 간이든 부모 자식이나 형제간이든 다 이기적인 사랑이라고 생각합니다. 사람은 사랑을 할 수도, 지을 수도, 만들 수도 없는 존재이기 때문입니다. 그래서 구원을 위해 간절히 기도드리며 저도 시어머니와 가족들을 진정으로 사랑하는 법을 배우기 시작했습니다.

마침 분가한 곳이 시댁과 멀지 않아서 저는 매일 시댁에 들러 전과 다름없이 어머니와 시간을 보냈습니다. 비위 맞추기에 급급했던 예전과 달리 사랑하는 마음으로 어머니를 대하니까 그 시간이 감사하기만 했습니다. 그래서 전에는 엄두도 못 냈을 텐데 이제는 제가 먼저 성경을 펴며 "어머니, 저랑 같이 예배드리실래요" 하고 권하게 되었습니다.

명색이 권사님이신지라 싫다고 할 수도 없고 또 그러는 제 모습이 예뻐 보이셨는지 시어머니는 거절하지 않으셨습니다. 그래서 함께 말씀 보고 찬송하고 기도드리는 둘만의 예배가 시작되었습니다. 한번은 고린도전서 13장 말씀을 읽을 때였습니다.

내가 사람의 방언과 천사의 말을 할지라도 사랑이 없으면 소리 나는 구리와 울리는 꽹과리가 되고 내가 예언하는 능력이 있어 모든 비밀과 모든 지식을 알고 또 산을 옮길 만한 모든 믿음이 있을지라도 사랑이 없으면 내가 아무것도 아니요 (고전 13:1-2)

"어머니, 사랑이 없으면 아무리 좋은 말을 하고 능력이 있어도 아무것도 아니라는데 제가 얼마나 사랑이 없는지 몰라요. 어제는 어머니가 부엌에서 잔소리하셔서 속으로 어머니를 미워했어요. 오늘 아침에는 아범이 소리 지르는 게 너무 미웠고요. 남들은 저더러 착하다고 하는데 제가 이렇게 형편없어요, 어머니."

전에는 상상도 못했던 이야기를 이제 시어머니 앞에서 이렇게 하기에 이르렀습니다.

Chapter 03

큐티를 시작하다

인자야 너는 비록 가시와 찔레와 함께 있으며 전갈 가운데에 거주
할지라도 그들을 두려워하지 말고 그들의 말을 두려워하지 말지
어다 그들은 패역한 족속이라도 그 말을 두려워하지 말며 그 얼굴
을 무서워하지 말지어다 그들은 심히 패역한 자라 그들이 듣든지
아니 듣든지 너는 내 말로 고할지어다 너 인자야 내가 네게 이르
는 말을 듣고 그 패역한 족속같이 패역하지 말고 네 입을 벌리고
내가 네게 주는 것을 먹으라 하시기로 내가 보니 보라 한 손이 나
를 향하여 펴지고 보라 그 안에 두루마리 책이 있더라 그가 그것
을 내 앞에 펴시니 그 안팎에 글이 있는데 그 위에 애가와 애곡과
재앙의 말이 기록되었더라 _겔 2:6-10

애가와 애곡과 재앙의 말씀

분가한 지 얼마 지나지 않아 남편이 병원을 개업했고, 병원 건물에 살림집을 마련하게 되었습니다. 부모님께는 효자요, 아이들에게는 자부(慈父)요, 저에게는 열부(烈夫)로 매사에 완벽한 남편은 제가 감히 따라갈 수 없을 정도로 성실한 사람이었습니다. 산부인과 의사로 숱한 여자들을 보는데도 여자 보기를 돌같이 한다는 사실을 큰 자랑거리로 여겼습니다. 집이 멀리 있을 때도 새벽에 수술을 마치고 집에 와서 옷만 갈아입고 나가면서 외박 한 번 안 했다고 큰소리치는 사람이었습니다.

유복하게 자랐으면서도 백화점에서 쇼핑하는 법이 없고, 전기나 수돗물 쓰는 것까지 일일이 확인할 만큼 검소했습니다. 병원 원장이 틈만 나면 대걸레를 들고 병원 복도를 닦는 등 늘 저보다 일찍 일어나고 늦게 자리에 눕는 부지런한 사람이었습니다.

그런데 이 남편이 한국 기독교에 대해서는 비판해야 할 사명을 띠고 태어난 사람 같았습니다. "왜 장로가 기름 한 방울 안 나는 나라에서 자가용을 타고 다니느냐, 골프는 왜 치고, 명품 브랜드 옷은 왜 입느냐"며 비판하곤 했습니다. 그런데다 남편 주위의 믿는 사람들은 어찌 된 일인지 죄다 이혼했거나 사업이 망한 사람 또는 병에 걸린 사람들이었습니다. 그래서 그분들이 어쩌다 예수를 믿으라고 전도하면 "야, 너나 제대로 잘 살아라"고 대꾸해서 상대방이 할 말을 잃게 만들었습니다.

그리고 자신은 비판할 수 있는 정당성을 갖기 위해 완벽에 가까운 삶을 살았습니다. 영아원에 후원도 하고, 빳빳한 새 돈만 생기면 헌금하라고 저에게 주곤 했으니 겉보기엔 그야말로 성경적인 사람이었습니다. 그 안에 말씀이 없는데도 말입니다. 저는 그런 남편과 사는 것이 시어머니 시집살이보다 더한 괴로움이었습니다.

남편은 결혼 전에 선보는 자리에서 "저는 저 자신을 무척 사랑합니다. 그래서 제가 가진 것은 볼펜 하나라도 소중하게 여기고 아낍니다"라는 말을 한 적이 있습니다. 그때는 그 말이, 제가 아내가 되면 그렇게 소중히 여기고 사랑해주겠다는 달콤한 말로 들렸습니다. 사실 남편의 말은 거짓이 아니었습니다. 그러나 남편이 원하는 '아내'라는 존재는 부모님 잘 모시는 착한 며느리, 살림 잘하고 내조 잘하는 사람, 자녀에게 헌신적인 어머니 그 이상도 그이하도 아니었습니다. 그래서 남편은 저의 원함과는 상관없이 자기만의 방식으로 저를 아끼고 사랑했습니다.

아무리 열심을 내도 남편의 부지런함과 성실함에는 미칠 수 없었기 때문에 늘 칭찬보다는 잔소리 들을 일이 많았습니다. 그러다보니 부부간의 대화도 점점 줄어들었습니다. 남편은 병원 개업 이후 아예 주일예배도 드리지 않고 병원 문을 열었고, 저는 그런 남편을 보며 안타까움만 늘어갔습니다.

그러나 하나님께서 에스겔을 부르시고 "가시와 찔레, 전갈 가운데 거할지라도 두려워하지 말라"(겔 2:6 참조)고 말씀하셨던 것처럼 저에게도 은혜를 주셔서 남편에 대한 두려움을 떨치게 해주셨습니다. 그리고 남편이 '듣든지 아니 듣든지' 하나님의 말씀을 잘 전할 수 있도록 저를 양육하기 위해 애가와 애곡과 재앙의 글인 성경 말씀을 보게 하셨습니다. 아마도 성령이 충만할 때 갈등 또한 클 수 있기에 더욱 말씀에 집중할 수 있도록 은혜를 주신 것이 아닌가 싶습니다.

그런데 막상 그렇게 구원받고 양육 받아 신분이 거룩한 나라요, 왕 같은 제사장이 되고 보니 남편에게 마음대로 말하고 행동할 수도 없었습니다. 하나님의 뜻대로 살려다 보니 누구를 만나거나 뭘 사는 것도, 심지어 아이들 과외 문제나 누군가의 도움을 받는 일에서도 끊임없이 갈등하게 되었습니다. 그러나 하나님을 믿는 사람은 모든 일에서 내 뜻을 버리고 말씀대로 살기 위해 갈등하는 것이 마땅합니다. 그래서 믿지 않는 사람들에게는 하나님의 끊임없는 경고와 간섭하심이 애가와 애곡과 재앙의 말로밖에 여겨지지 않는 것입니다.

그런데 1981년 말에 큐티를 시작하면서 쓰게만 느껴지던 말씀이 달아지기 시작했습니다. 교회나 모임에 자유롭게 나가지 못하는 제게 조용히 말씀을 묵상하는 방법을 하나님께서 알려주신 것입니다.

말씀을 씹어 먹는 큐티

또 그가 내게 이르시되 인자야 너는 발견한 것을 먹으라 너는 이 두루마리를 먹고 가서 이스라엘 족속에게 말하라 하시기로 내가 입을 벌리니 그가 그 두루마리를 내게 먹이시며 내게 이르시되 인자야 내가 네게 주는 이 두루마리를 네 배에 넣으며 네 창자에 채우라 하시기에 내가 먹으니 그것이 내 입에서 달기가 꿀 같더라 (겔 3:1-3)

저는 평생 성경을 읽었어도 그때까지 성경을 '먹는다'고 생각해본 적이 없었습니다. 그런데 하나님께서는 에스겔서를 통해 "성경을 먹으라"고 하셨습니다. 사실 저는 은혜를 받기 위해 성경을 읽은 것이 아니라 죽지 않고 살기 위해 읽었습니다. 꿀송이처럼 달다는 생각도 해본 일이 없었습니다. 그런데 이 말씀대로 입을 벌리고 하나님께서 먹여주시는 말씀을 날마다 한 절 한 절 꼭꼭 씹어먹다 보니 정말 말씀이 꿀같이 달아지기 시작했습니다. 그리고 그 말씀을 하나하나 삶에 적용하니까 제 가치관이 변하기 시작했습니다. 밥도 조금씩 잘근잘근 씹어 먹어야 소화가 잘 되는 것처럼, 말씀도 조금씩 묵상하며 적용하니 믿음이 자랐습니다. 성경을 많이 읽는다고 해서 그것이 전부 은혜가 되는 것은 아닙니다. 단한 줄의 말씀을 읽더라도 꼭꼭 씹어 먹어야 그것이 내 영과 육에 피가 되고 살이 되는 것입니다.

이리하여 저는 성경을 제대로 씹어 먹는 큐티를 통해 또 한 번 인생의 전환기를 맞이하게 되었습니다. 주변에 성경을 가르쳐줄 사람도 없고 자유롭게 구역예배나 성경공부 프로그램에 참여할 수 있는 처지도 아니었기 때문에 혼자서 꾸준히 말씀묵상을 해나 갔습니다. 그랬더니 하나님께서는 말씀 한 절 한 절이 제 것이 되게 하시고, 많은 깨달음을 주셨습니다. 그리고 그렇게 말씀으로 충만해지고 나서는, 제가 돌아다니지 않아도 얼마든지 하나님의 일을 할 수 있다는 사실을 알게 되었습니다.

이처럼 큐티는 말씀이 내 삶에 이루어지는 것이기 때문에 자연스럽게 전도로 이어지게 되었습니다. 병원은 누가 부르지 않아도 환자들 스스로 찾아오는 곳입니다. 어떻게 보면 병원만큼 전도하기 쉬운 곳도 없습니다. 그래서 저는 환자들뿐 아니라 병원에서 일하는 직원 모두를 전도 대상으로 삼았습니다.

예전에 산부인과 병원에서 딸을 출산하는 것은 아주 슬픈 일이었습니다. 저도 딸만 넷인 집안에서 막내딸로 자랐기 때문에 친정어머니가 겪으신 설움을 잘 알고 있습니다. 그래서 저는 아들 열 몫을 하는 딸도 있다고 그분들을 위로해가며 열심히 말씀을 전했습니다.

환자 한 사람 한 사람이 주님을 영접할 때의 기쁨이 너무 커서, 남편이 교회를 못 가게 해도, 뭐라 구박을 해도 마음속에는 늘 기쁨이 넘쳤습니다. 심지어 시장을 보러 가서도 전도하게 되고 누구를 만나든 상관없이 말씀을 나누게 되었습니다.

그러나 영적인 기쁨이 커질수록 남편과의 거리는 점점 멀어지는 것만 같았습니다. 병원 일을 핑계로 남편이 교회에 발길을 끊은 탓에 기쁜 일에 함께 기뻐하고 슬픈 일에 함께 슬퍼할 수 없는 것이 너무 안타까웠습니다. 결혼한 지 10년이 지나도록 남편은 좀처럼 돌이킬 기미가 보이지 않았습니다.

그 무렵 저는 정연희 작가가 쓴《양화진》이라는 책을 읽게 되었습니다. 그 책은 신학박사, 의학박사 등 남부러울 것 없는 사람들이 오직 복음을 전하기 위해 선교사로 이 땅에 찾아온 발자취를 다룬 것이었는데, 책을 읽으며 마음이 뜨거워졌습니다. 가족도 혈족도 아닌 낯선 이방인들의 구원을 위해 거센 풍랑과 질병의 위험에도 아랑곳하지 않고 자기 목숨을 걸고 복음을 전한 그들의 삶을 보며, 저는 지금까지 저의 반쪽인 남편을 위해 무얼 했나 싶어 부끄러운 마음이 들었습니다. 제가 아무리 많은 사람을 전도해서 하나님 나라로 인도한다고 해도 저와 가장 가까운 남편이 지옥에 간다면 모두가 헛된 일이라는 생각이 든 것입니다.

그래서 전보다 더 애통한 마음으로 남편이 예수 믿을 만한 일을 생각해보기 시작했습니다. 하지만 남편은 행위로나 성품으로나 의롭기만 한 사람이었습니다. 몸도 제가 늘 약해서 골골거렸지 남편은 잔병치레도 없이 건강했습니다. 더군다나 병원도 더할 나위 없이 잘되고 있었으니 남편이 예수를 믿을 만한 곤고함이라곤 하나도 없었습니다.

저는 남편의 구원을 위해 어떤 고난이라도 허락해달라는 기도를 드리기 시작하면서 예수를 믿게 되는 동기 중에 무엇이 제일 나을지 생각해보았습니다. 생각 끝에 내린 결론이 물질적인 고난이었습니다. 병원이 안 되는 것이 제일 좋은 방법 같았습니다. 하지만 차마 제 입으로 병원이 안 되게 해달라는 기도는 하지 못했습니다. 끝까지 내려놓기 어려웠던 것입니다.

그러던 어느 날 아침, 말씀을 묵상하다가 "하나님, 저는 지금 죽어도 천국에 갈 자신이 있는데 제 사랑하는 남편이 천국에 가지 못하면 어떡하죠? 주님이 오늘이라도 남편에게 예수 믿을 계기를 허락하셔서 인생이 허무하다는 것을 알게 해주시고, 개미처럼 일만 하다 가는 것이 결코 다가 아니라는 것을 깨닫게 해주옵소서" 하고 기도하게 되었습니다.

그런데 그날 저녁 병원에서 돌아온 남편이 윗옷을 벗어 건네주며 불쑥 내뱉은 말이 "인생이 참 허무하단 말이야. 내가 뭐 때문에 이렇게 개미처럼 일만 하는지 모르겠어"였습니다. 그 말을 듣는 순간 저는 전율을 느꼈습니다. 아침에 제가 기도한 내용과 똑같은 말을 남편이 했기 때문입니다.

'지금까지 기도에 더디 응답하신 덕분에 내가 믿음의 사람이 되었구나! 내가 분명히 '허무'와 '개미'라는 단어를 사용해서 기도했는데 하나님께서 나의 기도를 들으시는구나. 그것도 어휘 하나까

지도 들으시는구나. 할렐루야!'

한 나라의 대통령에게 인정받아도 좋아서 잠이 안 올 텐데 창조주 하나님께 인정받았다고 생각하니 눈에 보이는 것이 없었습니다. 이제 아무 두려움 없이 주의 일을 하며 살 수 있겠다는 확신이 들었습니다. 그날부터 저는 생명을 내걸고 기도하기 시작했습니다.

"주님, 저의 생명을 거두어가셔서라도 남편이 예수 믿게 해주세요."

이때가 제 인생의 세 번째 전환기였습니다. 눈물의 기도가 날마다 이어졌습니다. 그렇게 기도를 하다 보니 두려울 것도 없고 참지 못할 일도 없었습니다. 내가 오늘 죽어도 내 삶이 예수로 결론나야 남편이 저를 보고 예수를 믿지 않겠나 하는 생각에 더욱더 순종하며 하루하루를 보냈습니다. 남편이 앉으라면 앉고, 서라면 서고, 나가다가도 들어오라고 하면 들어오고, 들어오다가도 나가라고 하면 나가고, 전화를 하다가도 끊으라고 하면 끊고, 끊다가도 하라고 하면 하고……. 그러나 오직 남편의 구원을 위한 순종이었기 때문에 전혀 힘들거나 속상하지 않았습니다.

한번은 남편이 퇴근 무렵 외식을 하자며 아이들을 데리고 내려오라고 했습니다. 저는 얼른 아이들을 준비시키고 옷을 차려입고 내려갔습니다. 그때는 살림집이 병원 건물이 아닌 아파트 5층으로 옮겨와 살던 때였는데, 엘리베이터가 없는 건물이었습니다. 평소 남편은 집을 비우고 외출할 때면 거실 불을 켜두게 하는데, 그

날은 제가 급히 따라나서느라 불 켜는 것을 깜박했습니다. 당장 불을 켜고 오라는 남편의 말에, 순종하는 마음으로 5층 계단을 사뿐히 올라갔습니다.

그런데 거실에 불을 켜고 내려오다 아파트 입구에서 아는 분과 마주치게 되었습니다. 그분은 예능 공부를 하는 자녀를 둔 학부모였는데, 당시 예원학교에서 아이들을 가르치고 있던 저를 무척 우러러보시던 분이었습니다. 마침 입시 문제로 이분이 제게 뭔가를 물으셔서 잠시 설명을 드리게 되었습니다. 성격이 급한 남편은 먼저 아이들을 데리고 가다 제가 따라오지 않은 것을 금세 알아차리고는 다시 돌아오더니, 학부모와 이야기를 나누고 있는 저를 휙 가로질러 계단을 오르다 버럭 소리를 질렀습니다.

"야! 안 올라와?"

저는 학부모와 인사도 제대로 못하고 5층 계단을 다시 뛰어 올라가 남편보다 먼저 현관문을 열었습니다. 그러면서 속으로 '내가 사람들에게 인정받기를 너무 좋아하니까 하나님께서 나를 우러러보는 사람 앞에서 이렇게 망신당하게 하심으로 훈련시키시는구나' 하고 생각했습니다.

집에 들어서자마자 옷도 안 벗고 곧장 부엌으로 갔습니다. 속으로는 '왜 도로 들어오나, 학부모 앞에서 그게 뭔가, 전깃불 켜는 일은 당신이 좀 하면 안 되나, 외식한다고 해서 저녁 준비도 안 해놨는데 어떻게 하란 말인가' 하는 말들이 떠올랐지만, 아무 내색하지 않고 묵묵히 저녁을 준비했습니다. 식사를 하면서도 남편이 전날 사온 굴비를 구워 열심히 발라 아이들에게 먹이며 맛있다고 즐거워하는 모습을 보였습니다.

식사를 마친 남편은 슬그머니 나가더니 밤늦게 굴비 한 두름을 사서 들어왔습니다. 그리고 절 거실로 부르더니 일 도와줄 사람 좀 알아보라고 했습니다. 병원 건물에서 아파트로 살림집을 옮기고 나서는 별로 할 일이 없으니 사람을 두지 말라고 하더니 말입니다.

저는 그동안 집안일을 하면서 학교에 출강하고 개인 레슨 하느라 정신이 없었지만 남편에게 순종하느라 불평 한마디 못했습니다. 그런데 하나님께서 뜻밖의 사건을 통해 선물을 허락하신 것입니다. 저의 순종이 인정을 위한 맹종이 아니라 구원을 위한 순종이었기 때문에 하나님께서 저를 위로하신 것이었습니다.

Chapter 04

구원의 사명

그가 또 내게 이르시되 인자야 이스라엘 족속에게 가서 내 말로
그들에게 고하라 너를 언어가 다르거나 말이 어려운 백성에게
보내는 것이 아니요 이스라엘 족속에게 보내는 것이라 너를 언
어가 다르거나 말이 어려워 네가 그들의 말을 알아듣지 못할 나
라들에게 보내는 것이 아니니라 내가 너를 그들에게 보냈다면
그들은 정녕 네 말을 들었으리라 그러나 이스라엘 족속은 이마
가 굳고 마음이 굳어 네 말을 듣고자 아니하리니 이는 내 말을 듣
고자 아니함이니라 보라 내가 그들의 얼굴을 마주보도록 네 얼
굴을 굳게 하였고 그들의 이마를 마주보도록 네 이마를 굳게 하
였으되 네 이마를 화석보다 굳은 금강석같이 하였으니 그들이
비록 반역하는 족속이라도 두려워하지 말며 그들의 얼굴을 무서
워하지 말라 하시니라 _겔 3:4-9

가족 구원

하나님은 에스겔서 3장 말씀을 통해 다른 누구보다 친족에게 먼저 가서 말씀을 전하라고 하십니다. 그러나 "그들은 네 말을 듣지 않을 것"이라고 하십니다. 어떤 일을 시키면서 그렇게 미리 기를 죽이시다니요. 그것도 이방 족속이 아닌 하나님의 택하신 이스라엘 백성인데, 그 말을 안 들을 거라고 하니 도대체 어쩌라는 것입니까? 결국 자원함보다는 부르심이 먼저라는 것입니다. 자발적으로 "하나님, 제가 가겠습니다" 하고 가는 게 좋은 믿음 같지만, 실은 "가라, 그런데 그 사람들이 네 말을 절대 안 들을 거야" 하는 말을 듣고도 좌절하거나 낙망하지 않고 나아가는 것이 훨씬 더 신실한 믿음입니다. 모세도 자기는 입이 둔한 자라 못 간다고 했고, 선지자 예레미야도 자기는 아이라 말할 줄 모른다고 했습니다. 이사야도 스스로를 입술이 부정한 자라고 탄식했습니다. 그럼에도 주님은 그들 모두 주의 길을 가게 하셨습니다.

전도를 안 해보신 분들은 사람들이 얼마나 강퍅한지를 모릅니다. 사람들이 다 착하고 아름다운 줄 압니다. 저도 그랬습니다. 그러나 구원받은 이후, 제가 받은 말씀을 가족들에게 전하려고 하자 가족들이 맹렬히 반발하기 시작했습니다.

장로님이신 시아버님도 제가 말씀을 전하려고 하면, "거, 예수 그렇게 믿디 말라우. 왔다 갔다 예배만 드리고 교회 봉사는 오십 넘어서 하라"고 말씀하셨습니다. 그리고 제가 성경 읽는 걸 '광신'

으로 생각하셨습니다. 시아버님은 교회의 재정 장로로 누구보다 헌금도 많이 하시고 성실하게 신앙생활하시는 분이었습니다. 하지만 실상은 모든 사람의 부러움을 받으며 아들 내외를 앞세워 주일예배를 드리고, 그런 후에 함께 외식하는 것을 큰 즐거움으로 여기시는 가족 우상주의자라고 할 수 있는 분이었습니다. 시댁 집안에는 가정불화나 실직으로 힘들어하는 사람은 하나도 없었습니다. 모두들 자기 일에 열심이고 교회에도 성실하게 나갔습니다. 그런데도 복음에 관한 이야기나 전도 이야기는 편하게 나눌 수가 없었습니다.

그렇습니다. 에스겔서 말씀처럼 저를 친족에게 보내셨으나 그들이 듣지 않았습니다. 사람이 하루아침에 달라질 수는 없습니다. 저희 시어머니도 그랬습니다. 여전히 부엌에 들어와 제게 소리를 지르고 야단을 치셨습니다. 그런데 제가 저도 모르게 달라져 있었습니다. 시어머니가 아무리 야단을 치시고, 별의별 말씀을 다 해도 상처를 받지 않았습니다. 항상 말씀으로 성령의 기름칠을 하고 있으니 갖은 잔소리를 듣고도 괜찮았던 것입니다. 그전엔 무슨 잔소리만 하면 등을 돌린 채 구시렁대기 바빴는데, 이제는 "어머니, 방에 들어가서 좀 쉬세요" 하면서 어머니를 안방으로 모시는 지혜가 생겼습니다. 습관처럼 내뱉던 시어머니에 대한 불평불만도 사그라들었습니다. 예전에는 아주머니들과 모이기만 하면 시어머니 흉을 보고 뒷담화를 일삼았는데, 그 몹쓸 버릇이 사라졌습니다.

그리고 시간이 날 때마다 "어머니, 예배드리실까요?" 하고 말씀드릴 수 있는 담대함이 생겼습니다. 시어머니도 제 말을 들으시고는 망설임 없이 성경을 펴셨습니다. 날마다 성경을 달게 먹으니 저도 모르게 권능이 생긴 것입니다.

그렇게 몇 년 동안 매일 시어머니를 찾아가 그날 말씀으로 교제했습니다. 그러다 보니 어머니도 제 방문을 몹시 기뻐하셨고 중요한 일은 저와 꼭 의논을 하셨습니다. 하루는 고린도전서 13장을 읽고 시어머니께 "저는 참 사랑 없는 며느리"라고 고백하는 적용을 했습니다. 그랬더니 시어머니께서 "그래도 너는 착하디. 야, 나야말로 네 시아바지가 왜 글케 미웠다 고왔다 하는지 모르갔다야" 하시는 것이었습니다. 드디어 저희 고부간에 나눔이 이루어지기 시작한 것입니다.

"그게 있잖아요, 어머니. 왜 그런 마음이 있는지 아세요? 어머니가 너무 편안하셔서 그래요. 어머니 가끔 너무 냉정하시고, 쌀쌀맞으신 거 아세요?"

"내가 알디."

"그리고 어머니, 눈물 흘리며 드리는 어머니의 기도는 땅에 떨어지는 법이 없대요. 아범도 저렇게 교회 안 나가고 그러는데 어머니, 기도도 안 하시고 그러다 하나님께서 책임을 물으실지도 몰라요."

"거저 나는 공두(空頭)로 교회 뜰만 밟고 왔다 갔다 하디 기도도 어케 하는 건지 모르갔다야."

"그냥 지금 저한테 말씀하신 그대로 기도하시면 돼요. 어머니, 지금 기도하시겠어요?"

이북이 고향인 시어머니께서는 제 손을 꼭 붙잡으시고는 어린 아이처럼 기도하기 시작했습니다.

"하나님 아바지, 거저 저는 기도할 줄도 모르고 교회 뜰만 밟고 왔다 갔다 합네다. 남편도 미웠다 고왔다 합네다. 거저 아바지 앞에 부끄럽고 죄송한 거밖에 없시오. 거저 나를 불쌍히 여겨주시구레. 아멘! 하지만 저희 집안에 이렇게 귀한 주의 종님을 보내주셔서 감사하무다."

할렐루야! '주의 딸'도 아니고 '주의 종님'이라…… 시어머니를 통해 그런 기도를 받게 되다니요. 얼마나 기쁘고 감사했는지 모릅니다.

또 어느 날에는 불쑥 이런 말을 꺼내셨습니다.

"얘, 내가 너만 시집살이 안 시켰지?"

저는 순간 제 귀를 의심하지 않을 수 없었습니다. 제게 인생 최고의 고난을 준 장본인이 그런 말씀을 하시다니요. 며느리 넷의 시집살이를 호되게 시키신 분이 제가 하도 편하게 대하니까 '내가 얘만 시집살이를 안 시켰구나' 하고 착각을 하신 겁니다.

고린도후서 5장 17절 "그런즉 누구든지 그리스도 안에 있으면 새로운 피조물이라 이전 것은 지나갔으니 보라 새것이 되었도다"

라는 말씀처럼 다른 분이 아니라 똑같은 시어머니인데 제가 믿음으로 섬기고 나서부터는 이렇듯 관계가 놀랍게 회복되어 살가운 사이가 되었습니다.

이런 과정을 통해 하나님은 제 얼굴을 굳게 해주셨습니다. 그들의 굳은 이마를 대하도록 제 이마를 금강석같이 굳게 하시리라는 약속을 주셨습니다. "그들이 비록 반역하는 족속이라도 두려워하지 말며 그들의 얼굴을 무서워하지 말라"(겔 3:9)고 하셨습니다. 앞으로 제가 숱하게 당해야 할 일에 낙심하여 실족하지 말라고 미리 약속의 말씀을 주신 것입니다.

시집살이와 5년 만의 가출, 주님과의 만남, 그리고 이어지는 결혼생활 동안 하나님은 약속대로 제 이마를 굳게 하시기 위해 저에게 많은 사건을 주셨습니다. 사소한 것에서부터 감당하기 힘들었던 사건들까지 하나하나 겪을 때마다 제 이마가 굳어지는 것을 알 수 있었습니다. 하나님께서 때를 따라 저를 아름답게 하셨기 때문에 저의 모든 아픔은 구속사로 이어지고 가족과 친지들의 구원으로 이어졌습니다.

무섭고 두려운 사명

여호와께서 권능으로 거기서 내게 임하시고 또 내게 이르시되…… 너 인자야 보라 무리가 네 위에 줄을 놓아 너를 동여매리니 네가 그들 가운데에서 나오지 못할 것이라 내가 네 혀를 네 입천장에 붙게 하여 네가 말 못하는 자가 되어 그들을 꾸짖는 자가 되지 못하게 하리니 그들은 패역한 족속임이니라 그러나 내가 너와 말할 때에 네 입을 열리니 너는 그들에게 이르기를 주 여호와의 말씀이 이러하시다 하라 들을 자는 들을 것이요 듣기 싫은 자는 듣지 아니하리니 그들은 반역하는 족속임이니라 (겔 3:22-27)

하나님께서 무리를 통해 나를 줄로 동여매실 때는 그저 "잘 매여 있겠습니다"라고 기도해야 합니다. 나를 동여매고 사로잡는 것이 있어도 "거기서 그냥 풀려나게 해달라"는 기도는 성경적인 기도가 아닙니다. 잘 매여 있는 것이 적용입니다. 게다가 혀를 입천장에 붙게까지 하십니다. 성경이 깨달아지려면 하나님이 나를 낮추실 수밖에 없습니다. 에스겔도 벙어리처럼 말 못 하는 자가 되게 하시고, 오직 말씀만 전하라고 하십니다. 파수꾼의 사명을 주시면서도 벙어리가 되라는, 앞뒤가 안 맞는 명령입니다. 그러나 벙어리가 되라는 것은 입을 다물고 누구도 책망하지 말라는 뜻입니다. 말씀을 전하는 자는 꾸짖는 자가 되어서는 안 됩니다.

하나님이 제게 좋은 학벌을 주신 이유도 그런 것 같습니다. 남들이 다 부러워하는 학벌을 자랑하며 남을 훈계하고 책망하며 살 것이 아니라 "힘든 상황에서 살았다는 것을 말씀으로 증거하라"는 뜻이 아닌가 합니다. 대학 4년 내내 우등생이었던 제가 시집가서는 시어머니에게 걸레질을 못 한다고 혼이 나고, 남편에게 맞을 때도 있었습니다. 학벌이 좋으니 오히려 그 때문에 혼나고 매 맞는 것이 더 수치스러웠습니다. 누가 봐도 "학벌 좋은 사람이 어찌 그런 수모를 겪으며 살 수 있는가? 당장 이혼해라" 할 정도로 견디기 힘든 상황을 감내해야 했습니다. 하나님은 저를 더 낮아지게 하시려고 더 높은 학벌을 주신 것 같습니다.

그런데 에스겔서 3장 22~27절 말씀을 묵상한 즈음, 하나님은 저를 더 벙어리가 되게 하는 사건을 주셨습니다.

그날이 마침 주일이어서 새로 산 원피스를 입고 교회에 다녀왔습니다. 그런데 집에 돌아와 보니 아들이 제가 아끼는 샴푸로 머리를 감고 있었습니다. 저는 당시 스트레스로 머리카락이 심하게 빠져서 대학병원에서 치료용 샴푸를 처방받아 사용하던 중이었습니다. 그런데 머리숱도 많은 아들이 향이 좋아서인지 어렵게 처방받아온 제 샴푸를 자꾸 썼습니다. 몇 번을 그랬던 터라 아들에게 "한 번 나가기도 힘든데 왜 자꾸 그 샴푸를 쓰냐"고 야단을 치면서 잠시 실랑이를 벌였습니다.

그때 거실에서 술을 마시던 남편이 욕실로 오더니 버럭 소리를 질렀습니다.

"당신, 어디서 큰소리야? 어미가 돼서 아들이 샴푸 좀 쓰는 게 그렇게 아까워?"

제가 상황 설명을 해도 소용이 없었습니다. 오히려 그 말에 더 화가 난 것 같았습니다. 그러더니 갑자기 제 머리에 샴푸를 확 부어버리는 게 아닙니까. 그 비싼 샴푸는 순식간에 제 머리를 타고 새 원피스를 적시고 바닥까지 죽 흘러내렸습니다. 너무 황당해서 말도 나오지 않던 그 순간 며칠 전에 묵상한 말씀이 생각났습니다.

"내가 네 혀를 네 입천장에 붙게 하여 네가 말 못하는 자가 되어 그들을 꾸짖는 자가 되지 못하게 하리니"(겔 3:26).

'아, 그래. 벙어리! 벙어리가 되라고 하셨지! 책망자가 되지 말아야지.'

그 생각이 미치자 저는 입을 다물고 엉망이 된 바닥을 닦았습니다. 아무리 닦아도 거품이 계속 일어나 걸레질을 수십 번도 더 해야 했습니다. 걸레질하는 내내 억울한 감정을 다스리기가 무척 힘들었습니다. 걸레질하는 것도 힘들고, 새 옷이 망가진 것도 화가 났지만, 무서운 남편과 살다 보니 그동안 큰소리 한 번을 못 치며 살고, 매일 두렵고 비굴한 삶을 살아야 했던 것이 억울해서 마음을 가라앉히기가 힘들었습니다. 말씀에 매여 벙어리가 되자고 했지만, 마음의 요동함은 좀처럼 가라앉지 않았습니다. '이 일이 왜 일어났는가'를 계속 묵상함으로 겨우 마음을 진정시킬 수 있었습니다. 그리고 몇 시간이 지난 후 대충 정리가 되었습니다.

저는 조용히 방으로 가서 옷을 갈아입고 저녁예배를 드리기 위해 집을 나섰습니다. 그날만큼은 남편도 제게 실수를 했다는 것을 깨달아서인지 "예배 다녀오겠다"는 제 말에 아무 토도 달지 않았습니다. 그리고 저는 그날 저녁예배에서 고린도후서 4장 말씀을 들었습니다.

그중에 이 세상의 신이 믿지 아니하는 자들의 마음을 혼미하게 하여 그리스도의 영광의 복음의 광채가 비치지 못하게 함이니 그리스도는 하나님의 형상이니라 우리는 우리를 전파하는 것이 아니라 오직 그리스도 예수의 주 되신 것과 또 예수를 위하여 우리가 너희의 종 된 것을 전파함이라 어두운 데에 빛이 비치라 말씀하셨던 그 하나님께서 예수 그리스도의 얼굴에 있는 하나님의 영광을 아는 빛을 우리 마음에 비추셨느니라 우리가 이 보배를 질그릇에 가졌으니 이는 심히 큰 능력은 하나님께 있고 우리에게 있지 아니함을 알게 하려 함이라 우리가 사방으로 욱여쌈을 당하여도 싸이지 아니하며 답답한 일을 당하여도 낙심하지 아니하며 박해를 받아도 버린 바 되지 아니하며 거꾸러뜨림을 당하여도 망하지 아니하고 우리가 항상 예수의 죽음을 몸에 짊어짐은 예수의 생명이 또한 우리 몸에 나타나게 하려 함이라 우리 살아 있는 자가 항상 예수를 위하여 죽음에 넘겨짐은 예수의 생명이 또한 우리 죽을 육체에 나타나게 하려 함이라 그런즉 사망은 우리 안에서 역사하고 생명은 너희 안에서 역사하느니라 (고후 4:4-12)

모든 것을 갖춘 고린도교회에 복음이 들어가질 않았다고 합니다. '복음을 믿지 못하게 하는 이 세상 신'이 그들에게 있다고 합니다. 이 말씀을 듣는 순간, 그날 일어난 그 기막힌 일이 남편 탓이 아니라는 생각이 들었습니다. 제가 변하면 남편이 돌아오리라 생각했지만, 그것은 착각이었습니다. 하나님의 때가 되기까지 기다리지 못하고 내가 천사가 되어 남편을 변화시키려고 한 것을 그제야 회개했습니다. 그리고 제가 남편에게 '예수의 주 되심'을 선포하기 위해서는 '너희의 종 된 것', 즉 제가 남편의 종 된 것을 선포해야 한다는 5절 말씀이 눈에 확 들어왔습니다.

'그래, 남편의 구원을 위해서라면 나는 남편의 종이 되어야 해. 내가 남편의 종인데, 주인인 남편이 새 한 마리 값도 안 되는 나에게 샴푸를 붓든지 폭력을 행하든지 무슨 상관인가.'

이것을 깨닫자 제게 큰 기쁨이 밀려왔습니다. 혼란스럽던 제 마음이 순식간에 정리가 되었습니다. 주님이 말씀으로 역사해주신 것입니다. 이런 게 바로 기적 아니겠습니까.

예배를 마치고 돌아오는 길에 밤하늘을 바라보며 걷는데 찬송이 절로 나왔습니다.

"내 주를 가까이 하게 함은 십자가 짐 같은 고생이나~."

바울은 자신의 종 된 것을 전파했지만 저는 그동안 남편에게 "나는 당신의 종입니다" 하는 적용을 하지 못했습니다. 그래서 그날 집에 돌아와 남편에게 무릎을 꿇고 기쁜 얼굴로 말했습니다.

"나 같은 것과 살아줘서 정말 고마워요. 나는 당신의 종이에요."

남편은 어떤 반응도 보이지 않았습니다. 그 말을 알아듣긴 한 건지 도무지 알 수가 없었습니다. 그러나 저는 남편의 태도가 변하기를 기대하면서 말한 것이 아니었습니다. 말씀을 깨닫고 그 말씀대로 순종하는 마음으로 고백했기에 남편의 변화와 상관없이 기뻤습니다. "주 여호와의 말씀이 이러하시다"(겔 3:27) 하신 것처럼 하나님의 뜻대로 제 진심을 전했기 때문입니다. 사방으로 욱여쌈을 당하고 박해를 받고 거꾸러뜨림을 당해도 하나님께서 영광의 빛을 비추셨기에 제 말이 살아 있어 남편에게 능히 역사할 것이라고 믿었습니다. 남편이 듣든지 아니 듣든지 여호와께서 "고(告)하라" 하실 때 고하는 것만으로도 제 사명을 다한 것입니다.

'왜 이런 사건이 와야 뒤늦게 말씀이 깨달아질까. 미리 좀 깨달으면 안 되나?' 하는 생각이 들었습니다. 그러다 보니 그런 나를 위해 수고해주는 남편에게 고마운 마음이 들었습니다.

내게 감해주신 것

너는 밀과 보리와 콩과 팥과 조와 귀리를 가져다가 한 그릇에 담고 너를 위하여 떡을 만들어 네가 옆으로 눕는 날수 곧 삼백구십 일 동안 먹되 너는 음식물을 달아서 하루 이십 세겔씩 때를 따라 먹고 물도 육분의 일 힌씩 되어서 때를 따라 마시라 너는 그것을 보리떡처럼 만들어 먹되 그들의 목전에서 인분 불을 피워 구울지니라 또 여호와께서 이르시되 내가 여러 나라들로 쫓아내어 흩어버릴 이스라엘 자손이 거기서 이같이 부정한 떡을 먹으리라 하시기로 내가 말하되 아하 주 여호와여 나는 영혼을 더럽힌 일이 없었나이다 어려서부터 지금까지 스스로 죽은 것이나 짐승에게 찢긴 것을 먹지 아니하였고 가증한 고기를 입에 넣지 아니하였나이다 여호와께서 내게 이르시되 보라 쇠똥으로 인분을 대신하기를 허락하노니 너는 그것으로 떡을 구울지니라 (겔 4:9-15)

그런데 하나님은 에스겔에게 계속해서 이상한 명령을 내리십니다. 에스겔서 4장에서는 "390일 동안 왼쪽으로 누워서 북이스라엘의 멸망을 예언하고, 40일 동안 오른쪽으로 누워서 유다의 멸망을 예언하라"(겔 4:1-7 참조)고 명령하십니다. 이 세상은 곧 망하니 천국에 소망을 두라는 것입니다. 그러고는 에스겔에게 이스라엘 백성 앞에서 떡을 인분 불에 구워 먹으라고 하십니다. "벙어리가 돼라! 나가지 말아라! 냄새 나는 인분 불에 떡을 구워 먹어라!"라고 하시며 언뜻 이해되지 않는 명령을 내리십니다.

그러자 그때까지 잘 순종하던 에스겔도 그건 어렵겠다고 외칩니다.

"주님! 제가 얼마나 거룩한 사람인데 인분 불에 떡을 구워 먹으라고 하십니까? 저는 가증한 고기를 먹은 적도 없습니다."

너무 기가 막힌 에스겔은 하나님 앞에 몇 번이나 항변했습니다.

저도 결혼 5년 만에 남편 앞에서 "더 이상 못 살겠다!"고 부르짖은 적이 있습니다. 저는 시집가서 5년 동안 교회도 마음대로 가지 못했습니다. 남편이 "주일예배만 드리고 새벽기도, 수요예배, 구역예배는 가지 말라"고 했을 때 저는 그냥 "네, 네, 네, 네" 했습니다. 그러나 그게 망하는 순종이지 흥하는 순종입니까? 그런데 제가 그때는 망하는 순종을 했습니다. 그랬는데 5년 만에 말씀을 통해 거듭나고 나니 생각이 달라졌습니다. 이혼 안 당하려고 사는 게 아니라 예수 때문에, 구원 때문에 살았기에 남편의 말을 '거역' 했습니다.

그때부터 모든 예배를 다 드렸습니다. 교회를 거의 매일 가다시피 했습니다. 저녁예배, 오후 예배, 수요예배, 구역예배 다 갔습니다. 그러니 남편이 절 어떻게 보았겠습니까? 얌전하고 고분고분하던 아내가 갑자기 순종하지 않으니 입에 담기조차 힘든 말을 해댔습니다. 그래서 제가 이렇게 항변했습니다.

"4대째 모태신앙인데 어떻게 결혼해서 걸레질만 시킬 수가 있어요? 제가 장로 집에 시집왔는데, 교회도 제대로 못 간다는 게 말이 되나요? 제가 불신자와 결혼한 것도 아니잖아요!"

이전에는 감히 그런 말이 생각나지도 않았고 그럴 용기도 없었습니다. 왜 그랬을까요? 두려워서였습니다. 새장에 오랫동안 갇혀 있던 새는 문을 열어 줘도 금세 못 날아가듯 그렇게 두려워서 아무런 주장도 못 했습니다.

그런데 그런 천사 되기를 포기하고 교회에 가겠다고 했더니 남편이 "예수 믿는다고 하더니 이 여편네가 눈에 보이는 게 없나 봐?" 했습니다. 그럼에도 저는 결코 뒤로 물러서지 않았습니다. 정말 예수님을 의지하니 눈에 보이는 게 없었습니다. 오히려 "이제부터 당신이 교회에 안 가면 이혼하는 수가 있어요" 하고 배수진을 쳤습니다. 그러고는 이혼당할 각오를 하고 "교회에 나가겠다고 성경책에 쓰세요" 하고 밀어붙였습니다. 그랬더니 순식간에 마음의 변화가 있었는지 남편은 '교회에 나가겠음, 박 아무개' 하고 성경책에다 또박또박 사인을 했습니다.

그렇습니다. 모든 것이 나에게 달렸습니다. 내게 믿음도 없고, 지식과 지혜가 없으면 매사가 두려운 것입니다. 온전한 사랑에는 두려움이 없습니다. 온전치 못하니 두려운 것입니다. 두려움에는 형벌만 따릅니다. 저 또한 겁이 많으니 입도 뻥끗 못하고 살았던 것입니다. 그런데 예수님 때문에 죽을 각오를 하니 두려울 게 없었습니다. 그런 담대함이 나를 살리고 남편도 살린 것입니다.

하나님도 에스겔의 거듭된 항변에 "알았다. 알았다" 하시며 인분을 쇠똥으로 감해주셨습니다. 저도 결혼생활 5년이 지나고 나서는 저녁예배를 갈 수 있게 되었고, 그뿐 아니라 분가를 허락해주셔서 시집살이의 고난도 감해주셨습니다. 그저 제 유익을 위해 편하게 해주신 것이라기보다는 성경을 열심히 보라고 감해주신 것 같습니다.

그런데 처음부터 쇠똥에다가 구워 먹으라고 했다면 아마 감사함을 몰랐을 것입니다. 힘든 시댁살이가 있었기에 아침저녁 문안인사로 감해주신 것만으로도 넘치는 감사가 있었습니다. 누구에게나 하나님께서 인분을 쇠똥으로 감해주신 일들이 있을 것입니다. 그 일을 기억해 각자의 삶에서 감사가 회복되어야 합니다.

그리고 하나님께서 이스라엘 백성이 당할 고난을 먼저 에스겔에게 당하게 하신 것도 다 까닭이 있습니다. 저도 살면서 여러 가지 고난을 겪었습니다. 유년 시절, 시집살이, 결혼생활 등 힘든 시간을 보내왔습니다. 그런데 제가 먼저 겪으니 사람들에게 이야기해줄 것이 있었습니다. "고난당한 것이 내게 유익이라 이로 말미암아 내가 주의 율례들을 배우게 되었나이다"(시 119:71) 하신 시편 기자의 고백처럼 고난당한 것이 제게 도리어 유익이 된 것입니다.

깨어 있는 훈련

그가 손 같은 것을 펴서 내 머리털 한 모숨을 잡으며 주의 영이 나를 들어 천지 사이로 올리시고 하나님의 환상 가운데에 나를 이끌어 예루살렘으로 가서 안뜰로 들어가는 북향한 문에 이르시니 거기에는 질투의 우상 곧 질투를 일어나게 하는 우상의 자리가 있는 곳이라 (겔 8:3)

하나님은 에스겔서 8장에서 에스겔에게 예루살렘 성전에 우상이 가득한 모습을 보여주십니다. 에스겔은 훈련을 받아 깨어 있음으로 하나님께서 머리털 한 모숨만 잡아올려도 따라 올라가는 순종을 합니다. 한마디만 해도 딱 알아듣고 순종합니다. 우리가 영혼 구원을 위해 나아가고 십자가를 잘 지려면 머리털 한 올만 잡아올려도 따라 올라가는 순종이 있어야 합니다.

하나님께서 허락하신 가정의 질서에 순종하며 절박한 마음으로 기도드리는 가운데 저도 많은 열매를 맺게 되었습니다. 여전히 바깥출입은 자유롭지 못했지만, 누군가를 만나거나 전화 통화를 하게 되면 그날 묵상한 말씀과 적용한 것을 나누었습니다. 그렇게 하다 보니 아무 능력이 없는 저를 통해 변화되는 사람들이 생기기 시작했습니다. 이렇듯 개인적인 적용을 잘하고 있으니, 그다음 단계로 나아가게 하셨습니다.

또 내게 이르시되 인자야 이스라엘 족속의 장로들이 각각 그 우상의 방안 어두운 가운데에서 행하는 것을 네가 보았느냐 그들이 이르기를 여호와께서 우리를 보지 아니하시며 여호와께서 이 땅을 버리셨다 하느니라 (겔 8:12)

환상 속에서 주님의 영이 에스겔을 데리고 다니시면서 "장로들이 우상을 섬기는 모습을 보라"고 하십니다. 백성의 본이 되어야 할 유다 장로들은 우상에게 분향하는 죄를 범하고도 그 심각성을 전혀 깨닫지 못합니다. 여인들이 담무스 신에게 애곡하면서 찬양을 하고, '동쪽 태양'에게 절하는 사람들이 성전에 가득한데도(겔 8:14-16), 그들의 기도 대상이 잘못된 것을 아는 사람은 에스겔밖에 없습니다. 에스겔 역시 그 현장을 보고 싶어서 본 게 아닙니다. 하나님이 그런 과정을 통해 인도해주심으로 볼 수 있었습니다.

저 역시 집 밖에도 못 나가는 상황이었지만, 하나님께서 인도해주심으로 힘든 사람들과 말씀을 나누기 시작했습니다. 제가 매일 말씀을 묵상하면서 깨달은 것과 적용한 이야기를 하면, 그 얘기 들은 분이 은혜를 받아서 또 다른 분에게 그 얘길 들려주라며 아는 분을 연결해주시고는 했습니다. 그러는 중에 이혼을 결심했던 분이 마음을 돌이키기도 하고, 심각한 우울증에 빠져 있던 분이 회복되는 놀라운 일도 일어났습니다. 복음을 거부하던 분들이 주님을 영접하는 사건도 있었습니다.

그런 식으로 제가 전도한 분들이 또 열매를 맺으셔서 저는 집에서 몇 분을 모시고 양육 모임을 시작했습니다. 저야 명색이 병원 원장 사모님이었지만, 함께 모이는 분들은 모두 20만 원, 50만 원 하는 전세방에 사시는 분들이었습니다. 말씀으로 제가 그분들을 양육했다고 하지만, 사실 그분들의 삶을 통해 제가 깨달은 교훈이 더 많았습니다. 그리고 제게 허락하신 환경에 더욱 감사하며 그 환경에서 더 많은 분을 섬길 수 있었습니다.

저는 일주일에 하루 있는 모임을 위해 더 열심히 남편을 섬겼습니다. 혹시라도 뭐가 틀어져서 모임이 있는 날 병원에 나와서 일을 보라고 하거나 사람들을 집으로 불러들인다고 싫어할까 봐 나머지 엿새 동안은 간절히 기도하며 남편의 말을 따랐습니다.

남편은 병원에서 일하다가 하루에도 몇 번씩 수시로 집에 오가며 저를 찾았기 때문에, 저는 마음 놓고 미용실이나 시장을 갈 수도 없었습니다. 하지만 저는 교회 가는 것만은 포기할 수 없어서 이사 오기 전에 전도할 수 있는 병원이 되게 해달라고 100일 아침 금식기도를 했습니다. 그 응답으로 드디어 저희 집 거실에서 구역 예배를 드리기 시작했는데, 사람이 많이 오다 보니 집이 좁았습니다. 거실은 간호사들의 식사 장소인 동시에 산모 식사를 준비해야 하는 곳이었기 때문에 저희가 떡 버티고 예배를 드리고 있으면 남편이 인터폰으로 야단이었습니다.

그렇게 남편에게 욕을 먹어가면서 가난하고 못 배운 사람들과 예배를 드리는 것이 제게는 힘겨운 일이었습니다. 그러나 삭개오가 작은 키와 세리라는 직업의 장애 요인을 딛고, 오직 예수님을 보기 위해 끈질기게 뽕나무에 올랐던 것처럼 저도 그런 장애물을 놓고 끈질기게 기도했습니다.

"하나님, 남편이 돈을 안 줘도 좋고 못 나가게 해도 좋습니다. 그러나 예배드릴 수 있는 처소는 허락해주세요."

돈을 안 주고 외출을 금하거나 꾸미지 못하게 하는 것은 다 포기해도, 딱 한 가지 예배 처소만은 포기하지 않고 기도하게 하신 것입니다. 그리고 이 기도는 1년이 안 되어 응답을 받았습니다.

병원 건물을 증축해서 2층 살림집을 3층으로 옮길 계획이었는데, 완공 후 하루 만에 살림집이 다시 2층으로 내려오게 되었습니다. 남편은 시간만 나면 운동한다고 집에 올라오곤 했는데, 3층까지 오르내리기는 너무 힘들다는 이유였습니다. 그래서 3층은 자동으로 예배 전용 장소가 되었습니다.

늘 남편과 같이 있다 보니 전화 한 통 하는 것도 여간 어려운 일이 아니었습니다. 그래서 남편이 환자를 보러 내려가기만 하면 전화 통화를 시작했는데, 남편이 다시 올라올 때까지 계속 통화하는 일이 여러 번 있었습니다. 그러면 남편은 불같이 화를 내며 소리를 질렀습니다.

"이게 병원 전화지, 당신 전환 줄 알아? 이러니까 산모들이 병원에 전화가 안 된다고 난리지!"

그러나 그런 일을 겪으면서도 내 돈으로 전화 한 대 더 놓으면 안 되겠냐는 말은 차마 하지 못했습니다. 무슨 사업하냐고 호통칠 걸 생각하면 말이 나오지 않았습니다. 그리고 평소에도 "당신 돈이 어디 있어? 당신 돈이 내 돈이고, 내 돈이 내 돈이지"라고 말하는 사람이니 제 부탁을 들어줄 리 없었습니다.

사실 저는 개인적인 즐거움이나 수다를 떨기 위해 전화가 필요한 것이 아니었습니다. 전도와 상담 때문에 구하는 것이었기 때문에 하나님께서 꼭 들어주시리라 믿고 기다렸습니다.

그러던 어느 날, 전화국 직원이 병원에 찾아왔습니다. 이런 병원에는 전화가 더 있어야 한다면서, 지금 전화를 한 대 새로 놓으면 혹시 이사를 가더라도 그냥 가져갈 수 있다고 남편을 부추겼습니다. 당시 백색전화가 상당히 비쌌기 때문에 남편은 귀가 솔깃해서 허락을 했습니다.

드디어 전화선을 설치하는 날, 남편은 수술 중이었고 저는 허락도 없이 3층에 전화기를 연결했습니다. 나중에 불호령이 날까 조마조마했는데, 이야기를 듣고 남편은 아무 말도 하지 않았습니다.

저는 지금까지 세상적인 것을 위해 끈질기게 기도한 적은 없었습니다. 그러나 상담에 필요한 전화나 공부하는 데 필요한 피아노는 끈질기게 구했습니다. 만일 남편에게 성경공부하고 피아노 좀 칠 수 있게 3층을 지어달라고 했으면, 10만 원도 안 주는 남편이 몇천만 원을 들여서 그런 공간을 만들어줄 리가 없었습니다. 그러나 제가 사람들과 성경공부할 수 있는 환경을 위해 절박한 심정으로 기도했을 때 주님은 다 주셨습니다. 이것은 기적이었습니다.

하지만 저의 그런 순종이 늘 평탄한 것만은 아니었습니다. 남편의 구원을 위해 생명을 내놓고 기도하기 시작했더니 사탄이 저를 밀 까부르듯 하는 사건들도 많았습니다. 하루는 남편이 술에 취해 평소보다 늦게 집에 왔습니다. 묵묵히 맞이하던 저를 남편은 무서운 얼굴로 쳐다보더니 화를 내면서 방에 있던 성경책을 갈기갈기 찢어버리는 것이었습니다. 순간 "의를 위하여 박해를 받은 자는 복이 있나니 천국이 그들의 것임이라…… 기뻐하고 즐거워하라 하늘에서 너희의 상이 큼이라"(마 5:10-12)고 하신 그날 큐티 본문 말씀이 떠올랐습니다.

남편이 이런저런 것에 자유를 주지 않는 걸로 의를 위해 박해받는다고 하기에는 좀 뭐했는데, 드디어 영화에서나 봄직한 사건이 제게도 일어난 것입니다. 그러면서 속으로 훗날 간증하라고 이런 일을 허락하시나 보다 하는 생각에 기뻐할 수 있었습니다. 말씀의 위력이 얼마나 대단한지, 사탄의 장난도 저를 흔들지 못한 것입니다. 남편이 잠든 후 친구에게 전화로 이 간증을 하니 "앞으로 김 집사를 어떻게 쓰시려고 그러실까" 하며 놀라워했습니다.

다음 날 아침, 남편은 저에게 몹시 미안해하면서 괜찮다고 해도 굳이 성경책을 사주겠다고 했습니다. 그러더니 책방이 문을 열자마자 함께 가서 주석 성경, 톰슨 성경, 현대인의 성경 등등과 아이들 것까지 성경책만 한 아름 사서 안겨주고 출근했습니다.

"항상 기뻐하라. 쉬지 말고 기도하라. 범사에 감사하라"(살전 5:16-18)는 말씀은 삶에서 순환되는 말씀이었습니다. 기뻐하니 채 여섯 시간도 지나지 않아서 감사할 일이 생긴 것입니다. 그러니 항상 기뻐하며 기도하면, 내가 죽은 뒤에라도 반드시 감사할 일이 생길 것입니다. 제가 그런 일에도 얼굴을 찡그리지 않았기 때문에 남편이 먼저 사과하는 것으로 선하게 마무리되었습니다.

솔직히 어떤 날은 속이 뒤집어지기도 하고, 자존심이 상하기도 합니다. 하지만 그런 날은 꼭 말씀으로 해석해주시거나 새로운 영혼을 전도하게 하심으로 저에게 더 큰 위로와 기쁨을 주셨습니다. 그래서 남편이 아침에 잔뜩 화를 내고 나갔어도 저녁에 돌아올 때 방긋 웃으며 맞아줄 수 있었습니다.

Chapter 05

구원받은 남편

주 여호와의 말씀이니라 내가 어찌 악인이 죽는 것을 조금인들 기
뻐하랴 그가 돌이켜 그 길에서 떠나 사는 것을 어찌 기뻐하지 아
니하겠느냐 만일 의인이 돌이켜 그 공의에서 떠나 범죄하고 악인
이 행하는 모든 가증한 일대로 행하면 살겠느냐 그가 행한 공의로
운 일은 하나도 기억함이 되지 아니하리니 그가 그 범한 허물과
그 지은 죄로 죽으리라 그런데 너희는 이르기를 주의 길이 공평하
지 아니하다 하는도다 이스라엘 족속아 들을지어다 내 길이 어찌
공평하지 아니하냐 너희 길이 공평하지 아니한 것이 아니냐 만일
의인이 그 공의를 떠나 죄악을 행하고 그로 말미암아 죽으면 그
행한 죄악으로 말미암아 죽는 것이요 만일 악인이 그 행한 악을
떠나 정의와 공의를 행하면 그 영혼을 보전하리라 그가 스스로 헤
아리고 그 행한 모든 죄악에서 돌이켜 떠났으니 반드시 살고 죽지
아니하리라 _겔 18:23-28

열매의 때

사실 제 남편 이야기를 자꾸 하고 싶지는 않습니다. 하지만 이스라엘 백성을 툭 치면 나오는 것이 홍해의 구원 이야기 아닙니까? 출애굽기부터 계시록까지 툭 치면 나오는 게 이스라엘의 구원 이야기이듯 저도 툭 치면 나오는 것이 남편의 구원 간증입니다. 제 남편은 정말 하루 만에 '죽음'이라는 심판을 받았습니다. 이튿날 새벽에 남편의 구원이 이루어졌고, 남편은 천국으로 떠났습니다. 하루 만에 일어난 심판과 구원 이야기, 이것이 바로 제 남편의 이야기라서 이 간증을 하지 않을 수가 없습니다.

남편의 구원을 위해 간절히 매달리며 기도했지만 1년이 넘도록 남편은 여전히 변화되지 않았습니다. 그러던 어느 날 에스겔서 18장을 묵상하다가 구원은 혈통으로나 육정으로 되는 것이 아님을 알게 되었습니다(요 1:13). 이때부터는 생명을 내놓는 심정으로 기도하게 되었습니다. 세상적으로 너무나 잘난 남편이기에 저는 남편을 망하게 하셔서라도 구원받게 해달라고 기도했습니다. 말세에 먹을 것과 입을 것이 아닌 구원을 위해 기도하게 하심에 감사하며 눈물 흘리기도 했습니다. 그렇게 생명을 내놓고 기도하니까 못 참고, 못 견딜 일이 없었습니다.

어느 토요일, 남편이 퇴근하면 함께 외식을 하기로 했습니다. 저녁 다섯 시쯤 남편에게서 전화가 왔습니다. 사정이 생겨서 외식을 못 할 것 같으니 아이들 먼저 밥을 먹이라는 것이었습니다. 저는 어떻게 하면 남편을 감격시킬까 늘 궁리하던 사람인지라 토를 달지 않고 남편이 시키는 대로 했습니다. 그런데 한 시간쯤 지나서 이번엔 병원 간호사로부터 전화가 걸려왔습니다.

"사모님, 원장님이 이상하세요. 퇴근하려고 나가다가 다시 들어오시더니 지금 원장실에 누워 계시는데, 이상하게 혈압이 자꾸 떨어져요. 아무래도 사모님이 와보셔야 할 것 같아요."

잠시 어리둥절해하고 있는데 남편이 전화를 바꾸었습니다.

"내가 낮에 인삼차를 먹었는데, 그게 잘못돼서 그래. 곧 집에 갈 거니까 당신은 오지 말고 집에 있어."

워낙 건강하던 사람이라 좀처럼 없던 일이었습니다. 본인도 올 필요 없다고 하고 저도 별일 아니겠지 싶었지만, 가자마자 돌아오더라도 우선은 남편에게 가봐야겠다는 생각이 번뜩 들었습니다. 저는 큰아이에게 집단속을 시키고 부리나케 병원으로 달려갔습니다.

원장실에 들어섰더니 남편은 누운 채로 저를 맞았습니다. 그러고는 다가서는 제 손을 와락 붙잡더니 기도를 부탁했습니다.

'이게 무슨 일인가! 병원이 망한 것도 아니고 죽을병에 걸린 것도 아닌데 이 사람이 왜 이럴까.' 조금 당황스러웠지만 저는 아침에 큐티하며 했던 기도를 떠올리며 남편의 손을 잡았습니다. 그리고 제가 너무 좋아하는 기색을 보이면 그만두라고 할까 봐 크지도 작지도 않게 기도를 드렸습니다.

오직 남편의 구원을 바라보며 유리그릇 다루듯 조심스럽게 남편을 대했습니다. 어디가 아픈지 몰라도 먼저 기도해달라고 하는 남편이 너무나 고맙고 기쁘기만 했습니다. 기도를 마치고는 모두 믿는 분들이었던 병원 식구들에게 남편이 기도 부탁을 했다는 기쁜 소식을 전했습니다.

그런데 시간이 흐를수록 남편의 혈압은 계속 떨어졌습니다. 그래서 우선 저희 병원에서 할 수 있는 검사는 다 해보기로 했습니다. 하지만 가슴과 뇌 사진을 촬영하고, 피 검사, 소변 검사, 간 기능 검사까지 다 해보아도 이상 소견은 없었습니다. 남편은 자정이 되어서야 뭔가 심각하다는 생각이 들었는지 대학병원으로 가자고 했습니다. 대학병원 응급실에 도착한 남편은 자신이 의사인데 할 수 있는 검사는 다 해보았으니 복부 CT만 찍어보면 될 것 같다고 설명했습니다.

남편은 저를 안심시키려는 듯 자기가 술을 많이 마셔서 위에 구멍이 난 것 같다며 여유 있는 웃음을 지었습니다. 그러면서 제게 집안 식구들에게 전화를 걸어서 다들 오게 하라고 했습니다. 저는 이 정도 일로 오게 하나 싶은 생각이 들었지만, 친정과 시댁 식구 모두에게 전화를 걸었습니다.

CT 촬영이 끝나고 얼마 지나서 담당 의사가 저를 부른다기에 진료실로 갔습니다.

"간동맥이 파열되었습니다."

담당 의사의 말을 듣는 순간 언뜻 이해가 가지 않았습니다.

"그게 왜 파열되는 건데요?"

저의 어리둥절한 물음에 의사는 남편이 간암 말기인데 상태가 악화되어 간동맥이 저절로 파열됐다고 설명했습니다. 그리고 파열된 채로 너무 오래 지체하다가 왔기 때문에 손을 쓸 수 없고, 화급을 다툰다고 했습니다. 마른하늘에 날벼락이란 게 이런 것일까요. 아침에 멀쩡하게 밥 한 그릇 뚝딱 비우고 간 사람이 하루 만에 간암 말기로 생명이 위급하다니…….

남편은 산부인과 의사였습니다. 날마다 산모의 아이를 받으면서 손에 피를 묻히는 수술을 많이 하다 보니 행여 간염에라도 걸릴까 봐 한 달에 한 번씩 꼬박꼬박 간 기능 검사를 했습니다. 그 당시만 해도 우리나라에는 간염 보균자가 적지 않았습니다. 집안에 간 때문에 아픈 사람이 하나 없는데도, 제 남편은 워낙 완벽주의자라 매달 간 검사를 철저히 했습니다. 그런 남편이 어느 날 갑자기 쓰러졌는데 간동맥 파열이라니요. 검사할 때마다 아무런 이상이 없었는데, 하루아침에 간암 말기 판정을 받은 것입니다. 그리고 그날 그 자리에서 바로 죽음을 선고받았습니다. 의사인 남편의 완벽주의를 하나님은 여지없이 초토화시키신 것입니다.

생명이 위독하다는 말을 듣자마자 저는 곧바로 남편의 구원을 떠올릴 수밖에 없었습니다. 자나 깨나 기도한 것이었기 때문에 하나님께서는 그 청천벽력의 순간에도 구원을 먼저 떠올리게 하셨습니다. 저는 낭떠러지로 한 걸음씩 다가가고 있는 기분이었습니다.

'남편의 구원을 위해 그렇게 기도한 게 헛것이란 말인가.'

저는 중환자실에 있는 남편에게 정신없이 달려가 남편을 붙잡고 울부짖었습니다.

"당신이 회개하고 예수 믿어 천국 가지 않으면 난 애들 데리고 살 자신이 없어요. 여보……."

남편은 그런 저의 모습을 보고 너무나 침착하게 말했습니다.

"사람이 한 번 죽는 건 정한 이치인데 왜 그렇게 울어. 당신 이제 봤더니 예수 헛믿었네."

지나고 생각해보니 남편이 죽음을 앞두고 그렇게 침착할 수 있었던 이유는 그가 이미 하나님의 택하신 자였기 때문이었습니다.

그러고 나서 남편은 그동안 시키는 대로만 하고 살았던 제가 걱정스러웠는지 자신이 떠난 뒤에 처리해야 할 일들을 하나하나 이야기하기 시작했습니다. 하지만 제게 그런 말들은 하나도 들리지 않았습니다. 그저 계속 울부짖으며 회개하고 예수님을 영접하라고 애원하고 있었습니다.

그러자 집안 어른들이 저를 중환자실 밖으로 불러내서 "아무리 철이 없고 경솔해도 분수가 있지, 왜 그런 얘길 먼저 해서 살 소망을 끊느냐"고 책망하셨습니다. 그러나 저는 남편의 구원을 위해 기도해왔기 때문에 "너희 속에 있는 소망에 관한 이유를 묻는 자에게는 대답할 것을 항상 준비하되 온유와 두려움으로 하고"라고 한 베드로전서 3장 15절 말씀처럼, 그분들에게 대답할 것이 있었습니다.

"저는 남편의 구원을 위해 제 생명을 내놓고 기도해왔습니다. 지금 생명이 위급한데 남편이 구원받지 못하고 죽는다면 누가 책임지시겠습니까? 그리고 저보다 남편을 더 사랑하는 사람이 있겠습니까?"

저의 그러한 대답에 집안 어른들은 저를 더는 막지 못했습니다. 저는 다시 남편 곁으로 갔습니다. 중환자실 안에는 한 살 된 돌쟁이부터 환갑이 넘은 사람까지 시간을 다투는 환자들과 그 가족들이 있었지만 아무도 구원 때문에 애통해하는 사람은 없었습니다. 하나님은 그러한 장면을 저의 마음 판에 새겨두게 하셨습니다.

중환자실은 면회가 제한되어 있기에 의사와 간호사들이 와서 저를 내보내려고 했지만 제가 그렇게 기도하며 "절대 남편 곁에서 떠날 수 없다"고 버티자 난감했는지 의사 가운을 가져와 제게 입혀주었습니다.

저는 계속 남편 옆에서 어서 회개하고 주님을 영접해야 한다고 매달렸습니다. 남편은 그 와중에도 몸이 약한 제가 쓰러질까 봐 걱정하며 의자를 가져다 달라고 했습니다. 절박한 상황에서 저와 남편의 대화는 영과 육의 대화로 엇갈리고 있었습니다. 저는 지칠 줄 모르고 남편 곁에서 찬송을 부르고 기도하면서 미친 사람처럼 힘든 영적 싸움을 치르고 있었습니다.

그리고 그날 하나님은 제게 "시간이 없다"고 말씀하시는 것 같았습니다. 직통계시로 들었다는 게 아니라 하나님과 친해서 늘 말씀으로 교통하니까 성경을 통해, 그리고 주변 사람의 말을 통해 하나님의 말씀이 들렸습니다. 의사가 "화급을 다툰다"고 했을 때 저는 그것을 하나님의 사자가 하는 말로 받아들였습니다.

남편의 구원이 화급을 다투는 일임을 직감했습니다. 시간이 없었습니다. 저는 평소에 남편에게 입도 벙긋 못하던 아내였습니다. 가라면 가고 오라면 왔습니다. 그런 주제에 어찌 갑자기 쓰러진 남편에게 회개하라고 촉구할 수 있겠습니까. 제가 평소에 남편을 위해 기도하지 않았더라면, 남편이 "기도해달라"고 했을 때 그 자리에서 바로 기도가 나왔겠습니까. 심판이 눈앞에 다가왔기에, 환자들의 신음 소리조차 들리지 않던 그 조용한 중환자실에서 누가 뭐라 하든 말든 밤새 울며 찬양하고 기도했습니다. 육적 야곱이 영적 이스라엘로 변하기를 기도했습니다. 하나님이 저에게 심판의 소식을 알려주지 않으셨다면 도저히 할 수 없는 일이었습니다.

한참 그러고 있는데 남편이 "하나님, 용서해주세요" 하고 말했습니다. 그러나 저는 성령께서 함께하시는 회개를 해보았기에 그 말이 허공을 치는 메아리로 들렸습니다. 무엇이 잘못되었는지 정확하게 설명할 순 없었지만 남편의 회개는 입으로만 하는 것처럼 들렸습니다. 아직 남편이 구원에 이르지 않았음을 알았습니다. 그래서 계속 울며 기도했습니다. 사람이 죽기 직전에 주님을 영접하는 것은 그야말로 나이아가라 폭포가 거꾸로 치솟는 것보다 더 힘든 일입니다. 내 노력으로 주님을 영접하려고 해도 영접하지 못하

92

는 것입니다.

야곱이 얍복 강가에서 하나님의 사람과 씨름하다가 환도뼈가 부러졌듯이 새벽 5시가 되자 남편은 갑자기 목사님을 찾았습니다. 그래서 제가 "오늘은 주일이라 4부 예배 끝나고 오신다"고 했습니다. 그런데 30분쯤 지나자 남편이 또 "목사님 정말 안 오시나?" 하고 물었습니다. 이 남편이, 예수님을 영접도 안 한 이 사람이 그런 말을 할 사람이 아닌데, 목사님을 두 번씩이나 찾았습니다. 매사 사람을 그렇게 조를 남편이 아니었습니다. 불현듯 '어쩌면 이 사람이 주일예배가 끝나기 전에 갈지도 모른다'는 생각이 들었습니다.

그날이 주일이었기에 목사님께 "예배 다 마치고 오시라"고 부탁드리는 게 상식이었지만, 믿음은 때로 상식을 넘어서야 한다는 걸 알았습니다. 주일 새벽이었지만 결례를 무릅쓰고 황급히 전화를 걸어 "목사님, 지금 꼭 좀 와주세요" 하고 간청했습니다. 어디서 그런 용기가 났는지 모르겠습니다. '강심장'이 아니면 제가 어떻게 목사님께 그런 무리한 부탁을 했겠습니까? 담임목사님은 멀쩡하던 사람이 갑자기 죽게 되었다는 말에 놀라셨습니다. 그러나 그때 시간이 새벽 다섯 시 반, 일곱 시에 드리는 1부 예배가 촉박한 시간이어서 당장 달려오실 수는 없었습니다.

그런데 하나님의 예비하심이었을까요. 평소 전혀 못 뵈었던 젊은 부목사님이 대신 와주셨습니다. 목사님은 중환자실에 가족들과 친구들을 모두 들어오게 하시더니 남편의 침대에 둘러서게 하셨습니다. 그리고 살려달라거나 기적을 베풀어달라고 하는 기도를 하지 않으시고 남편의 손을 꼭 붙잡고 물으셨습니다.

"오늘 천국 문 앞에 서 계십니다. 그 문으로 어떻게 들어가실 수 있겠습니까?"

양쪽 팔에는 갖은 수액과 피를 공급하는 링거 줄을 주렁주렁 매달고, 입에는 산소호흡기를 문 채 가쁜 숨을 몰아쉬던 남편이 놀랍게도 너무나 순수한 표정을 지으며 대답했습니다.

"예수 이름으로요."

그러고는 친지들이 다 보는 가운데 울먹이며 자신의 죄를 고백하기 시작했습니다.

"제가 믿음이 없어서 교회를 안 간 것이 아니라, 죄를 지어서 교회에 갈 수가 없었습니다. 목사님, 혹시 제 직업을 아십니까?"

목사님이 고개를 끄덕이자, 남편의 고백이 계속되었습니다.

"저는 산부인과 의사입니다. 그런데 의사로서 하지 말아야 할 낙태 수술을 했습니다. 그래서 그 죄 때문에 교회에 나갈 수가 없었습니다."

레지던트를 할 때는 어쩔 수 없었다고 해도, 자기 이름으로 병원을 운영하면서 낙태 수술로 돈을 번다는 사실은 장로 아들로서 보고 들은 것이 많았던 남편에게 가책이 되었던 것입니다. 남편의 고백을 들으며 저는 그동안 남편이 제게 보인 태도들이 그 괴로움 때문이었다는 것을 알았습니다. 자기는 뻔히 낙태 수술을 하고 들어왔는데 아내인 제가 성경을 읽고 있었으니 얼마나 괴로웠겠습니까.

"그 죄 때문에 하나님께 이렇게 매를 맞았습니다. 고쳐주시면 감사하고 고쳐주시지 않아도 할 말 없는 인생입니다."

가족과 친구들이 모두 둘러선 가운데 남편은 눈물을 흘리며 자기 죄를 고백했습니다. 남편의 고백을 듣고 목사님은 말씀하셨습니다.

"우리 가운데 죄 없는 인생이 어디 있겠습니까. 달걀 다섯 개 중 한 개가 썩어도 그 사실을 알면 나머지는 못 먹습니다. 만 개 중에 단 한 개가 썩어도 알고는 그 달걀로 만든 빵을 못 먹습니다. 내 행위로 천국에 갈 사람은 아무도 없습니다. 내 죄를 위해 죽으신 예수님을 믿기만 하면 우리는 구원받고 천국에 가는 것입니다. 이 예수님을 믿으십니까?"

목사님이 남편에게 이렇게 묻자 남편은 "믿는다"고 답했습니다. 그리고 목사님을 따라 많은 사람이 보는 가운데 영접기도를 했습니다.

"주님, 저는 지금까지 세상이 저의 주인이었습니다. 하나님을 모르는 죄인이었습니다. 이제 나를 위해 죽으신 예수님을 내 인생의 구주로 영접합니다. 그리고 부활하신 주님을 믿습니다. 연약한 인생이오니 불쌍히 여겨주옵소서."

남편이 구원을 받는 순간이었습니다. 그 한마디 한마디를 들으며, 저는 기적이 따로 없다고 생각했습니다. 한없는 감격이었습니다.

기도를 마친 후, 목사님은 남편에게 가족들에게 하고 싶은 말이 있으면 하라고 하셨습니다. 그러자 남편은 제게 그동안 교회 다니는 걸 많이 막아서 미안하다고 용서를 구하면서 부부 싸움은 칼로 물 베기 아니냐며 농담을 했습니다. 저희 친정아버지께는 "아들 없는 집안에 장가들었음에도 아들 노릇을 못해서 죄송합니다, 용서해달라"고 용서를 구했습니다. 시댁 식구들에게는 "제가 매사에 비판하고 지적만 해서 미안하다, 다 사랑한다"고 사과했습니다. 남편의 진심 어린 고백에 가족들은 서로 미안했노라 고백하며 저마다 용서를 구하기 시작했습니다. 순식간에 병실은 회개의 눈물로 가득했습니다. 그동안 쌓였던 독(毒)이 해독되는 시간이었습니다.

아침 7시에 그렇게 주님을 영접을 하고 나서 목사님이 가신 후 저를 가만히 불러서는 "내가 당신 앞에서 회개하려고 했는데……. 그래도 순서가 있잖아. 난 오래 살 사람이 아냐. 당신, 내가 누구한테 신세지는 거 싫어하는 거 알지?"라고 하더니 "우리 병원에 들러서 병원비 좀 챙겨와. 그리고 12시가 되면 산소호흡기를 떼겠다"고 했습니다. 그러면서 남편은 제가 처리해야 할 일들 하나하나를 일러주었습니다.

심지어 병원 옥상에 고추 말린 것을 걷으라는 말까지도 잊지 않았습니다. 저는 이미 남편의 구원이 이루어진 것을 확신했기에, 남편이 시키는 대로 한 시간 동안 처리해야 할 일들을 하고 병원으로 돌아왔습니다.

제가 잠시 자리를 비운 동안 남편은 친구들에게 인생의 허무함을 이야기하며 복음을 전하고 있었습니다. 평생 못 하던 전도를 이 한 시간 동안에 더 많이 했습니다. 남편은 일 처리를 하고 온 저를 칭찬해주면서 다시 저에게 자신의 장례와 여러 가지 일들을 차근차근 지시했습니다.

그리고 오전 열 시가 되자 남편은 뇌사 상태에 들어갔습니다. 그때 남편의 모습은 평생에 보지 못한 사랑스러운 모습이었습니다. 구원받지 않았다면 그런 변화가 있었겠습니까? 하루 만에 이 모든 변화가 일어난 것입니다. 그런데 그 새벽에 친지들에게 집에 있는 어린 딸과 아들을 빨리 데려와 달라고 부탁했는데, 그분들이 집에서 잠깐 쉬었다 오는 바람에 아이들이 아버지의 감격스러운 회개와 영접기도를 하는 순간을 보지 못했습니다. 아버지와 마지막 예배를 드리지 못한 것입니다. 아이들이 그 중요한 장면을 못 본 것이 지금까지도 너무나 안타깝고, 아쉽고, 생각하면 가슴이 미어집니다.

뇌사 상태에 들어간 남편과 더 이상 대화를 할 수 없게 되자 문득 전날 남편이 전화로 "인삼차를 먹었는데, 그게 잘못돼서 그래. 곧 집에 갈 거야"라고 했던 말이 생각났습니다. 저는 남편을 병원에서 그대로 떠나보낼 수가 없었습니다. 그래서 병원의 허락을 받아 산소호흡기를 부착하고 수혈받는 남편을 구급차에 태워 집으로 옮겼습니다. 그리고 낮 열두 시, 남편은 자신의 말대로 하나님 곁으로 갔습니다. 남편은 갑작스런 죽음 앞에서 '내가 왜 이렇게 죽어야 하나' 하는 소리는 단 한마디도 하지 않았습니다. 그저 구원이 어떤 것인지를 아름답게 증거하고 천국에 갔습니다.

하나님께서는 우리 주 예수 그리스도를 죽은 자 가운데서 살리셨습니다. 이 능력으로 우리를 죽음의 자리, 죄의 자리에서 구출해내셨습니다. 제가 십자가를 지기로 하니까 부활의 아침이 와서 남편을 죄의 자리에서 구해주시고, 저로 하여금 천하 만민에게 복을 끼치는 인생이 되게 하셨습니다. 초라한 나귀 같은 저의 등에 예수님을 태우니 예수님이 저를 높여주셔서 여기까지 왔습니다.

하나님께서는 구원 때문에 안타까워하는 사람을 택하시고, 복을 주는 인생이 되도록 능력을 주십니다. 제가 바로 산증인입니다. 제가 구원 때문에 눈물짓는 것 말고는 뭐가 잘나서 지금 이렇게 목회를 하고 있겠습니까. 저보다 훌륭한 분들이 얼마나 많습니까. 그런데 저는 지금까지 구원 때문에 눈물을 흘리지 않은 날이 없습니다. 그리고 구원 때문에 눈물 흘리는 저를 하나님께서는 복을 주는 인생이 되게 하셨습니다.

남편이 주님을 영접한 순간만 생각하면 '어떻게 그런 일이 있을 수 있을까?' 싶어 아직도 눈물이 납니다. 하나님께서는 저와 남편의 죄악을 제해주시고, 십자가에 죽어주심으로 부활을 맛보게 하셨습니다. 일촉즉발의 심판의 위기에서, 하루 만에 일어난 그 회개와 영접으로 구원받은 순간은 30여 년의 세월이 흐른 지금까지도 제 삶의 원동력이 되고 있습니다.

예수님을 영접하는 것보다 더 큰 축복은 없다는 것을 저는 그때 알았습니다. 제 남편은 그렇게 갔어도 복을 주는 인생이 되었습니다. 살아생전에, 몸 건강할 때, 그렇게 영접하고 함께 주의 일을 했더라면 얼마나 좋았겠습니까마는 저는 그날 기뻐서 울고, 안타까워서 울었습니다.

어느새 30년이 지난 일임에도 그 당시의 순간순간, 일분일초가 생생하게 기억납니다. 구원이 얼마나 화급하고 중요한 일인지 알게 된 그 순간을 어찌 잊을 수 있겠습니까?

위로의 때

그런데 막상 남편이 떠나고 하루가 지나자 구원받은 생각은 다 잊어버리고 한동안 멍해졌습니다. 남편이 저보다 훨씬 더 성실하고 강한 사람인데, 하나님께서 더 좋은 일꾼으로 쓰실 수도 있었을 텐데 왜 그렇게 빨리 데려가셨을까. 너무 불공평하다는 생각이 들었습니다. 세상에 무슨 병에 걸렸기에 진단한 지 하루 만에 세상을 떠납니까? 제아무리 병이 악화된 말기 암 환자라도 몇 달은 더 살지 않습니까? 교통사고를 당한 것도 아니고 갑자기 심장이

멎어 쓰러진 것도 아닌데, 어떻게 하루 만에 갈 수 있습니까.

천국에서 다시 만날 것이라는 소망은 있었지만 그럼에도 하루 아침에 남편이 제 곁을 떠나버리고 나니 서글프고 처량해서 감당할 수가 없었습니다. 남편이 일찍 제 곁을 떠날 수밖에 없었던 사건이 구속사로 해석은 되었지만, 저 역시 '돌아앉으면' 가녀린 여인에 불과했습니다. 30대 젊은 나이에 졸지에 과부가 된, 불행한 여자에 불과했습니다. 더구나 어린 두 아이까지 딸린…….

남편이 천국에 가기 전만 해도 집에는 도우미도 있고, 운전해주는 기사도 있고, 이래저래 살림을 돌봐주는 사람이 많았습니다. 심지어 주민등록등본 한 장도 제 손으로 떼본 일이 없었습니다. 대신해주는 사람이 있었습니다. 남들이 모든 사사로운 일을 다 해주니 저는 오직 큐티에만 열중할 수 있었습니다. 그런데 예고도 없이 남편이 하루아침에 세상을 떠나니 곁에 있던 사람들도 하루아침에 다 떠나버렸습니다. 갑자기 초라해진 것만 같아 서글펐습니다. '정말 이렇게 살아야 하나' 뒤돌아보지 않을 수 없었습니다.

그러다 문득 병원에서 밤을 새우며 하루를 보내느라 그날 큐티를 못한 것이 떠올랐습니다. 하루 만에 시신이 되어 돌아온 남편을 안방에 눕혀두고, 그 옆에서 저는 도대체 오늘의 사건을 하나님께서는 무어라고 말씀하시는지 그 음성을 듣기 위해 큐티 책을 펼쳤습니다.

주 여호와의 말씀이니라 내가 어찌 악인이 죽는 것을 조금인들 기뻐하랴 그가 돌이켜 그 길에서 떠나 사는 것을 어찌 기뻐하지 아니하겠느냐 만일 의인이 돌이켜 그 공의에서 떠나 범죄하고 악인이 행하는 모든 가증한 일대로 행하면 살겠느냐 그가 행한 공의로운 일은 하나도 기억함이 되지 아니하리니 그가 그 범한 허물과 그 지은 죄로 죽으리라 그런데 너희는 이르기를 주의 길이 공평하지 아니하다 하는도다 이스라엘 족속아 들을지어다 내 길이 어찌 공평하지 아니하냐 너희 길이 공평하지 아니한 것이 아니냐 만일 의인이 그 공의를 떠나 죄악을 행하고 그로 말미암아 죽으면 그 행한 죄악으로 말미암아 죽는 것이요 만일 악인이 그 행한 악을 떠나 정의와 공의를 행하면 그 영혼을 보전하리라 그가 스스로 헤아리고 그 행한 모든 죄악에서 돌이켜 떠났으니 반드시 살고 죽지 아니하리라 그런데 이스라엘 족속은 이르기를 주의 길이 공평하지 아니하다 하는도다 이스라엘 족속아 나의 길이 어찌 공평하지 아니하냐 너희 길이 공평하지 아니한 것 아니냐 주 여호와의 말씀이니라 이스라엘 족속아 내가 너희 각 사람이 행한 대로 심판할지라 너희는 돌이켜 회개하고 모든 죄에서 떠날지어다 그리한즉 그것이 너희에게 죄악의 걸림돌이 되지 아니하리라 너희는 너희가 범한 모든 죄악을 버리고 마음과 영을 새롭게 할지어다 이스라엘 족속아 너희가 어찌하여 죽고자 하느냐 주 여호와의 말씀이니라 죽을 자가 죽는 것도 내가 기뻐하지 아니하노니 너희는 스스로 돌이키고 살지니라 (겔 18:23-32)

에스겔서 18장에 "만일 악인이 그 행한 악을 떠나 정의와 공의를 행하면 그 영혼을 보전하리라 그가 스스로 헤아리고 그 행한 모든 죄악에서 돌이켜 떠났으니 반드시 살고 죽지 아니하리라"(27-28절)고 하셨습니다. 그런데 저희 남편처럼 평생 믿지 못하던 사람도 예수님을 영접한 한 가지 '의'가 있으면 영혼을 보전해 주신다면서 이제 예수님을 영접하고 의를 행하며 살려는 남편을 왜 하필이면 주님을 영접한 즉시 데려가시는 게 납득이 됩니까? 몇 년이라도 그렇게 살게 하신 다음 데려가면 안 되느냐는 말입니다. 그러니 '공평치 않다'는 말이 제 입에서 나올 수밖에 없었습니다. 목숨을 내놓고 기도했는데 '남편을 데려가신 것이 불공평하지 않은가' 하는 생각이 들었습니다. '학생으로, 며느리로, 또 아내로서 나름대로 순종하며 살아온 제게 왜 이런 일을 허락하시나요?' 하는 원망의 마음도 없지 않았습니다.

그러나 남편이 예수님을 영접한 것은 '의로운 일'이지만, 그럼에도 불구하고 남편을 천국으로 데려간 하나님의 길은 더 '공평하다'는 것입니다. 그리고 남편이 스스로 헤아리고 행한 그 모든 죄악과 예수를 믿지 않는 악에서 돌이켜 떠났기 때문에 "반드시 살고 죽지 않으리라" 하시며 구원을 확인해주신 것입니다(28절).

"내가 어찌 악인이 죽는 것을 조금인들 기뻐하랴 그가 돌이켜 그 길에서 떠나 사는 것을 어찌 기뻐하지 아니하겠느냐"는 23절 말씀을 미리 주시지 않았더라면 제가 어떻게 29절 말씀을 감당할 수 있었겠습니까? 하나님께서는 위로의 말씀까지도 미리 예비해 두셨습니다. 어떻게 이렇게 정확한 말씀을 주실 수가 있을까요?

하나님께서 "네 남편이 여호와의 도를 지켜 예수 믿고 의를 행함으로 천국에 갔다"고 해주시니 그보다 더한 위로의 말씀이 어디 있겠습니까? 하나님께서 아브라함을 통해 그의 자식과 권속에게 명하여 여호와의 도를 지켜 의와 공도를 행하게 하려 했던 것처럼 (창 18:19 참조), 제 남편에게도 여호와의 도를 지켜 의와 공도를 행하게 하려고 저를 미리 택하셨던 것입니다. 그 말씀을 받고 보니 제 인생의 목적이 얼마나 명확한지 알게 되었습니다. 저를 통해 많은 권속들에게 의와 공도를 행하게 하시려는 하나님의 계획을 깨닫게 되었습니다. 이로 인해 남편은 비록 이 세상을 떠났지만, 저는 오히려 복을 주는 인생이 되었습니다.

제 남편은 세상적으로 말하면 너무나 완벽한 사람이었습니다. 부모에겐 효자였고, 바람 한 번 안 피웠으며, 아이들에겐 자상한 아버지로 돈도 잘 벌었습니다. 이렇듯 남들 보기에 의로운 남편이 주님을 예배하지 않고, 주일성수도 안 하고, 십일조도 안 하고, 병원 스트레스 때문에 늘 술을 마셨습니다. 저는 그때 남편이 바람 피우는 집이 때로는 부럽기도 했습니다. 바람피우는 남편은 차라리 밖에 나가니까요. 남편은 술도 친구들과 마시지 않고 집에서 저를 앉혀놓고 혼자 마셨습니다.

주일에 교회 안 가는 이유도 골프나 치며 놀려는 게 아니라 환자를 보기 위해 병원 문을 열기 때문이었습니다. "기름도 한 방울 안 나는 나라에서 큰 차는 왜 타느냐?"가 남편의 주제였습니다.

수도세, 전기세까지 아낀 돈으로 여기저기 기부하면서도 "교회는 왜 짓느냐? 그 돈으로 불쌍한 사람 도와줘야지" 했습니다. 그야말로 '자기 의'가 하늘을 찔렀습니다. 자기 스스로 그토록 의롭고, 너무나 완벽하게 옳으니 한국 사회를 비판하고 한국 교회를 비판하는 데 사명감을 가졌습니다.

게다가 산부인과 의사로서 실력도 있고 병원 운영도 잘했습니다. 아들 낳고 딸 낳고 잘만 살던 사람이었습니다. 그런데 하루아침에 갑자기 쓰러졌습니다. 하나님께서 참으실 수 없는 부분이 있었던 것입니다.

저희 부부는 남들이 부러워하는 '의사와 피아니스트 부부'였지만, 의와 공도를 행함에 있어선 형편없는 부부였습니다. 그러므로 더 형편없는 저를 주님이 먼저 부르고 택하셨습니다. 남편이 돈 잘 번다고 저까지 덩달아 교회에 안 다니고 기도를 안 했으면 하루 만에 일어난 심판에서 남편이 어떻게 구원받을 수 있었겠습니까? 어떻게 자기 죄를 고백했겠습니까? 그러나 하나님께서 저를 택하셨기에 마지막 순간에나마 남편에 대한 애통함으로 기도하게 하셨습니다. 그리고 그 간절한 기도가 남편의 회개를 불러일으켰습니다.

에스겔서 18장 22절에는 예수만 믿으면 "그 범죄한 것이 하나도 기억함이 되지 아니하리니 그가 행한 공의로 살리라"고 했습니다. 그러므로 최고의 의는 오직 예수를 믿는 것입니다.

제 남편이 그랬습니다. 장로님의 아들이었지만 45년 만에, 죽기 전에 자기가 죄인이라고 회개하고 예수님을 구세주로 영접했습니다. 그리고 곧 떠났는데, 살아생전에 무슨 의로운 행함이 있었겠습니까. 우리 인생은 모두가 죄인이기에, 나의 행위로 구원받을 근거는 없습니다. 그러므로 "내가 죄인이니까 나를 구원해달라"고 하는 것이 가장 의로운 일입니다.

저는 하나님이 공평하다고 하시니 공평하다고 그대로 믿어졌습니다. 이날의 말씀을 위해 그동안 큐티를 해왔다고 해도 과언이 아니었습니다. 하나님의 말씀은 살아 있고 활력이 있어 좌우에 날선 어떤 검보다도 예리하여 혼과 영과 및 관절과 골수를 찔러 쪼개기까지 한다고 했는데(히 4:12), 인간의 천 마디 말로도 위로받을 수 없던 저를 이 말씀으로 살리셨습니다.

예수께서 이미 부활하실 것을 말씀하셨지만 십자가에서 돌아가시자 갈릴리 여인들도 두려워 울며 떨었습니다. 그러나 사자가 나타나서 "왜 예수님의 말씀을 기억하지 못하고 두려워하느냐"고 했을 때 그 '말씀'을 기억해내고 사도들에게 가서 외쳤다고 했습니다. 저도 '말씀'을 기억해냄으로 새 힘을 얻었습니다.

제가 슬퍼서 죽고자 한다면, 모든 죄악을 버리고 마음과 영을 새롭게 해서 제 남편이 살아난 것을 믿지 않는 것이라고 하셨습니다. 그리고 그렇게 슬퍼하는 것은 예수님 없이 죽는 자의 죽음이라고 하시니 지금까지 구원을 위해 애통해하며 기도해온 저는 하나님 앞에 드릴 말씀이 없었습니다. 믿음에는 '왜?'가 없습니다. 그냥 무조건 '왜?'가 없는 것이 아니라 말씀으로 일일이 가르쳐주시니 없는 것입니다.

저는 그날 큐티 노트에 "남편의 구원! 할렐루야!!!" 하고 느낌표를 몇 개나 적었는지 모릅니다. 제가 그때 "외로워, 외로워" 하면서 뒤를 돌아보았더라면 큐티고 뭐고 다 내던지고 아무렇게나 살았을지도 모릅니다. 그랬다면 오늘날 큐티선교회도, 우리들교회도 존재하지 않을 것입니다.

젊은 날 과부가 된 저를 하나님께서 전적으로 지켜주셨습니다. 들은 말씀이 있으니 뒤돌아보고 싶은 유혹을 뿌리칠 수 있었습니다. 제게 겨자씨만 한 믿음이라도 있어서 별것 아닌 일로 비참하고 처참했던 그 시절을 견딜 수 있었습니다.

남편 죽음에 대한 하나님의 대답

남편 살아생전에 제가 남편의 구원을 위해 눈물로 기도할 때면, 뭐가 그리 절절해서 우는지 궁금해하는 분들이 있었습니다. 그러다 남편이 죽고 나서는 "집사님처럼 그렇게 열심히 말씀 보고 기도했는데 남편이 죽는다면 저는 무서워서 예수 못 믿겠어요"라고 하는 분도 있었습니다. 구역의 어떤 초신자 할머니께서는 "믿음도 좋아 보이는데 그래, 젊은 집사님이 무슨 죄를 지셨수" 하고 묻기도 하셨습니다.

충분히 상처가 될 만한 말들이었지만 저는 남편의 죽음이 구원의 축복임을 믿었기 때문에 아무렇지 않았습니다. 혹 제 남편의 죽음을 구원의 사건으로 보지 못하시는 분들은 남편의 죽음에 대한 하나님의 말씀들을 용납하기 힘들 수도 있겠지만 말입니다.

죽음에는 두 종류가 있습니다. 하나는 죄의 삯으로 오는 죽음이고, 또 하나는 하나님께서 함께하시는 죽음입니다. 하나님께서는 제 남편이 죽은 후 그 죽음이 하나님께서 함께하신 죽음이라는 것을 말씀으로 정확하게 해석해주셨습니다.

너는 이스라엘 고관들을 위하여 애가를 지어 부르라 네 어머니는 무엇이냐 암사자라 그가 사자들 가운데에 엎드려 젊은 사자 중에서 그 새끼를 기르는데 그 새끼 하나를 키우매 젊은 사자가 되어 먹이 물어뜯기를 배워 사람을 삼키매 이방이 듣고 함정으로 그를 잡아 갈고리로 꿰어 끌고 애굽 땅으로 간지라 암사자가 기다리다가 소망이 끊어진 줄을 알고 그 새끼 하나를 또 골라 젊은 사자로 키웠더니 젊은 사자가 되매 여러 사자 가운데에 왕래하며 먹이 물어뜯기를 배워 사람을 삼키며 그의 궁궐들을 헐고 성읍들을 부수니 그 우는 소리로 말미암아 땅과 그 안에 가득한 것이 황폐한지라 (겔 19:1-7)

하나님께서는 이스라엘에 전쟁이 끊이지 않아 과부가 많아질 것을 말씀하셨는데, 말씀처럼 저도 과부가 되었습니다. 성군이던 요시야 왕에게는 아들 셋이 있었습니다. 그들은 젊은 사자로, 뛰어난 능력이 있었지만 사람을 삼키는 악한 왕들이었습니다. 제 남편이 최고의 학문이라는 의학을 공부했지만 사람의 생명을 삼키는 낙태 수술을 했던 것처럼 말입니다.

이 말씀이 없었다면 아마도 저는 남편이 의로워서, 효자라서 구원된 거라고 남편의 죽음을 미화했을 것입니다. 그러나 하나님께서는 남편의 죄를 정확하게 밝혀주시고 구구절절 해석해주심으로 그런 여지를 없애셨습니다.

성경에서는 고아와 과부를 제일 불쌍히 여기라고 합니다. 그러나 주님은 제가 막상 과부가 되니 진짜 신랑 예수님을 기억하라고 저를 위로해주셨습니다. 예수님이 없는 사람은 영적인 과부입니다. 저는 예수님이 계셨기에 남편에게 순종할 수 있었고, 예수님이 계셨기에 남편의 죽음에도 순종할 수 있었습니다. 진짜 신랑 예수님이 함께하시면 모든 사건이 저를 훈련시키기 위한 것이기에 감당 못할 일이 없는 것입니다.

> 불이 그 가지 중 하나에서부터 나와 그 열매를 태우니 권세 잡은 자의 규가 될 만한 강한 가지가 없도다 하라 이것이 애가라 후에도 애가가 되리라 (겔 19:14)

이는 이스라엘의 왕이 끊어지고 바벨론 포로로 잡혀갈 것을 예언하시는 말씀입니다. 권세 잡은 자의 지휘봉이 될 만한 강한 가지는 유다 임금을 의미하기도 하고, 구속사적으로는 예수님을 의미하기도 합니다.

평소 남편을 무시하던 사람도 막상 남편이 죽으면 지게꾼 남편이라도 있었으면 좋겠다고 하고, 남편을 우상처럼 바라보던 사람은 따라 죽겠다고 하는 것을 보았습니다. 그러나 그렇게 하는 것은 남편이 살아서나 죽어서나 모두 불순종하는 일입니다. 저도 제 인생의 왕 같은 존재였던 남편이 끊어졌습니다. 그러나 예수님이 이 땅의 어느 남편도 되어주지 못하는 강한 가지가 되어주셨습니다.

일곱째 해 다섯째 달 열째 날에 이스라엘 장로 여러 사람이 여호와께 물으려고 와서 내 앞에 앉으니 여호와의 말씀이 내게 임하여 이르시되 인자야 이스라엘 장로들에게 말하여 이르라 주 여호와께서 이렇게 말씀하셨느니라 너희가 내게 물으려고 왔느냐 내가 나의 목숨을 걸고 맹세하거니와 너희가 내게 묻기를 내가 용납하지 아니하리라 주 여호와의 말씀이니라 (겔 20:1-3)

에스겔서 8장에서 여호와께서는 이미 에스겔을 데리고 다니시며 성전에 가득한 우상숭배의 모습을 보여주셨습니다. 제사장, 장로 할 것 없이 우상숭배하는 실상을 보이시며 9장에서 살육당하고 망할 수밖에 없음을 경고하신 것입니다. 그렇게 에스겔을 통해 살육과 멸망의 메시지를 외치셨지만 이스라엘 백성은 그것을 자신의 이야기로 받아들이지 않았고, 아무도 애통해하지 않았습니다.

성전의 우상을 보여주고 빨리 회개하라고 하면서 8장에서 20장까지 오는 데 1년이 걸렸습니다. 그렇게 1년 동안 회개하지 않다가 진짜 망하게 되니까 어쩌면 좋겠냐고 물으러 왔습니다. 그러나 이제는 마지막 때가 되어 묻기를 용납하지 않겠다고 하십니다. 사건이 일어난 후에 성경을 보려고 하면 무슨 말인지 전혀 깨달을 수 없게 하시겠다는 뜻입니다.

저도 남편이 죽은 뒤에 말씀을 보기 시작했다면 아무리 보려 해도 깨닫기 어려웠을 것입니다. 미리 말씀을 보고 큐티하면서 날마다 하나님의 대답을 듣게 하신 것이 얼마나 큰 은혜인지 모릅니다. 하나님은 우리가 지금 당장 듣고 깨닫기를 원하십니다.

그날에 내가 내 손을 들어 그들에게 맹세하기를 애굽 땅에서 인도하여 내어 그들을 위하여 찾아두었던 땅 곧 젖과 꿀이 흐르는 땅이요 모든 땅 중의 아름다운 곳에 이르게 하리라 하고 (겔 20:6)

하나님은 제가 생명을 내놓고 기도해서 남편이 구원받았다고, 혹시라도 그것을 자랑할까 봐 걱정되셨나 봅니다. 남편의 구원이 제 기도 때문이 아니라 약속의 자손이기 때문이라고 말씀하시는 걸 보면 말입니다.

그리고 하나님은 이어지는 7~13절 말씀을 통해 남편의 죄를 적나라하게 지적하셨습니다.

또 그들에게 이르기를 너희는 눈을 끄는 바 가증한 것을 각기 버리고 애굽의 우상들로 말미암아 스스로 더럽히지 말라 나는 여호와 너희 하나님이니라 하였으나 그들이 내게 반역하여 내 말을 즐겨 듣지 아니하고 그들의 눈을 끄는 바 가증한 것을 각기 버리지 아니하며 애굽의 우상들을 떠나지 아니하므로 내가 말하기를 내가 애굽 땅에서 그들에게 나의 분노를 쏟으며 그들에게 진노를 이루리라 하였노라 …… 사람이 준행하면 그로 말미암아 삶을 얻을 내 율례를 주며 내 규례를 알게 하였고 또 내가 그들을 거룩하게 하는 여호와인 줄 알게 하려고 내 안식일을 주어 그들과 나 사이에 표징을 삼았노라 그러나 이스라엘 족속이 광야에서 내게 반역하여 사람이 준행하면 그로 말미암아 삶을 얻을 나의 율례를 준행하지 아니하며 나의 규례를 멸시하였고 나의 안식일을 크게 더럽혔으므로 내가 이르기를 내가 내 분노를 광야에서 그들에게 쏟아 멸하리라 하였으나 (겔 20:7-13)

이스라엘 백성이 눈으로 우상을 섬기고 마음으로 가증한 것과 애굽의 우상을 섬긴 것처럼, 남편은 자신을 지키기 위해 완벽주의를 우상 삼고 인간적인 사랑으로 아내인 저를 우상으로 삼았습니다. 또한 육의 아버지를 존경하는 것을 넘어서 우상으로 여겨 돌아가신 후에도 아버지 묘소에 자주 찾아가 절을 하면서 하나님이 금하시는 조상의 율례를 좇았습니다(겔 20:18).

남편은 또 주일에 예배도 드리지 않고 진료를 함으로써 이스라엘 백성과 마찬가지로 안식일을 범했습니다. 장로님, 권사님 가정에서 자라 하나님의 규례를 배웠으면서도 하나님의 자녀 된 것을 잊고 규례를 범한 것입니다. 남편은 자신이 안식일의 주인인 양 착각하고 주일에 병원 문을 열고 "내가 아니면 목사님들의 아이는 누가 받아주겠느냐"며 되레 큰소리치곤 했습니다.

1980년대만 해도 낙태 수술, 탈세, 촌지 등을 관행으로 여기던 때였습니다. 그것을 죄로 여기지도 않는 분위기였습니다. 하지만 남편은 구원받을 영혼이었으므로 그 때문에 괴로웠을 겁니다. 괴로워서 그렇게 큰소리를 쳤을 것입니다.

남편은 환자를 진찰할 때는 그토록 최선을 다했지만 몇 번 가지도 않은 교회에서 설교 들을 때는 졸기 바빴습니다. 찬송도, 기도도 하지 않았습니다. 자신이 죄 중에 있었으니 그랬을 것입니다. 말씀을 들으면서도 속이 부글부글 끓는 사람들은 죄의 문제가 해결되지 않아서 그렇습니다. 남편도 죄 고백이 안 되니 그렇게 독을 품고 살았던 것입니다. 아무리 그의 행위가 의로웠어도 그 속에는 병적인 화가 있었고, 죄의 문제를 드러낼 공동체가 없었습니다. 자기 죄가 안 보이니 남의 말을 들어주지도 않았습니다. 그러므로 날마다 죄를 회개하는 것이 나를 자유케 하고 평강으로 이끄는 길입니다. 교회 공동체에서 한 겹 한 겹 죄를 오픈할 때 어마어마한 평강과 자유함을 누리게 됨을 믿으시기 바랍니다.

그런 남편을 지켜보면서도 저는 굴하지 않고 틈만 나면 "교회 한번 갈래요?"라고 말했습니다. 함께 교회에 다녀온 날이면 욕을 바가지로 얻어먹으면서도 "한번 갈까요?"를 잊어버릴 만하면 했습니다. 멸시와 무시를 받으면서도 시도 때도 없이 끈질기게 권했습니다.

"하나님, 이번 한 번만, 한 번만 더 남편의 마음을 움직여주셔서 이번 한 번만이라도 교회에 가게 해주세요."

이런 중보기도를 드리며 제가 얼마나 많은 수치와 조롱을 당했겠습니까. 그러나 제 속에 죄가 얼마나 득실거리는지 알았기에 수치와 조롱을 당한다고 생각하지 않았습니다. 그저 '나는 그냥 죽었다!' 했습니다. 하나님의 마음을 조금이라도 품을 수 있었기에 이 세상에 참지 못할 것이 없었습니다. 사랑하는 한 사람의 영혼 구원을 위해 생명을 내놓고 기도하는데 제가 참지 못할 것이 무엇이겠습니까? '내가 왜 이런 사람과 살아야 하나, 내가 왜 이렇게 참고 살아야 하나' 하는 사람은 하나님의 마음을 품지 않은 사람입니다.

이런 중보기도가 있었기에 남편이 마지막 날에 그렇게 회개를 한 것입니다. 그냥 하루아침에, 자고 일어나니 그저 맨입으로 회개한 게 아닙니다. 이러한 인내와 무시당함과 수치와 조롱과 매맞음을 다 기억하시고, 하나님께서는 그렇게 자신만만하던 남편에게서 건강을 앗아가심으로 그의 완벽주의를 치셨습니다. 그렇게 남편의 육신의 성을 엎는 중에 저를 생각하셔서 남편의 영혼을 구원해주신 것입니다.

그들이 장자를 다 화제로 드리는 그 예물로 내가 그들을 더럽혔음은 그들을 멸망하게 하여 나를 여호와인 줄 알게 하려 하였음이라 (겔 20:26)

남편은 아이들에 대한 사랑이 지나쳐 자식을 우상 삼던 사람이었습니다. 아이들을 사립 초등학교에 보내려고 학군까지 위반해 가며 입학을 시키기도 했습니다. 저하고는 외출을 잘 안 해도 아이들은 꼬박꼬박 챙겼습니다. 아이들이 어릴 때는 저더러 "핏덩어리를 두고 어딜 나가느냐"며 외출을 금하더니 조금 컸을 때는 "공부를 도와야지 어딜 나가느냐"며 저도 자기처럼 자식들을 섬겨주길 원했습니다.

내가 내 손을 들어 그들에게 주기로 맹세한 땅으로 그들을 인도하여 들였더니 그들이 모든 높은 산과 모든 무성한 나무를 보고 거기에서 제사를 드리고 분노하게 하는 제물을 올리며 거기서 또 분향하고 전제물을 부어드린지라 (겔 20:28)

남편이 그러한 죄악 가운데 있음에도 하나님께서는 병원을 잘되게 하셨습니다. 무성한 나무를 보고 하나님을 분노하게 하는 제물을 올린 것처럼 남편은 교회에는 안 나오면서도 빳빳한 지폐만 보면 헌금하겠다고 챙겼습니다. 경제적으로 어려운 환자의 병원비를 깎아주며 가난한 사람을 돕고, 고아원, 영아원 후원금도 꼬박꼬박 보냈습니다. 가난한 친정과 친척들도 정기적으로 대접했습니다. 한때는 무의촌에 들어가서 섬기겠다고도 고백한 사람입니다. 결코 억지로, 누가 시켜서 그 일을 한 게 아닙니다. 제가 부탁한다고 해서 들어줄 사람도 아니었습니다. 아내인 저를 그렇게 무시한 걸 생각하면 도저히 그럴 수 없는 사람인데 말입니다.

그러나 이 모든 것이 어쩌면 자기 죄에 대한 보상심리였는지도 모릅니다. 그러나 그리스도를 믿는 믿음으로 정결케 되지 못한 제물은 하나님을 분노하게 하는 제물이 될 뿐입니다.

너희가 스스로 이르기를 우리가 이방인 곧 여러 나라 족속같이 되어서 목석을 경배하리라 하거니와 너희 마음에 품은 것을 결코 이루지 못하리라 (겔 20:32)

남편이 죽기 얼마 전에는 "나는 아무래도 목탁 소리가 마음에 든단 말이야. 아무래도 불교를 믿어야겠어"라는 말로 저를 속상하게 만든 적이 있습니다. 하지만 하나님께서는 남편 마음에 품은 것을 결코 이루지 못하게 하셨습니다. 남편이 아무리 죄 가운데 있어도 약속의 자녀이기 때문에 마음에 품은 대로 행치 못하게 하신 것입니다.

저는 결혼 후 남편과 여행 한 번을 제대로 가본 적이 없습니다. 시집살이 때문에, 남편 병원 일이 바빠서 7년이 지나도록 아무 데도 못 갔습니다. 사는 재미가 하나도 없었습니다. 그저 바라는 것이 있다면, 기도원이라도 한 번 갔으면 좋겠는데, 이런 남편에게 기도원을 가자면 냉큼 따라나서겠습니까?

그런데 어느 날 청평 부근에서 구국금식기도회가 열린다는 일간지 기사를 보았습니다. 유명한 목사님들이 오시고 많은 사람이 모인다고 하니 여기만 가면 남편이 구원받을 것 같은 생각에 간절히 기도했습니다. 그리고 남편에게 "티끌과 같은 내가…… 이렇게 간절히 원하는데…… 죽은 사람 소원도 들어준다는데…… 여기 한 번만 같이 가달라"고 애원했습니다. 처음으로 간곡하게 부탁했더니 이 사람이 대뜸 가겠다고 했습니다. 아니 이게 웬 기적입니까? 그것도 공휴일이 껴 있으니 2박 3일 동안이나 가주겠다는 겁니다. 이 소식을 온 동네방네, 아니 전 세계에 알리고 싶을 만큼 기뻤습니다. 저는 기도회가 열리는 날까지 남편의 마음이 바뀌지 않도록 앉으나 서나 기도하고, 제가 눈만 조금 치켜떠도 화낼까 봐 조심 또 조심했습니다.

드디어 '그날'이 왔습니다. 이른 아침 시댁에 들러 기도원을 다녀오겠다고, 2박 3일간 잘 다녀오겠다고 인사를 드렸습니다. 그랬더니 '장로님' 시아버님이 교회도 안 나가는 아들이 "기도원에 다녀오겠습니다" 하면 너무나 기뻐하셔야 하는데, "그 광신자들처럼 기도원에 다니고 그러디 말라우" 하고 딱 잘라 말씀하시는 겁니다. 그러자 남편의 얼굴이 순식간에 싹 바뀌었습니다. "장로님이 가지 말라고 하는 기도원을, 아무것도 모르는 주제에 가려고 하냐? 참 큰일이야 큰일! 요새 교계가 참 이상하게 돌아간다니까" 하면서 "안 가!" 이러는 것입니다. 그 자리에서 제가 뭐라고 했겠습니까?

"알았어요" 하고 찍소리도 못한 채 뒷걸음쳐 나왔습니다. 그런데 남편이 금세 따라 나와서는 "가자!" 하는 게 아닙니까. 너무나 고맙고 황송했습니다.

들뜬 마음으로 기도원을 향해 가고 있는데 청평 초입부터 기도원 가는 길이 인산인해를 이뤘습니다. 그 광경을 보고 남편이 대뜸 "내일 아침에 집에 가자"고 했습니다. 남편은 기도원 장소가 청평이라고 하니 무슨 콘도쯤으로 생각했는데 수많은 인파가 산으로 가는 걸 보고 아차 싶었던 모양입니다. 게다가 여자들이 바글바글 올라가니 딱 싫었던 겁니다. 그 말을 듣고 제가 뭐라고 했겠습니까? "알았어요" 했습니다.

그런데 차에서 내려 기도원을 향해 절반쯤 올라가더니 "그냥 오늘 저녁에 가자"고 했습니다. 그래서 제가 또 "알았어요" 했습니다. 마침내 본당에 도착했는데 남편이 "이 예배만 드리고 가자"고 해서 또 "알았어요" 했습니다. 저는 그저 죄인처럼 "알았어요, 알았어요" 했습니다.

그러나 남편의 변덕은 여기서 그치지 않았습니다. 힘들게 본당에 들어섰는데 역한 냄새가 코를 찔렀습니다. 제가 느끼기에도 좀 역했습니다. 구국금식기도회다 보니 금식하는 분들이 많은데다 기도원까지 땀을 흘리며 걸어오느라 신발과 양말에 땀이 차서 냄새가 진동한 것입니다. 기도원 다녀 본 분들은 다 그러려니 합니다. 그런데 생전 처음 그런 냄새를 맡은 남편은 본당에 한 발짝도 내딛지 않고 "에이, 그냥 가자"고 했습니다. 그래서 또 할 수 없이 "알았어요" 하고 내려오는데 눈물이 왈칵 쏟아졌습니다.

눈물이 앞을 가려 길도 조심조심, 행여 눈물 흘리는 제 모습을 보고 또 뭐라 그럴까 봐 조심조심 내려오는데 마침 부속 성전이 눈에 띄었습니다.

"저기, 여보…… 저쪽 성전에서도 예배드리는 모양인데…… 거기는 냄새가 안 날 것 같은데…… 여기서라도 예배 한 번…… 말씀이라도 한 번 듣고…… 그러고 가면 안 될까요?"

갖은 조바심을 다 내어 부탁했더니 남편이 기적처럼 그쪽으로 발길을 돌렸습니다. 그런데 성전에 앉아 말씀을 듣기 시작한 지 5분도 채 안 되어 남편이 "가자!" 하며 벌떡 일어나는 게 아닙니까. 저는 하는 수 없이 또 "네" 했습니다. 그 길로 서울로 돌아와 명동에 가서 외식을 하고 집으로 왔습니다.

너무 속상했습니다. 얼마나 기도를 많이 하고 간 건데……. 그러나 저는 절대 포기하지 않았습니다. 그 이튿날 당시 다니던 교회에서 부부 세미나를 하는데, 새벽 6시에 떠나는 일일 세미나였습니다. 집에 도착할 무렵 "혹시 내일 새벽에…… 그거라도 좀… 같이 가주지…… 않겠어요?" 했습니다. 남편은 그 말이 끝나기가 무섭게 눈을 크게 치켜뜨고는 "말이 많다!" 하고 한마디로 호령했습니다. 그래서 "알았어요, 알았어요" 하고 말았습니다. 그러고는 그날 그냥 잠자리에 들었습니다.

저는 그런 아내였고, 남편은 그런 남편이었습니다. 그런데 남편이 갑자기 새벽에 일어나더니 "가자!" 했습니다. 그래서 그 새벽에 세수도 제대로 못 하고 후다닥 챙겨서 나왔습니다. 도대체 예측할 수 없는 남편이었습니다. "가자" 했다가도 수가 틀리면 "안 간다" 하기 일쑤고, "안 간다" 했다가도 갑자기 "가자" 했습니다. 그럼에도 그때 제가 무슨 사족을 달면 아주 큰일이 났습니다. 저는 그냥 하자는 대로 해야만 했습니다.

그렇게 하루 종일 부부 세미나를 들었습니다. 그렇게 함께 들어주는 것만도 너무나 고마웠습니다. 그 고마우신 남편을 쳐다보느라 저는 그날 말씀이 하나도 안 들렸습니다. 너무나 오랫동안 기도했고, 또 그 기도에 응답해주셔서 그나마 그 세미나에 참석하게 하신 것인데, 그럼에도 자꾸 사탄의 영이 총궐기를 해서 말씀을 막았습니다.

세미나 마지막에 강사가 "서로 손잡고 기도하고, 용서하라"고 했습니다. "사랑한다고 서로 말해주라"고도 했습니다. "그동안 원수진 일이 있으면 서로 악수하고 사과하고 용서하라"고 했습니다. 그랬더니 곁에 있던 남녀 집사님들이 무슨 안 좋은 일이 있었는지 서로 잘못했다며 손을 잡고 악수를 했습니다. 남편은 그걸 보더니 대뜸 한마디 쏘아붙였습니다. "너 저러려고 교회 다니냐?" 하면서 뚜껑 열린 남편의 눈치를 보느라 저는 집으로 가는 내내 차 안에서 벌벌 떨어야 했습니다.

한번은 이런 일도 있었습니다. 병원 근처 교회에 유명한 부흥 강사분이 오신다고 해서 기도를 엄청 했습니다. 그리고 조심스럽게 부탁을 해서 겨우겨우 남편과 그 집회에 갔습니다. 워낙 유명한 강사님인지라 일단 재미있을 테니 5분 만에 뛰쳐나가는 일은 없을 것 같아서 신신당부 끝에 겨우 갔는데, 결국 은혜보다는 시험만 받고 왔습니다. 하필 그날이 부흥회 마무리 시간이어서인지 설교는 없고 헌금 작정 시간만 가졌던 것입니다. 더 가관이었던 것은 그 당시 300만 원이면 아주 큰돈이었는데, 그 강사분이 "300만 원 손들어, 200만 원 손들어" 하는 것입니다. 결국 중간에 뛰쳐나온 남편은 있는 대로 제게 퍼부어댔습니다. 한국 교계를 비판할 사명을 띠고 이 땅에 태어난 우리 남편 아닙니까. 왜 이렇게 되는 일이 없는지, 하필이면 왜 그날 그런 이야기를 하는지…….

또 어느 날은 남편이 저에게 폭력을 행사한 적이 있습니다. 저는 그 사건을 구원의 기회로 삼고 "교회만 가면 용서해주겠다"고 해서 각서까지 쓰게 하고 처음으로 함께 교회에 갔습니다. 세상에! 힘들게 교회에 데려갔는데, 그날따라 예배 도중에 평소 안 하던 건축헌금을 작정하는 순서가 있었습니다. 정말 오묘한 일이 아닐 수 없었습니다. 남편이 돈에는 정말 무서운 사람인데, 교회나 예배 처소에 갈 때마다 강단에 서신 분들이 그렇게 돈 이야기를 하셨습니다.

남편은 너무나 의로워서 하나님 믿기가 얼마나 힘든지, 그 어려움이 이루 말할 수가 없었습니다. 온 세상의 악한 영이 총동원해서 남편의 믿음을, 구원을 막았습니다. 남편의 교회 비판은 더 거세지기만 했습니다. "300만 원! 200만 원!" 하며 심지어 반말로 "손들어!" 할 때는 두 눈 딱 감고 이렇게 외치고 싶었습니다.

"그 입 좀 다물어주시면 좋겠어요! 하필이면 왜 오늘이냐고요! 이렇게 목숨을 걸고 남편을 데려왔는데, 어떻게 이럴 수가 있습니까!"

저는 남편이 얼마나 나쁜 사람인지를 말하는 것이 아닙니다. 오히려 남편이 이렇게 입으로 죄를 짓고, 눈과 마음으로 우상을 좇고, 심지어 안식일을 더럽히고, 조상신을 섬기고, 자식을 우상 삼고, 목석을 숭배하리라 했어도 하나님께서는 그를 구원하셨다는 것을 이야기하고 싶을 뿐입니다.

예수님의 계보를 보십시오. 며느리와 동침한 유다, 기생 라합, 이방 여인 룻, 밧세바와 간음하고 우리야를 죽인 다윗 모두 예수님의 조상입니다. 우리 중에 이런 죄가 없는 사람이 어디 있겠습니까. 주홍같이 붉은 죄를 지은 사람도 주님 앞에 나와 그분을 믿으면 하나님께서 약속의 자손으로 세우십니다.

"저 사람은 안 돼"라고 할 사람은 세상에 없는 것입니다. 내가 끝까지 믿고 기도하면 아무리 강퍅한 남편, 자녀, 이웃일지라도 하나님이 책임지십니다. 설령 내가 이 땅에서 기도 응답을 못 받고 죽는다 해도 구원을 위한 기도는 반드시 응답될 것입니다.

Chapter 06

큐티선교회의
시작

여호와의 말씀이 또 내게 임하여 이르시되 인자야 내가 네 눈에
기뻐하는 것을 한 번 쳐서 빼앗으리니 너는 슬퍼하거나 울거나 눈
물을 흘리거나 하지 말며 죽은 자들을 위하여 슬퍼하지 말고 조용
히 탄식하며 수건으로 머리를 동이고 발에 신을 신고 입술을 가리
지 말고 사람이 초상집에서 먹는 음식물을 먹지 말라 하신지라

_겔 24:15-17

표징의 인생

에스겔서 24장은 에스겔서 전체의 전환점이 되는 부분입니다. 23장까지 심판을 예언하다가 드디어 현실에서 심판의 칼날을 맞게 됩니다. 그야말로 수도 없이 예고했던 태풍의 전쟁이 임한 것입니다. 그러나 하나님은 에스겔을 멸망의 표징뿐 아니라 소망의 표징으로도 세우셨습니다. 슬픔과 고통 속에서도 말씀대로 행한 에스겔을 통해 하나님은 유다 백성에게 자신을 알리십니다.

하나님께서 네 눈에 미워하는 아내가 아니라 기뻐하는 아내를 하루아침에 데려간다고 하셨습니다. 그러면서 세상 사람들이 하는 것처럼 절대 슬퍼하거나 울지 말라고 말씀하십니다. 표징의 인생을 살기 위해 철저하게 감정을 억제하며 조절해야 하는 자기부정을 요구하시는 것입니다.

> 내가 아침에 백성에게 말하였더니 저녁에 내 아내가 죽었으므로 아침에 내가 받은 명령대로 행하매 (겔 24:18)

아침에 말하고 저녁에 아내가 죽었는데 아침에 받은 명령대로 행하는 것, 이것이 말씀을 내 삶에 그대로 적용하는 것입니다. 가장 기뻐하던 아내가 하루 만에 죽었는데도 에스겔은 하나님의 명령대로 슬퍼하는 모습을 보이지 않았습니다. 에스겔은 그 자신이 하나의 표징이어야 했습니다. 에스겔은 유다 백성의 표징이 되기 위해 하나님의 말씀을 삶으로 살아내고 보여야 했습니다. 그래서 기뻐하는 아내가 죽자마자 사명으로 나아간 것입니다. 이것은 비인간적인 행동이 아닙니다.

저도 하루아침에 남편을 잃고 과부가 되었지만 세상 사람들처럼 슬퍼하거나 절망하지 않았습니다. 오직 구원의 감격으로 '할렐루야'를 외쳤습니다. 세상 사람들이 이해할 수 없고 믿지 않는 사람들은 죽었다 깨어나도 못할 일을 제가 말씀대로 순종할 수 있게 하신 은혜에 감사를 드립니다.

저는 남편이 갑작스레 숨을 거두기 전날까지도 큐티 모임을 이끌며 다른 이들을 섬겼습니다. 남편이 천국 가기 전날 제가 무엇을 했나 큐티 노트를 들추어 봤더니 그날도 힘든 사람들을 섬기며 상담하고 뜨겁게 예배를 드렸더군요. 그리고 큐티 노트에 이런 기록을 남겼습니다.

"이렇게 구원을 위해 기도하는 것이 어찌 기쁨이 아니겠는가. 유혹 덩어리인 육신을 입고 살기에 끝까지 믿음을 지킬 것인가가 명제인데, 날마다 뜨겁게 기도할 수 있게 해주셔서 감사합니다. 에스겔 선지자가 벙어리 되고, 집 밖에도 못 나가고, 무리가 줄로 동여매는 싸맴을 당했는데, 나도 당하게 해주시니 감사합니다. 이렇게 승리해서 울고, 간증하며 울고, 기뻐서 울고, 밤낮 애통한 삶을 살게 해주시니 감사합니다. 내 가는 길 주께서 아시리니 모든 것을 주께 맡기나이다."

이토록 개인 예배를 잘 드리고, 공동체를 잘 섬겼습니다. 그리고 남편이 쓰러지던 날 아침에는 에스겔서 18장을 큐티하면서 남편 구원을 위해 울면서 기도했습니다. 남편의 구원을 위해서 생명을 내놓고 기도하니, 하루하루가 마지막이라고 생각하며 살 수 있는 은혜를 주셨고, 이렇게 영혼 구원 사명을 잘 감당하는 큰 복을 누리게 해주셨습니다. 복을 누리고 복을 전하는 인생이 되었습니다.

백성이 내게 이르되 네가 행하는 이 일이 우리와 무슨 상관이 있는지 너는 우리에게 말하지 아니하겠느냐 하므로 내가 그들에게 대답하기를 여호와의 말씀이 내게 임하여 이르시되 (겔 24:19-20)

이 땅에 포로로 살고 있는 우리는 도무지 에스겔의 행동이 이해가 되지 않습니다.

"아니, 네 아내가 죽은 것이 우리와 무슨 상관이냐?"

남의 고난, 남의 간증이 나와 상관없다는 것입니다. 그래서 아무리 대단한 간증을 들어도 '그 간증이 나와 무슨 상관인데?' 합니다. 그러나 이것이야말로 가장 교만한 모습 아닐까 싶습니다.

제가 남편의 죽음으로 이렇게 말씀을 깨달았다고 하면 "그게 나와 무슨 상관이냐"고 반응하는 사람들이 있었습니다. 그때 저는 에스겔 선지자가 자신에게 임한 말씀으로 답을 대신한 것처럼, 저도 들려주신 말씀으로 답을 대신할 수 있었습니다.

너는 이스라엘 족속에게 이르기를 주 여호와의 말씀에 내 성소는 너희 세력의 영광이요 너희 눈의 기쁨이요 너희 마음에 아낌이 되거니와 내가 더럽힐 것이며 너희의 버려둔 자녀를 칼에 엎드러지게 할지라 너희가 에스겔이 행한 바와 같이 행하여 입술을 가리지 아니하며 사람의 음식물을 먹지 아니하며 수건으로 머리를 동인 채, 발에 신을 신은 채로 두고 슬퍼하지도 아니하며 울지도 아니하되 죄악 중에 패망하여 피차 바라보고 탄식하리라 (겔 24:21-23)

조금 전에는 에스겔의 아내를 하루아침에 데려간다고 하시더니 이번에는 자녀를 칼에 엎드러지게 하겠다고 말씀하십니다. 여호와의 성전을 기뻐하고 아끼는 자들에게 그 죄를 물으신다는 것입니다. 저도 모태신앙으로 자라 주일예배를 거른 날이 단 한 번 없어도 교회 다닌 지 30년이 되어서야 주님을 만났습니다. 제 주위에도 예전의 저처럼 주님과의 인격적인 만남 없이 교회 활동과 봉사에만 열심인 사람들이 많습니다. 그러면 성전 자체가 우상이 되기 쉽습니다. 그런 사람들에게는 하나님께서 죄를 물으신다는 것입니다.

우리 삶의 목적은 영적인 자녀를 양육하는 데 있습니다. 하나님께서 내게 허락하신 자녀를 영적으로 양육하지 못하고 내버려두면 칼에 엎드러지게 하겠다고 하십니다. 저 역시 '하루도 빠짐없이 아이들과 함께 큐티를 하자. 말씀으로 양육한다 해도 앞으로 이런저런 어려움들이 생길 거야. 아이들 스스로 하나님의 말씀을

읽고 묵상하게 되면 아빠의 빈자리도 하나님께서 채워주실 거야'
하는 믿음으로 아이들을 양육했습니다.

입시에 실패했다고, 성적이 떨어졌다고, 친구가 배신했다고, 심
지어 좋아하던 연예인이 죽었다고 따라 죽는 아이들이 있습니다.
우리 아이들을 말씀으로 양육하지 않으면 세상 가치관에 젖어 사
망의 위험에 처하게 됩니다. 교회에 다니니까 이것도 하지 말고
저것도 하지 말라고 야단만 치지 말고, 생명의 말씀을 심어주십시
오. 헛된 우상의 칼과 야망의 칼에 엎드러지지 않도록 말입니다.

섬김의 때

힘겹게 남편의 장례를 치르고 손님들과 이웃들에게 남편의 구
원 소식을 전했습니다. 듣는 사람들은 저마다 모두 놀라워했습니
다. 저에게 "신학을 공부했느냐"고 묻는 분도 있었고, "우리 교회
에 이런 분이 있는 줄 몰랐다"며 놀라는 지체들도 있었습니다. 안
믿는 분들은 제가 좀 이상하다고도 했습니다.

저는 남편이 살아 있을 때는 집에서 살림만 하던 가정주부로,
교회에서 어떤 봉사를 한 것도 아니었기 때문에 교회 분들도 저
를 전혀 모르셨습니다. 그런데 하나님은 그런 저를 여기저기서 부
름받는 자로 바꿔놓으셨습니다. 그리고 에스겔 선지자에게 이방
인이 아닌 이스라엘 백성에게 먼저 가라는 사명을 주셨던 것처럼,
저에게도 이미 교회에 다니는 사람들에게 말씀묵상의 중요성을

전하는 것으로 사역을 시작하게 하셨습니다.

남편 살아생전에 병원 전화로, 또 집에서 한두 명 모이는 모임으로 시작했던 양육은 하나님의 철저한 훈련이었습니다. 이제는 1만 명이 넘는 성도 앞에서 말씀을 전하게 되었지만, 예전 힘들고 어려운 처지에 있던 한두 사람을 양육하는 것이 제게는 훨씬 더 긴장되는 일이었습니다. 그리고 그 하루의 모임을 위해 일주일 내내 기쁨으로 남편에게 순종할 수 있었습니다.

제가 교회에서 성경공부도 못 하고 봉사도 못 하다가 처음으로 구역장을 맡아 1년간 섬기게 된 때가 있었습니다. 그때 구역 식구들에게 큐티 교재를 한 권씩 나눠주고 날마다 묵상해보시라고 했더니 "왜 교회에서 시키지도 않은 것을 하라고 하느냐?"며 아무도 안 해왔습니다. 저는 매일 말씀을 묵상하면서 받은 은혜가 너무 커서 나누고 싶은데 누구도 제 말을 들어주지 않았습니다.

그때 유일하게 제 말을 들어준 분이 계셨습니다. 그분은 "큐티 하라"는 제 말에만 순종하는 것이 아니라 생활에서도 저의 권면을 따라주셨습니다. 초등학교만 졸업하신 그분은 자기 집도 없이 미용실을 하고 계시는 집사님이셨는데, 학벌 좋고 교양 있는 사람이 많은 구역 모임에 자기 같은 사람을 끼워준 것만으로도 감사하다고 했습니다. 저와 그분은 학벌과 직업을 떠나 더없이 귀한 친구가 되었습니다. 그리고 그 한 사람 때문에 구역예배에서 큐티 모임을 시작할 수 있었습니다.

구역예배에서 이루어지던 큐티 모임은 교구장 권사님의 권면으로 한 교구 구역장 15명 정도의 모임으로 이어졌고, 어느새 다른 교회 분들까지 참석하게 되었습니다. 이 모임은 1년 내내 쉬지 않고 이루어지다가 나중에는 장소를 저희 집으로 옮겨 40명이 넘게 참석하는 목요 모임이 되었습니다. 말씀을 사모하는 여러 사람이 모이면서 모임이 계속 이어지기를 바라는 사람들도 늘어나게 되었습니다.

그 시절, 처음 큐티 모임을 할 때는 주로 저희 집에서 모였습니다. 잘사는 사람, 못사는 사람, 배운 사람, 못 배운 사람 할 것 없이 많은 사람이 모였습니다. 그런데 잘사는 사람일수록, 배운 사람일수록 그렇지 못한 사람이 오면 싫은 내색을 했습니다. 성경공부도 끼리끼리 하고 싶고, 노는 것도 '우리끼리' 하고 싶어 했습니다.

그런 마음이 저라고 왜 없었겠습니까. 이왕이면 가방끈 길고 교양 있는 사람끼리 모여서 큐티하면 뭐가 좋아도 좋을 것 같았습니다. 그런데 교양 있는 엄마들은 죄다 제 말을 못 알아들었습니다. 일주일 동안 씹고 또 씹으며 깨달은 말씀묵상을 무색하게 만들었습니다. 모이기만 하면 제 나눔에는 관심도 없고, 그저 "어느 백화점에 신상품이 나왔더라, 아무개 탤런트가 입은 원피스가 참 이쁘더라" 이런 말들만 했습니다. 그래도 큐티 모임에 와준 것이 감사해서 아무리 예쁘게 봐주려 해도 그런 모습을 보면 절망하지 않을 수 없었습니다.

그런데 가방끈도 짧고, 사는 것이 변변찮을수록, 고난이 많은 분일수록 "집사님, 어쩌면 그렇게 말씀을 깨달을 수가 있어요? 너무 은혜가 됐어요" 했습니다. 그런 분들이 오면 제 입에서 "오, 주여!" 하는 말이 절로 튀어나왔습니다. 그런 분들일수록 "떠나 지나가지 말라"는 간청이 저절로 되었습니다. 잘사는 사람은 저희 집에 올 때 예의상 빵이라도 한 봉지 사서 들고 오는데, 힘들고 어려운 사람들은 늘 빈손으로 왔습니다. 제가 누구를 더 반가워했겠습니까? 사람은 떡으로만 살 것이 아닙니다. 저는 영혼 구원 때문에 집을 오픈했습니다. 누구나 올 수 있는 집이었습니다. 벨소리가 울리면 얼른 달려 나가 맞이하며 몸을 굽혔습니다. 그저 한 영혼이라도 우리 집에 보내주시면 너무도 감사했습니다.

저는 이외에도 딸아이가 다니던 초등학교의 학부모 모임에서도 말씀을 전할 기회가 생겨 그분들과도 매주 정기적으로 저희 집에서 모임을 시작했습니다. 그리고 그 모임들은 10여 년간 계속되었습니다.

또 아들이 고등학생이 되면서, 공부를 시키기보다는 우선 말씀으로 아이를 양육해야겠다 싶어 매일 새벽 여섯 시에 큐티를 하기로 했습니다. 마치 '잠병'에 걸린 것처럼 워낙 잠이 많은 아들이 큐티를 잘 할 수 있도록 다른 학생들까지 집으로 불러서 함께 큐티를 해야 했습니다. 그런데 정작 저의 아들은 모임에 잘 참석하지 않고, 은혜받는 다른 학생들의 수만 점점 늘어나게 되었습니다.

남편이 떠나고 난 후 저는 교회에서 고3 아이들도 맡아서 양육했습니다. 힘든 입시를 준비하는 아이들에게 저는 늘 "떨어지면 감사하고 붙으면 내가 회개할 것이 무엇인가 생각하라"고 권면했습니다. 떨어지면 그 고난 가운데서 하나님의 뜻을 살피게 되고 더욱 의지하게 될 테니 감사해야 하고, 붙으면 내 믿음의 수준이 고난을 감당할 만큼이 안 돼서 붙여주셨으니 나의 부족함을 회개해야 한다는 뜻이었습니다.

물론 역설적인 말이지만 예수님도 이 땅에 오셔서 천국보다 지옥 이야기를 많이 하셨습니다. 천국 이야기는 지옥 이야기를 하기 위한 맛보기에 불과합니다. 지옥 이야기를 전혀 못 들었는데 죽어서 지옥에서 눈을 뜨면 얼마나 억울하겠습니까. 천국 이야기는 안 들어도 천국에서 눈뜰 때 원망할 사람이 없습니다. 마찬가지입니다. 1년 내내 그런 메시지를 들은 아이들은 저의 권면대로 입시에서 떨어진다고 크게 낙심하거나 붙는다고 자만하지 않고 주어진 결과를 받아들였습니다. 저는 그런 아이들의 모습에 감사하며 잠시 쉬겠다는 마음으로 학생부에 사의를 표했습니다.

그런데 대학에 떨어진 아이들이 고등학교를 졸업한 후 당장 대학부에 속해서 예배드리는 것에 약간의 어려움이 있었습니다. 예배 후 선배들이 "이대 모여라, 서울대 모여라" 하며 같은 대학 후배들을 챙기는 것에 소외감을 느끼기도 했고, 대학에 간 아이들과 같이 활동하려니 시간을 많이 뺏기게 되는 부담도 있었습니다. 물론 아이들은 주어진 결과를 감사함으로 받아들였지만 어디에도 속하지 못한 채 다시 입시를 준비해야 하는 현실적인 어려움이 있었던 것입니다. 그런 상황 가운데 재수하는 아이들이 학생부 교사를 사임하겠다고 한 저를 찾아왔습니다. 하나님께서는 저에게 그런 재수생 아이들을 긍휼히 여기는 마음을 주셨습니다. 제 뜻대로 그만두려 해도 준비된 자는 하나님께서 항상 쓰실 수밖에 없다는 것을 깨달았습니다.

그리하여 처음에는 재수생 아이 두세 명과 주일예배 후 교회 한쪽에서 잠시 모임을 가졌습니다. 그런데 그 모임에도 한 명 두 명 참여자가 늘어나면서 결국 교회에서 가까운 저희 집에서 모임을 갖게 되었습니다. 사실 재수생 모임은 교회의 비공식적인 모임이었는데, 대학부 아이들까지 저의 강의를 한번 듣게 해달라고 요청하는 바람에 대학부 조장 모임도 인도하게 되었습니다. 힘들었지만 고3 학생부에서 늘 함께했던 아이들이어서 그들의 요청을 마다할 수 없었습니다. 그리고 이 모임은 이후 조장들을 인도하는 엘더 모임, 대학부 신입생 양육으로까지 이어졌습니다.

일이 이렇게 되고 보니 저희 집은 그야말로 교회와 다를 바 없는 장소가 되었습니다. 일주일 내내 새벽 큐티 모임, 구역 모임, 목요 모임, 학부모 모임, 재수생 모임, 대학부 조장 모임, 엘더 모임, 신입생 모임이 쉬지 않고 이어졌습니다. 저희 집은 그야말로 교회 교육관이 된 것입니다.

쓰임의 때

예수께서 이 말씀을 하시고 예루살렘을 향하여 앞서서 가시더라 감람원이라 불리는 산 쪽에 있는 벳바게와 베다니에 가까이 가셨을 때에 제자 중 둘을 보내시며 이르시되 너희는 맞은편 마을로 가라 그리로 들어가면 아직 아무 사람도 타 보지 않은 나귀 새끼가 매여 있는 것을 보리니 풀어 끌고 오라 만일 누가 너희에게 어찌하여 푸느냐 묻거든 말하기를 주가 쓰시겠다 하라 하시매 보내심을 받은 자들이 가서 그 말씀하신 대로 만난지라 나귀 새끼를 풀 때에 그 임자들이 이르되 어찌하여 나귀 새끼를 푸느냐 대답하되 주께서 쓰시겠다 하고

(눅 19:28-34)

주님이 십자가에 달리시기 직전, 이 땅에서의 사역을 완성하시기 바로 전에 예수님은 예루살렘으로 가셨습니다. 그리고 그곳에서 200미터 정도 높은 곳에 있는 감람원에 오르셨습니다. 예수님은 이제 곧 자신이 죽게 될 예루살렘을 바라보며 어떤 생각을 하셨을까요. 알고 당하는 고난과 모르고 당하는 고난은 천지 차이입니다. 높은 곳에 올라 십자가 지고 갈 길을 둘러보신 예수님처럼 우리도 각자 감당해야 할 십자가의 죽음을 객관적으로 바라보며 걸어가야 합니다.

10여 년 넘게 큐티 모임을 하다 보니 참석하는 인원이 점점 늘어나고 그 영역도 확장되었습니다. 그래서 저는 사역을 좀 더 객

관화할 필요를 느끼게 되었습니다. 더불어 제자 둘을 짝지어 보내신 예수님처럼 저의 사역에도 증인의 역할을 해주고 서로를 양육해갈 지체들이 필요하게 되었습니다.

제자들을 양육하기 위해 예수님이 일거리를 주신 것처럼 저도 모임에 오시는 분들을 양육하기 위해 그분들에게 전도거리, 상담거리, 양육거리를 주어야 했습니다. 그런데 모임 인원이 천 명이 넘다 보니 그 일이 버거워졌습니다. 도와줄 사람이 없어 지칠 때도 많았습니다. 양육은커녕, 모임이 있는 날이 어쩌다 공휴일이면 그 많은 사람이 전부 저에게 전화를 걸어서 모임을 하는지 안 하는지를 물었습니다. 게다가 처음 오시는 분들의 장소와 연락처 문의까지 응대하다 보니 시간이 부족했습니다.

그리고 저는 딸의 입시가 끝나면서 1999년에 백석신학대학원(구 기독신학대학원)에 입학해서 본격적인 전도인의 때에 접어들었기 때문에, 학교에 다니며 공부하는 일도 너무 벅차서 어떤 조직을 만들 엄두가 나지 않았습니다. 일할 사람이 절실히 필요했지만 누군가에게 쉽게 맡길 수도 없었습니다. 예수님도 제자들이 다 완벽해서 그들에게 일을 맡기신 것은 아니었지만, 저에게는 확신이 부족했습니다.

그런데 모임에 오시던 한 집사님의 헌신으로 큐티엠 홈페이지를 만들어주셨고, 그 홈페이지를 통해 말씀에 목마른 많은 사람들의 열망을 만나게 되었습니다. 만들어주신 집사님이 직장 일로 바쁜 가운데 꼼꼼히 관리를 해주셨지만, 홈페이지가 생기고 나니 일할 사람과 사람들을 하나둘 세우기 위한 공식적인 조직이 꼭 필요했습니다.

13년 가까이 조직도, 일할 사람도 없이 잘 걸어왔는데 새삼 조직을 세우려니 쉽지 않았습니다. 개인적으로 신학대학원 공부는 마친 뒤에 하고 싶었습니다. 그러다 누가복음 19장 말씀을 통해 하나님께서 저에게 가라고 하시는 길에 대해 깊이 묵상하게 되었습니다.

여자 평신도에, 과부 집사인 저 자신이 바로 나귀 새끼와 같은 존재였습니다. 그러나 그런 나귀 새끼도 "주가 쓰시겠다"(눅 19:31)고 하시면 매인 것을 풀고 나아가야 한다는 것을 알았습니다. 결혼생활 13년 만에 남편이 떠나면서 사역의 길을 걷기 시작했고, 그 사역이 13년 되는 시점이었습니다.

결혼생활에서는 걸레질하는 일을 시작으로 며느리로 아내로 순종해왔고, 이후 13년은 전도인으로서 순종하며 걸어왔습니다. 어떤 커다란 계시를 받고 순종한 것이 아니라 날마다 큐티를 통해 주시는 말씀 한 절 한 절에 순종한 것이 지금까지 이어진 것입니다.

큐티선교회를 하려면 이사회가 조직되어야 하는데 특히 말씀운동에 앞장서시는 목사님들을 초교파적으로 모시고 싶었습니다. 제가 어떤 직분이 있어서 공식적인 활동을 한 것이 아니다 보니 개인적으로 교제하거나 친분을 유지해온 분이 없었습니다. 그래서 목사님들께 전화를 걸고 의논드릴 생각을 하니 '거절 당하면 어쩌나' 하는 걱정 때문에 잠을 이룰 수가 없었습니다.

그래도 용기를 내어 목사님 한 분 한 분께 전화를 드렸는데, 놀랍게도 통화하기도 힘든 분들과 불과 2, 3일 안에 모두 통화가 이루어지고, 한 분도 빠짐없이 다 허락해주셨습니다. 고(故) 옥한흠 목사님(사랑의교회), 홍정길 원로 목사님(남서울은혜교회), 김동호 목사님(높은뜻연합선교회), 김진홍 원로 목사님(두레교회), 이동원 원로 목사님(지구촌교회), 이철 목사님(전 남서울교회), 이태웅 목사님(GMTC 초대원장), 정주채 원로 목사님(향상교회), 정근두 목사님(울산교회), 박은조 목사님(은혜샘물교회), 방선기 목사님(직장사역연합 대표), 김서택 목사님(대구동부교회), 고(故) 김인수 장로님(고려대 교수), 박성수 장로님(이랜드 그룹 회장)이 그분들입니다. 제가 워낙 연약한지라 한 분이라도 거절하면 안 한다고 그럴까봐 하나님께서 모두 승낙하게 해주셨습니다. 직접 찾아뵌 것도 아니고 전화로 의논을 드렸는데도 모두 승낙해주신 걸 보면, 정말 "주께서 쓰시겠다" 하니 모든 일이 말씀대로 응한 것입니다.

2000년 7월 17일, 제3회 큐티전도대회에서 큐티선교회, 지금의 큐티엠(QTM, Quiet Time Movement)이 출범하게 되었습니다. 저 한 사람으로서는 도저히 불가능한 일이었지만 직분도 대가도 없는 일에 몸소 앞장서주신 지체들을 통해 모든 과정을 인도해주셨습니다.

1998년 7월에 처음 시작한 제1회 큐티전도대회는 당시 아무

조직도 없는 상태에서 지체들의 간증을 나누는 것으로 시작했습니다. 특별한 홍보 없이 큐티 모임 참석자들을 대상으로 시작했는데, 이것이 점차 믿지 않는 가족이나 친척이나 이웃들을 초청하는 구원 잔치로 이어졌습니다. 1회 때 600여 명 참석했던 전도대회가 날로 확장되어 남서울 밀알학교에서 드린 2회 대회 때는 무려 1700명이나 모였습니다. 큐티엠 창립예배로 사랑의교회에서 드린 3회 대회와 2001년 동안교회에서 개최한 4회 대회에 이르러서는 2천여 명이 모였고, 매회 3백여 명의 결신자가 나왔습니다.

이 모든 일이 제가 원해서 이루어진 것이 아니었습니다. 오히려 "남이 네게 띠 띠우고 원하지 아니하는 곳으로 데려가리라"(요 21:18) 하신 말씀처럼, 제가 원하지 않는 자리에도 오직 주님 때문에 서야 한다는 것을 알고 스스로 감당하지 못할 때도 있었습니다.

'김양재'라는 사람이 훌륭해서 혹은 큐티엠이 훌륭해서가 아니라 오직 하나님의 말씀 때문에 각자의 자리에서 순종하며 최선을 다해준 지체들이 없었다면 순간순간마다 낙심했을 것입니다. 저는 아직도 양육되어야 하고 연약한 부분이 너무 많은 사람이지만, 천국 성전을 지으며 마치는 에스겔서처럼 제 삶을 통해 천국 성전을 지어가실 주님을 믿고 또 믿습니다.

말씀으로 해석되는 인생

> 이같이 에스겔이 너희에게 표징이 되리니 그가 행한 대로 너희가 다 행할지라 이 일이 이루어지면 내가 주 여호와인 줄을 너희가 알리라 하라 하셨느니라 인자야 내가 그 힘과 그 즐거워하는 영광과 그 눈이 기뻐하는 것과 그 마음이 간절하게 생각하는 자녀를 데려가는 날 곧 그날에 도피한 자가 네게 나와서 네 귀에 그 일을 들려주지 아니하겠느냐 그날에 네 입이 열려서 도피한 자에게 말하고 다시는 잠잠하지 아니하리라 이같이 너는 그들에게 표징이 되고 그들은 내가 여호와인 줄 알리라 (겔 24:24-27)

성경에서 하나님이 에스겔이라는 이름을 직접 언급하신 부분은 여기가 유일합니다. 하나님도 에스겔에게 너무 힘든 역할을 맡기셨기에 내가 능력을 줄 테니 담대하게 전하라고 "하나님이 강하게 하신다"는 에스겔의 이름을 직접 언급하신 것 같습니다. 백성에게 표징이 되기 위해 에스겔은 큰 대가를 치러야 했습니다. 하나님의 손에 자신을 맡긴 에스겔의 삶은 모든 하나님의 백성에게 표징이 되었습니다.

표징에 해당하는 히브리어 '모페트'는 문자적으로 사람들 눈에 선명하게 두드러진 어떤 표시를 의미합니다. 즉, 세상 사람들이 죽었다가 깨어나도 못할 적용을 해야 하나님이 여호와인 줄 아는 행동을 말합니다. 저는 말씀묵상의 꽃은 적용이고, 그 결론은 영혼 구원이라고 생각합니다. 영혼 구원을 위해 표징의 인생을 사는 한 사람을 통해 하나님은 이 땅에 아버지 품을 떠나 방황하는 자녀의 바람과 태풍을 붙잡아주십니다.

에스겔 선지자가 표징이 되어줌으로써 저는 남편의 죽음 앞에서도 말씀으로 살아날 수 있었습니다. 대개 자신보다 많은 것을 갖춘 사람이 자기와 같은 처지에 있는 걸 보면 괜한 안도감을 느끼게 되고 위로를 받습니다. 그런데 말씀을 통해 제가 발바닥도 못 따라갈 대선지자 에스겔이 저와 같은 고난을 겪었다는 사실을 알게 되니 너무도 큰 위로가 되었습니다.

에스겔서 3장에서 이스라엘 백성이 너무 패역하니까 에스겔더러 벙어리가 되라고 하고, 하나님의 말씀이 임할 때만 말하라고 하신 것을 기억합니다. 우리는 때가 될 때까지, 하나님께서 입을 열어주실 때까지 말 한마디를 하기 위해 얼마나 많은 침묵의 훈련이 필요한지 모릅니다. 저 역시 13년간 문밖출입을 못 하고 침묵하게 하심으로 선지자적인 삶을 준비시키셨습니다.

그리고 그동안 잠잠하게 가정주부로만 살았던 제게 말씀을 들려주시고 제 입을 열어주심으로 남편의 장례식에서 간증을 하게 하셨습니다. 더 이상 잠잠하지 않게 하신 것입니다. 그날에 입이 열려 도피한 자에게 말하게 된다는 말씀처럼 깨달은 말씀을 그 자리에서 나누게 되었습니다. 첫째 날은 18장, 둘째 날은 19장, 셋째 날은 20장……. 그러자 제 간증을 들은 분들이 놀라워하면서 다른 분들을 데려오는 바람에 그분들 앞에서 몇 번이고 같은 간증을 하게 되었습니다. 정작 위로받아야 할 사람은 저인데, 어느새 다른 사람을 위로하는 자가 된 것입니다.

여호와의 말씀이 또 내게 임하여 이르시되 인자야 네 얼굴을 암몬 족속에게 돌리고 그들에게 예언하라 너는 암몬 족속에게 이르기를 너희는 주 여호와의 말씀을 들을지어다 주 여호와께서 이같이 말씀하셨느니라 내 성소가 더럽힘을 받을 때에 네가 그것에 관하여, 이스라엘 땅이 황폐할 때에 네가 그것에 관하여, 유다 족속이 사로잡힐 때에 네가 그들에 대하여 이르기를 아하 좋다 하였도다 (겔 25:1-3)

그런데 이제는 이방 민족인 암몬, 에돔, 블레셋, 두로, 애굽, 시돈 등 모든 나라에 가서 전하라고 하십니다. 제 후반부 인생 역시 이 말씀대로 불신자에게 복음을 전하는 인생이 되었습니다. 교회 안에서 큐티 모임만 인도하던 제가 코스타를 통해 세계 각국으로 가서 말씀과 간증을 전하게 된 것입니다. 30대 과부 집사에 불과한 제가 목사님들을 대상으로 하는 수련회를 인도하고, 그곳에서 에스겔서 말씀으로 간증을 하기도 했습니다. 정말 있을 수 없는 일들이 일어난 것입니다. 하나님께서는 저의 지경을 점점 넓혀주셨습니다.

하나님의 파수꾼

여호와의 말씀이 내게 임하여 이르시되 인자야 너는 네 민족에게 말하여 이르라 가령 내가 칼을 한 땅에 임하게 한다 하자 그 땅 백성이 자기들 가운데의 하나를 택하여 파수꾼을 삼은 그 사람이 그 땅에 칼이 임함을 보고 나팔을 불어 백성에게 경고하되 그들이 나팔 소리를 듣고도 정신차리지 아니하므로 그 임하는 칼에 제거함을 당하면 그 피가 자기의 머리로 돌아갈 것이라 (겔 33:1-4)

사실 남편이 구원받고 떠난 뒤에 '이제 남편도 구원됐으니까 이제 편하게 살아야지' 하는 마음을 먹기가 더 쉬웠을지도 모릅니다. 그러나 그러기에는 제가 받은 사명과 깨달은 은혜가 너무 크고 중했습니다.

그런데 하나님께서 이제는 에스겔에게 파수꾼의 사명을 감당하라고 하십니다. 파수꾼은 "망보는 자, 먼 곳을 응시하는 자, 기다리는 자"를 뜻합니다. 성곽을 지키는 파수꾼이라면 남들이 성에서 먹고 놀 때에도 외롭고 힘들겠지만, 항상 깨어서 망을 보며 기다려야 합니다.

다른 사람에게 말씀을 전하는 사명을 감당하려면 1절 말씀처럼 내게 먼저 말씀이 임해야 합니다. 그리고 파수꾼이 되어 나팔을 불 수 있어야 합니다.

저는 어려서부터 피아노를 치느라 혼자 지내는 시간이 많았고,

결혼해서도 마음대로 외출을 못해 집에 있을 때가 많았습니다. 제가 워낙 정적(靜的)인 성격이다 보니 혼자 말씀을 묵상하는 게 잘 맞기도 했습니다. 저절로 파수꾼 훈련이 되었습니다. 그리고 시댁 고난을 통해 말씀이 임하고, 남편의 구원사건을 통해 말씀을 전하는 은사를 찾게 된 것입니다.

생전에 제 남편은 어쩌다 교회에 가도 제대로 된 복음을 듣지 못했습니다. 남편과 교회에 같이 가기 위해 일주일 내내 노심초사 남편을 섬기고 기도해서 갔는데, 그날따라 목사님이 헌금 설교를 하시거나 해서 정말 속이 탄 적도 있습니다. 저는 거듭나서 날마다 은혜를 받고 있는데 제 반쪽인 남편에게 복음을 제대로 전하지 못하니 애가 탔습니다. 그래서 지금도 어렵게 남편을 교회에 데려온 분들을 보면 그 마음이 너무 이해가 되고, 말씀을 전할 때 복음의 핵심을 전해드리고자 합니다. 아마도 그때 한이 맺혀서 그러나 봅니다. 제 남편에게는 못 전했으니 다른 분들에게라도 열심히 전하고 싶어서입니다. 단 한 번의 기회라도 놓치지 않기 위해 우리는 항상 순종의 모습을 보여주어야 합니다. 그래야 갑자기 칼이 임하는 사건, 즉 죽음의 선고를 받아도 파수꾼의 역할을 제대로 감당할 수 있습니다.

이처럼 하나님의 말씀이 임하는 환경이야말로 최고의 환경입니다. 결혼해서도 마음이 안 통하는 배우자와 평생 살려면 많이 외로울 것입니다. 그러나 파수꾼처럼 먼 곳을 바라보면서 깨어 있어야 합니다. 그러다 기회를 잘 포착해 구원의 기회로 삼아야 합니다.

> 가령 내가 악인에게 이르기를 악인아 너는 반드시 죽으리라 하였다 하자 네가 그 악인에게 말로 경고하여 그의 길에서 떠나게 하지 아니하면 그 악인은 자기 죄악으로 말미암아 죽으려니와 내가 그의 피를 네 손에서 찾으리라
>
> (겔 33:8)

하나님은 파수꾼 역할을 제대로 하지 않으면 그 피 값을 찾겠다고 하십니다. 에스겔서 3장에 이어서 이 말씀이 또 나왔습니다. 하나님이 반복해서 말씀하신다는 것은 이 사명이 그만큼 중요하다는 뜻입니다. 먼저 믿은 우리에게는 복음을 전해야 하는 책임이 있습니다. 그러나 무조건 책임을 물으시는 것이 아니라 내가 전했다면 상대가 안 돌아오더라도 책임을 묻지 않겠다고 하십니다. 책임의 한계를 정해주시고 너는 전하기만 하라고 하시는 것입니다.

마른 뼈가 살아나다

여호와께서 권능으로 내게 임재하시고 그의 영으로 나를 데리고 가서 골짜기 가운데 두셨는데 거기 뼈가 가득하더라 나를 그 뼈 사방으로 지나가게 하시기

로 본즉 그 골짜기 지면에 뼈가 심히 많고 아주 말랐더라 그가 내게 이르시되 인자야 이 뼈들이 능히 살 수 있겠느냐 하시기로 내가 대답하되 주 여호와여 주께서 아시나이다 또 내게 이르시되 너는 이 모든 뼈에게 대언하여 이르기를 너희 마른 뼈들아 여호와의 말씀을 들을지어다 주 여호와께서 이 뼈들에게 이 같이 말씀하시기를 내가 생기를 너희에게 들어가게 하리니 너희가 살아나리라 너희 위에 힘줄을 두고 살을 입히고 가죽으로 덮고 너희 속에 생기를 넣으리니 너희가 살아나리라 또 내가 여호와인 줄 너희가 알리라 하셨다 하라

(겔 37:1-6)

에스겔서 33장부터 39장까지는 이스라엘의 회복에 관한 메시지입니다. 그중에서도 가장 클라이맥스는 37장의 '마른 뼈 환상'입니다. 이스라엘 백성이 70년 동안이나 바벨론에서 포로생활을 하니까 그야말로 마른 뼈 같은 생활을 하고 있습니다. 소망이 없는 힘든 생활입니다. 우리는 그런 곳을 찾아가서 회복의 메시지를 전해야 합니다.

하나님의 생기를 가진 사람이기에 하나님이 명령하시면 어디든지 가서 생기를 불어넣어야 합니다. 생기가 들어가면 우리가 생각지도 못했던 마른 뼈들이 다 살아나서 스스로 일어서게 됩니다. 생기는 '루아흐', 즉 생령(生靈)을 말하는데, 환경이 어려운 사람을 전도하면서 그저 "생기야 들어가라, 예수 믿으세요"라고 말만 하면 안 됩니다. 먼저 보이지 않는 하나님의 형상으로 다가가

야 합니다. 그 사람이 나로 인해 예수님을 믿게 하려면 겉모습인 살과 가죽을 먼저 만들어줘야 합니다. 그러고 나서 생기를 불어 넣어야 합니다. 황무지에 있는 사람에게 허기만 채워주는 것으로 구원을 막아서는 안 되지만, 우리가 처음 예수 믿는 사람에게 예수님의 형상을 보이려면 그 사람이 처한 어려움을 돕는 길밖에 없습니다.

우리에게 예배의 감격, 하나님 자녀로서의 감격이 있으면 다른 사람에게도 그 생기가 전해집니다. 하나님은 연약한 나를 살리시는 것이 아니라 죽은 나를, 소망이 없는 나를 살리십니다(겔 37:13). 메마른 뼈에 영육 간에 살을 찌게 하십니다. 우리는 하나님이 하신 말씀이 반드시 이뤄진다는 것을 믿어야 합니다. 하나님의 영을 내 속에 두셔서 나를 살리시고 또 우리로 하여금 고국 땅에 거하게 하심을 믿어야 합니다(겔 37:14). 이것이 산 소망입니다.

하나님께서 생기를 불어넣으심으로 마른 뼈들이 살아나고, 유다와 이스라엘이 통일되고 원수들이 합쳐지는 역사가 일어났습니다(겔 37:22). 그리고 에스겔서 40장부터 에스겔 성전을 짓게 됩니다. 역사상 솔로몬 성전도 무너지고 헤롯 성전도 무너졌지만, 성경 전체에서 무너지지 않는 성전은 오직 에스겔 성전뿐입니다.

에스겔 성전 같은 교회

우리가 사로잡힌 지 스물다섯째 해, 성이 함락된 후 열넷째 해 첫째 달 열째 날에 곧 그날에 여호와의 권능이 내게 임하여 나를 데리고 이스라엘 땅으로 가시되 하나님의 이상 중에 나를 데리고 이스라엘 땅에 이르러 나를 매우 높은 산 위에 내려놓으시는데 거기에서 남으로 향하여 성읍 형상 같은 것이 있더라 나를 데리시고 거기에 이르시니 모양이 놋같이 빛난 사람 하나가 손에 삼줄과 측량하는 장대를 가지고 문에 서 있더니 그 사람이 내게 이르되 인자야 내가 네게 보이는 그것을 눈으로 보고 귀로 들으며 네 마음으로 생각할지어다 내가 이것을 네게 보이려고 이리로 데리고 왔나니 너는 본 것을 다 이스라엘 족속에게 전할지어다 하더라 (겔 40:1-4)

15년 전 우리들교회 창립을 얼마 앞두고 있을 때, 새 예루살렘의 성전을 짓는 본문인 에스겔서 40장을 묵상하게 되었습니다. 교회를 창립하면서 이 말씀을 마주하게 되니까 '우리들교회를 향한 하나님의 뜻이 얼마나 대단한가' 하는 생각이 들었습니다. 감사한 마음과 두려운 마음이 교차하면서 이 또한 큰 격려가 되었습니다.

그런데 이 에스겔서 40장 말씀에 성전을 짓기 시작한 시기가 '사로잡힌 지 스물다섯째 해'라고 합니다. 1장 시작부터 '사로잡힌 자' 중에 있던 에스겔이 사로잡힌 지 12년이 되었을 때는 예루살렘이 함락되었고, 세월이 흘러 25년째가 되자 여호와의 권능이 임했다고 합니다. 내가 사로잡힌 가운데 육이 무너지고, 영이 세워지는 데 그만큼의 시간이 걸린다는 것입니다. 성경에 시간이 자세하게 언급된 이유는 하나님이 우리가 겪는 고통의 '년, 월, 일, 시'를 아주 잘 알고 계시다는 의미입니다. 나는 다 알 수 없지만, 하나님이 내 상태를 너무도 잘 아십니다.

사실 시기적으로 보면 바벨론 포로 생활이 언제 끝날는지도 모르는 암담한 때입니다. 그런데 그 가운데서도 훈련을 잘 받고 있는 에스겔에게 하나님의 이상이 보입니다(2절). 똑같은 고난을 겪어도 누군가는 하나님의 이상을 봅니다.

다만 에스겔서 1장 1절의 '그발 강가'가 40장에서 '매우 높은 산'(2절)으로 바뀌었습니다. 더 높고 힘든 곳으로 나아갑니다. 내가 아무리 고통 가운데 있어도 하나님의 이상이 보이고 말씀이 깨달아지는 것이 가장 큰 축복입니다. 우리는 영적으로나 육적으로나 열매를 빨리 맺으려고 하지만 그것은 조급한 생각입니다. 지금 나는 무엇에, 얼마 동안이나 사로잡혀 있습니까? 어떤 곳에 사로잡혀 있어도, 이제 그만 포기하고 싶을 만큼 오랫동안 사로잡혀 있어도 때가 되면 다시 올라가야 하는 높은 산이 있습니다. 넘어져도 절망하지 말고 하나님을 향해, 거룩을 향해 걸어가야 합니다. 그 걸음은 내가 걷는 것이 아닙니다. 높은 산에 오르는 것도 내가 오르는 것이 아닙니다. 나를 데려가시는 분은 하나님이십니다(겔

40:3). 그리고 그곳에서 내 인생에 놋같이 빛나는 천사가 내게 성전을 보여줍니다.

내 인생의 성전을 짓는 것도, 교회 성전을 짓는 것도 모두 말씀으로 이끄시기에 우리는 끝까지 말씀의 인도를 잘 받고 가야 합니다. 구원을 받고 나서도 성실하고, 끈기 있게 나아가면 영적 통찰력 또한 얻게 됩니다.

4절에서는 에스겔이 본 것을 다 이스라엘 백성에게 전하라고 하십니다. 그 말씀에 순종해야 합니다. 하나님의 명령을 들었으면 즉시 순종해야 합니다. 에스겔 성전은 세상과 구별되게 지어졌습니다. 담을 사방에 세우고 어느 곳보다 두껍게 쌓았습니다(겔 40:5). 하나님이 세상과 구별된 확실한 보호막을 세워주셨습니다. 하나님께서는 순종하는 사람을 이렇듯 보호하시고, 하나님의 말씀에 순종할수록 하나님의 보호를 더 확실하게 받게 됩니다.

하나님은 우리가 잘 순종하는지, 성전을 잘 짓고 있는지 하나하나 측량하며 검증하십니다. 그러므로 우리가 거룩을 향해 나아갈 때는 끊임없는 측량이 요구됩니다. 나 자신을 먼저 측량하고 불꽃 같은 눈으로 서로를 살펴야 합니다. 거룩을 향해 가는 것이 그래서 너무도 어렵고 힘들지만, 주님이 인도해주신다고 약속하셨습니다. 내 힘으로는 못 갑니다. 예수님의 보혈만이 우리를 성화시키고 구원에 이르게 하십니다.

그가 나를 데리고 바깥뜰에 들어가니 뜰 삼면에 박석 깔린 땅이 있고 그 박석 깔린 땅 위에 여러 방이 있는데 모두 서른이며 그 박석 깔린 땅의 위치는 각 문간의 좌우편인데 그 너비가 문간 길이와 같으니 이는 아래 박석 땅이며 그가 아래 문간 앞에서부터 안뜰 바깥 문간 앞까지 측량하니 그 너비가 백 척이며 동쪽과 북쪽이 같더라 (겔 40:17-19)

하나님은 에스겔 성전을 통해 복음으로 거듭난 자의 예배가 얼마나 철저히 구별되어야 하는지 가르쳐주십니다. 17절 말씀처럼 철저한 사전 준비와 측량을 당한 후에야 겨우 성전 바깥뜰을 밟을 수 있습니다. 그런데 성전 바깥뜰에서부터 안뜰 바깥문까지가 백 척이라고 합니다. 성소는 아득하게 먼 곳에 있습니다. 이처럼 거룩은 끝이 없습니다.

높은 담과 깊은 문, 넓은 광장…… 에스겔 성전은 보기만 해도 깨끗함과 거룩함이 느껴집니다. 교회의 머리이신 주님을 모시는 교회라면 이런 거룩함이 있어야 합니다. 에스겔 성전에서의 예배는 거듭나지 않고는 드릴 수가 없고, 죄 사함의 회개를 경험하지 않은 사람은 예배를 드려도 은혜가 없습니다.

저는 때마침 교회를 세우기 전에 이런 말씀을 주시는 것에는 특별한 뜻이 있다고 생각했습니다. 그래서 에스겔 성전처럼 세상과 구별되는 교회가 세워지기를 간절히 기도했습니다. 제 모습부터 말씀의 거울에 비추어 거룩하지 못한 부분을 회개하고, 준비하는 손길 하나하나마다 조심조심 말씀의 인도를 받고자 했습니다. 우리들교회가 끝까지 하나님의 명령을 따르고 하나님의 보호를 받으며 은혜가 넘치는 교회가 되길 소망했습니다.

2002년 10월 20일 아침이었습니다. 교회 개척을 위한 준비 예배를 드리는데 무려 120여 명이나 방문해주셨습니다. 그분들 중에 룻처럼 "어머니의 백성이 나의 백성이 되고 어머니의 하나님이 나의 하나님이 되시리니"라는 신앙고백을 하며 저와 함께 십자가 길을 가겠다고 찾아온 분들은 아직 결혼하지 않은 싱글들을 포함해 열세 가정이었습니다. 당시 제가 살던 반포의 50평 아파트에서 예배를 드렸는데 그야말로 발 디딜 틈이 없었습니다. 신발을 둘데가 없어서 문 앞 계단에서부터 옥상까지 빼곡히 정리해야 했습니다. 그야말로 천국으로 가는 계단 같았습니다. '아! 이곳이 정녕 마가의 다락방인가' 하는 생각도 들었습니다.

교회 개척을 위한 준비 예배를 마친 후부터는 예배 처소를 구하는 기도에 매달렸습니다. 첫 후보지가 서울 방배동에 있는 한 건물이었습니다. 크기도 적당하고, 주위에 어린이 놀이터도 있어서 참 적당하다 싶었는데 난공불락이었습니다. 교회라서 세를 줄 수 없다는 것이었습니다. 그러나 몇몇 집사님들이 "여리고성을 무너뜨리겠다"며 그 건물 주위를 맴돌며 기도했고, 건물 출입구를 붙잡고 또 기도했습니다. 그런데 오히려 그 장면을 본 사람들이 '이상한 단체 같다'는 말을 해서 결국 임대를 얻지 못했습니다.

이후 몇몇 후보지가 더 있었지만 늘 마지막 단계에서 계약이 이루어지지 않았습니다. 기도밖에 할 것이 없었습니다. 집사님들과 모여서 밤낮으로 통성기도를 하는데 한 집사님이 "주여! 우리에게 천 평을 주옵소서!" 하고 부르짖었습니다. 나중에 들은 이야기지만 그 기도를 듣고 다들 속으로 비웃었다고 합니다. 그러나 하나님께서는 그 기도를 들으시고 생각지도 못했던 1만 3천여 평이나 되는 예배 처소를 허락하셨습니다. 지금 우리들교회에서 '휘문 채플'로 사용하고 있는 휘문중고등학교가 바로 그곳입니다.

Chapter 07

하나님의 영광이
들어오는 교회

그 후에 그가 나를 데리고 문에 이르니 곧 동쪽을 향한 문이라 이
스라엘 하나님의 영광이 동쪽에서부터 오는데 하나님의 음성이
많은 물소리 같고 땅은 그 영광으로 말미암아 빛나니 그 모양이
내가 본 환상 곧 전에 성읍을 멸하러 올 때에 보던 환상 같고 그발
강가에서 보던 환상과도 같기로 내가 곧 얼굴을 땅에 대고 엎드렸
더니 여호와의 영광이 동문을 통하여 성전으로 들어가고 영이 나
를 들어 데리고 안뜰에 들어가시기로 내가 보니 여호와의 영광이
성전에 가득하더라 _겔 43:1-5

여호와께서 함께하시는 우리들교회

앞에서 계속 나눈 것처럼 하나님은 인생의 중요한 때마다 저를 에스겔서 말씀으로 인도하셨습니다. 2003년 6월, 우리들교회 창립예배를 드릴 때도 마찬가지였습니다. 그날 아침 큐티 본문은 에스겔서 43장 말씀이었습니다.

에스겔서 43장은 천국 성전을 세우는 본문입니다. 천국 성전은 영원히 무너지지 않는 성전을 말합니다. 천국 성전을 짓는 본문을 묵상할 때 우리들교회가 세워진 것은 우연이 아닌 것 같습니다. "떠났던 하나님의 영광이 동쪽을 향한 문을 통해 들어온다"고 하시는데, 꼭 우리들교회가 '동편에서 하나님의 영광이 들어오는 교회'라고 말씀해주시는 것 같았습니다(겔 43:1 참조).

에스겔 성전의 모든 측량이 끝난 후 하나님은 '동쪽을 향한 문'에 이르게 하십니다. 예루살렘 성전이 우상으로 가득해지고 하나님의 영광이 떠난 곳도 '동향한 문'(겔 11:1)이었고, 성전 측량을 시작하게 하신 곳도 '동쪽을 향한 문'(겔 40:6)이었습니다. 이스라엘 백성이 회개하지 않고 계속 우상을 섬기는 죄를 지어 하나님의 영광이 예루살렘에서 떠난 후 성전은 파괴되었고, 더 이상 하나님의 보호를 받지 못하는 유다 백성은 바벨론 포로로 잡혀가 이루 말할 수 없는 비참함을 겪었습니다. 이런 가운데 에스겔은 하나님의 영광이 동편에서 들어오는 환상을 봅니다. 하나님의 영광이 떠났던 동향한 문, 동편에서 하나님의 영광이 돌아옵니다. 신기하게도 우리들교회 휘문 성전에서 주로 쓰는 후문도 '동문'입니다. 새 예루살렘 건축물이 아무리 화려할지라도 하나님의 영광이 없으면 유령 성전에 불과할진대, 동문으로 떠났던 하나님의 영광이 돌아온다고 약속해주신 것입니다.

교회 창립예배일 당일 아침부터 비가 주룩주룩 내렸습니다. 문자 그대로 '많은 물소리'(겔 43:2)가 들렸습니다. 예배가 끝난 후에는 비가 그치고, 비에 씻긴 땅이 그야말로 빛났습니다. 말씀의 권위에 내가 압도당할 때 하나님의 영광이 돌아옵니다. 많은 물소리가 하나님의 권능으로 들리지 않으면 고문입니다. 그러나 하나님 말씀의 권위를 인정하고 말씀에 압도당하면 이 땅의 누구라도 그 영광으로 빛나게 됩니다.

솔로몬 성전이 멸망할 때 임한 하나님의 영광, 이스라엘 백성이 바벨론에서 포로생활 중에 경험한 그발 강가의 영광, 그리고 3~5절의 동편에서 임하는 하나님의 영광은 동일합니다. 멸망할 때나, 포로생활을 할 때나, 회복될 때나 임하는 하나님의 영광은 같습니다.

우리들교회는 망한 사람에게도, 빚진 사람에게도, 배부른 사람에게도, 망했다가 회복된 사람에게도 동일한 하나님의 영광이 임하는 교회입니다. 다 같이 기뻐하는, 차별 없는 교회입니다. 하나님의 영광을 보게 된 에스겔은 얼굴을 땅에 대고 엎드릴 수밖에 없었습니다. 우리에게 동일한 하나님의 영광이 임하면, 너무 놀라서 땅에 엎드러질 수밖에 없는 것입니다.

에스겔이 특별한 감동을 받아 하나님의 영광에 이끌려 전(殿)으로 들어갔듯이, 하나님의 영광이 저를 인도해 우리들교회를 개척하게 하셨고, 우리들교회에 여호와의 영광이 가득함을 보게 하셨습니다. 성도들의 아픔을 보며 주의 말씀을 전할 때마다 주의 영(靈)이 에스겔에게 임한 것처럼 저에게 임했습니다. 우리들교회는 여호와의 영광의 임재가 약속된 교회라고 말씀해주시며 하나님께서 제게 원치 않는 길을 띠 띠우고 가게 하셨습니다. 저를 데리고 성전 안뜰에 들어갈 것이니, 주님을 신뢰하고 가라고 끊임없이 격려해주셨습니다.

내 죄를 고백하는 교회

성전에서 내게 하는 말을 내가 듣고 있을 때에 어떤 사람이 내 곁에 서 있더라 그가 내게 이르시되 인자야 이는 내 보좌의 처소, 내 발을 두는 처소, 내가 이스라엘 족속 가운데에 영원히 있을 곳이라 이스라엘 족속 곧 그들과 그들의 왕들이 음행하며 그 죽은 왕들의 시체로 다시는 내 거룩한 이름을 더럽히지 아니하리라 그들이 그 문지방을 내 문지방 곁에 두며 그 문설주를 내 문설주 곁에 두어서 그들과 나 사이에 겨우 한 담이 막히게 하였고 또 그 행하는 가증한 일로 내 거룩한 이름을 더럽혔으므로 내가 노하여 멸망시켰거니와 이제는 그들이 그 음란과 그 왕들의 시체를 내게서 멀리 제거하여 버려야 할 것이라 그리하면 내가 그들 가운데에 영원히 살리라 인자야 너는 이 성전을 이스라엘 족속에게 보여서 그들이 자기의 죄악을 부끄러워하고 그 형상을 측량하게 하라 (겔 43:6-10)

또한 주님은 우리들교회가 하나님 보좌의 처소, 하나님의 발을 두는 처소, 영원히 거하는 처소가 되게 하겠다고 말씀해주셨습니다(겔 43:6-7). 그러므로 음란과 죽은 세상 왕들의 시체를 멀리 제하고 주님의 거룩한 이름을 더럽히지 말라고 말씀하십니다(겔 43:9). 그런데 여기서 성전과 왕궁이 '한 담' 차이라고 하십니다(겔 43:8). 이스라엘의 악한 왕들이 우상숭배하는 신전을 성전 바로 곁에 많이 세웠기 때문에 '겨우 한 담' 차이라고 하셨습니다. 솔로몬 성전은 성전과 외부의 건축물을 구별하는 담이 없었습니다.

성전 옆에 바로 딸의 왕궁도 지어주고 이런저런 왕궁들이 같이 있었지만, 에스겔 성전은 성전과 외부를 완전히 구별되게 하셨습니다. 우리들교회 성전은 '세상과 나는 간 곳 없고 오직 주님만' 계시는 성전이 되어야 한다는 말씀으로 받았습니다.

우리들교회는 많고 많은 교회 중에 하나를 더한 교회가 아닙니다. 이제 믿는 족속에게 보여서 그들로 자기 죄악을 부끄러워하게 하는 교회가 되라고 하십니다(겔 43:10). 하나님께서 우리에게 기쁨, 소망의 감정도 주셨지만, 죄악을 부끄러워하는 '회개'의 감정은 어떤 감정과도 비교할 수 없는 최고의 감정입니다. 남녀 간 사랑, 부모와 자식 간의 사랑과도 비교할 수 없습니다. 이런 사명을 우리들교회에 주신 것입니다. 성도들이 각자 버리지 못한 음란과 죽은 왕들의 시체 같은 죄를 서로 고백하며 회개하니 그것을 들은 이 땅의 성도들이 자신의 죄악을 부끄러워하는 역사가 일어나기 시작했습니다.

말씀묵상을 하는 교회

만일 그들이 자기들이 행한 모든 일을 부끄러워하거든 너는 이 성전의 제도와 구조와 그 출입하는 곳과 그 모든 형상을 보이며 또 그 모든 규례와 그 모든 법도와 그 모든 율례를 알게 하고 그 목전에 그것을 써서 그들로 그 모든 법도와 그 모든 규례를 지켜 행하게 하라 성전의 법은 이러하니라 산꼭대기 지점의 주위는 지극히 거룩하리라 성전의 법은 이러하니라 (겔 43:11-12)

또한 우리들교회는 모든 규례와 법도와 율례를 알게 하는 교회입니다(겔 43:11). 즉, 말씀묵상(큐티)을 하게 하는 교회입니다. 이 에스겔 성전의 법은 회개하고 돌아오는 자에게만 의미가 있습니다. 창립예배 때 우리들교회 담임목사로 정식 취임하며 교인과 담임목사의 서약을 문서로 '써서' 주고받았습니다. 큐티도 쓰는 것이 중요합니다. 나의 큐티 노트는 자녀들에게 물려줄 식량입니다. 묵상한 내용도 열심히 쓰고, 설교도 열심히 써야 합니다. 창립예배 때 주신 이 말씀은 "큐티를 통해 내 죄를 보고, 회개함으로 나아가 거룩함을 이루라"는 명령이자 우리들교회의 이정표입니다.

그리고 하나님은 '산꼭대기까지 거룩하게' 하는 역할을 감당하라고 하십니다(겔 43:12). 산꼭대기까지 가는 길도 좁고 험한데, 그 주위까지 거룩하게 하라고 하십니다. 어떤 환경에서도 우리는 하나님의 성전을 잘 짓고, 그 주위에까지 거룩을 전파해야 합니다. "내가 거룩하니 너희도 거룩할지어다" 하신 주님의 사명에 순종하며 헌신하기를 바라십니다.

Chapter 08

큐티선교회의
사명

그가 내게 이르시되 인자야 네가 이것을 보았느냐 하시고 나를 인
도하여 강가로 돌아가게 하시기로 내가 돌아가니 강 좌우편에 나
무가 심히 많더라 그가 내게 이르시되 이 물이 동쪽으로 향하여
흘러 아라바로 내려가서 바다에 이르리니 이 흘러내리는 물로 그
바다의 물이 되살아나리라 이 강물이 이르는 곳마다 번성하는 모
든 생물이 살고 또 고기가 심히 많으리니 이 물이 흘러 들어가므
로 바닷물이 되살아나겠고 이 강이 이르는 각처에 모든 것이 살
것이며 또 이 강가에 어부가 설 것이니 엔게디에서부터 에네글라
임까지 그물 치는 곳이 될 것이라 그 고기가 각기 종류를 따라 큰
바다의 고기 같이 심히 많으려니와 그 진펄과 개펄은 되살아나지
못하고 소금 땅이 될 것이며 강 좌우 가에는 각종 먹을 과실나무
가 자라서 그 잎이 시들지 아니하며 열매가 끊이지 아니하고 달마
다 새 열매를 맺으리니 그 물이 성소를 통하여 나옴이라 그 열매
는 먹을 만하고 그 잎사귀는 약재료가 되리라 _겔 47:6-12

강에서 바다로

주님은 이렇게 말씀으로 우리들교회와 큐티선교회의 갈 길을 가르쳐주시고 함께하겠다고 약속해주셨지만 말할 수 없이 막중한 사명도 주셨습니다. 음란과 죽은 왕들의 시체를 내어버려야 하고, 모든 사람이 '우리들교회만 보면 죄를 회개하고 싶은' 그런 교회가 되어야 하며, 산꼭대기 거룩한 곳에서 모든 주위까지 다 거룩하게 해야 하는 사명을 주셨습니다. 이것이 바로 우리들교회의 특징과 정체성입니다.

성전 문지방에서 끊임없이 흘러나오는 생명수가 마른 땅을 적시고 강 주변에 무성한 나무숲을 만들면서 사해에 이른다고 합니다. 끊임없이 생명이 흘러가면서 마른 땅을 적시니까, 드디어 강물이 이르는 곳마다 생물이 번성합니다. 성도들의 끊임없는 죄 고백과 말씀 적용, 깊은 나눔이 성전 문지방 밑에서 흘러나온 물처럼 창일해져서 동방으로 흐르고, 사해로까지 흘러 들어가 바다의 물을 되살린다는 것입니다. 바닷물이 되살고 물고기가 살아나는 역사가 일어나듯이, 우리도 각자 척박한 지역을 찾아가야 합니다. 우리에게 말씀과 공동체를 주시고 영원한 생명을 주셨으니 그것을 가지고 각자의 믿지 않는 가족, 친척, 힘든 지체들을 찾아가야 합니다. 내 안에 진정한 복음이 있다면 나를 만지는 자마다 생명을 얻고 살아날 것입니다.

그러나 생명수가 곳곳에서 흘러와도 소성되지 못하는 진펄, 개펄, 소금 땅이 있다고 합니다(겔 47:11). 내 속에도 진펄, 개펄, 소금 땅이 있지만, 성소로부터 나온 거룩한 생명수가 먹을 만해서 강가 좌우에는 각종 먹을 실과나무가 자라고, 그 잎은 시들지 않으며 열매도 끊이지 않게 열린다고 합니다. 게다가 그 잎사귀는 약재료가 된다고 합니다. 내게 날마다 일어나는 치사한 일들, 그 모든 잎사귀가 다른 이들에게 치유의 재료로 쓰인다는 뜻입니다. 내가 날마다 큐티하며 깨닫게 된 내 죄와 수치를 지체들과 나누는 것이 얼마나 많은 사람을 살리는 약재료가 되는지 모릅니다.

2016년 6월, 미국 캘리포니아에서 개최된 제15차 한인세계선교사대회와 제8차 한인세계선교대회에 주 강사로 초빙되어 말씀을 전하러 갔을 때의 일입니다. 당시 1천2백 명의 한인선교사를 포함해 세계 각지에서 모인 목회자와 평신도 5천여 명에게 큐티 목회 사역을 소개한 적이 있습니다. 한국 교회의 선교올림픽으로 불리며 한국 선교운동의 중심인 이 두 선교대회에 주 강사로 여자 목사가 강단에 서기는 제가 처음이었습니다. 주최 측에서는 제가 여자 목사라는 이유로 초빙 문제를 놓고 수차례 회의를 거듭했다고 합니다.

그러나 십자가가 그 벽을 뚫었습니다. 각종 세미나와 포럼 등이 동시다발로 열린 이 대회 기간 중 제가 강사로 나선 시간에는 늘 자리가 모자랄 정도로 많은 분이 참석하셔서 큐티 목회에 깊은 관심을 보여주셨습니다.

특히 "여자 목사를 이 선교대회 강단에 세울 수 없다"며 저를 가장 반대했던 임원 한 분이 첫날 제 간증을 듣고는, 이튿날 집회에서 "김양재 목사를 강사로 못 모셨으면 내가 지옥 갈 뻔했다"고까지 말씀하셨습니다.

그리고 교계의 큰 어른 목사님 한 분이 제게 '탄설'이라는 호를 지어주셨습니다. 여울 탄(灘)에 눈 설(雪). 제가 마치 여울을 덮은 하얀 눈 같다고 하셨습니다. 하늘에서 내린 이슬 한 방울 한 방울이 모여 물이 되고, 그 물이 산꼭대기에서부터 흘러 여울을 이루는데, 제가 마치 그런 여울과도 같다는 것입니다. 이슬 한 방울이 여울이 되기까지 그 물의 여정은 실로 험난하지만, 하나님의 은혜가 눈처럼 임해 그 물길을 포근히 덮어준다는 것이었습니다. 제 삶이 그러했습니다. 제 삶은 정말 하나님께서 지켜주시고 덮어주셨습니다. 남들이 보기에는 하얀 눈처럼 아름답고 눈부셔 보이지만, 그 눈 밑에서 저는 얼마나 힘든 인생을 살아왔는지 모릅니다.

그런데 하나님은 이제 저로 하여금 "바다로 나아가라"고 하십니다. "그가 내게 이르시되 이 물이 동쪽으로 향하여 흘러 아라바로 내려가서 바다에 이르리니 이 흘러내리는 물로 그 바다의 물이 되살아나리라"(겔 47:8)고 말씀하십니다.

"이 강물이 이르는 곳마다 번성하는 모든 생물이 살고 또 고기가 심히 많다"고도 하십니다. "이 물이 흘러 들어가므로 바닷물이 되살아나겠고 이 강이 이르는 각처에 모든 것이 살 것"(겔 47:9)

이고, "강 좌우 가에는 각종 먹을 과실나무가 자라서 그 잎이 시들지 아니하며 열매가 끊이지 아니하고 달마다 새 열매를 맺으리니 그 물이 성소를 통하여 나옴이라 그 열매는 먹을 만하고 그 잎사귀는 약재료가 되리라"(겔 47:12)고 하십니다. 그리고 "너희는 공평하게 나누어 기업을 삼으라 이 땅이 너희의 기업이 되리라"(겔 47:14)고 말씀하십니다.

이 말씀에 순종하기 위해 지난 2014년 10월부터 매년 두 차례에 걸쳐 '목욕탕 큐티목회세미나'를 개최하고 있습니다. 우리들교회가 창립된 이후 놀랍게 부어주신 은혜와 부흥을 한국 교회 사역자들과 함께 나누고 큐티목회를 온 누리에 전파하기 위해서입니다. 말씀 안에서 두루마기를 벗고 내 부끄러움과 수치를 드러내며, 죄와 때를 씻는다는 의미로 '목욕탕 큐티목회세미나'로 이름 지은 이 세미나에는 그동안 전국 9백여 교회에서 1천 6백여 명의 목사님과 사모님, 그리고 평신도 지도자들이 참석했는데, 이를 통해 큐티목회를 접목한 교회들이 놀랍게 변화하고, 부흥하는 열매를 풍성하게 맺어가고 있습니다. 이 목욕탕 큐티목회세미나를 통해 한국 교회가 다시 도피성의 사명을 감당할 수 있도록, 그리하여 이 땅의 모든 성도가 살아나고 가정이 살아나고 교회가 살아나기를 소원합니다.

세밀하게 해석해주시는 기쁨

그 사방의 합계는 만 팔천 척이라 그날 후로는 그 성읍의 이름을 여호와삼마라 하리라 (겔 48:35)

에스겔서 대단원의 막은 48장 '여호와삼마'의 말씀으로 끝맺습니다. 여호와삼마는 "여호와께서 거기 계시다"는 뜻입니다. 에스겔 성전이 여호와께서 영원토록 함께하시는 성전이 되리라는 것입니다.

하나님께서는 에스겔서 1장부터 24장까지 모든 말씀으로 하루하루 제 인생을 해석해주셨습니다. 25장부터 48장까지도 그 당시에는 몰랐지만 지나고 보니 제 삶의 모든 과정이 말씀대로 이루어진 인생이었습니다.

제 인생을 놀랍게 해석해주신 에스겔서를 차례로 떠올려 보면, 에스겔서 1장에서 사로잡힌 가운데 하늘이 열리고 하나님의 이상을 보여주시더니, 2장에서는 소명을 주시며 뻔뻔하고 마음이 강퍅하고 패역한 나의 친족들을 찾아가라고 하시고, 3장에서는 그들에게 말씀을 전하지 않으면 저에게 그 피 값을 묻겠다고 엄중한 경고를 하셨습니다. 3, 4장부터는 에스겔과 그가 전할 메시지를 키우기 위해 문을 닫고 집에만 있게 하시며, 에워싸이고 벙어리가 되어 초라하게 살게 하심으로 그를 철저하게 훈련시키셨습니다.

하나님께서는 7장까지 에스겔이 먼저 자신의 가증함을 보고 하나님과의 관계를 돌아보도록 한 다음, 8장에서 성전 가득한 우상숭배를 보여주셨습니다. 공동체 개혁은 자기 자신부터 시작해야 한다는 것입니다.

그렇게 훈련의 시간을 보내고 나니 남편을 데려가시던 날에는 18장 말씀으로 정확하게 그날의 사건을 설명해주셨고, 24장까지는 남편 한 사람의 구원을 위해 그 많은 지면을 할애하여 유다의 구원을 절절이 말씀으로 설명해주셨습니다. 그리고 25장부터는 이제 이방을 향해 전하라고 하시더니 큐티선교회를 통해 그 일을 이루셨고, 40장부터 48장까지 보여주신 천국 성전과 같이 우리들 교회가 시작되었고, 큐티선교회가 강에서 바다로 나아가게 되었습니다.

에스겔서처럼 어려운 성경이 이렇게 삶으로 적용되니 이해도 쉬웠고 저절로 기억되었습니다. 손바닥 안에 성경이 들어오는 것이 바로 이런 것임을 체험하면서, '어쩌면 말씀이 이렇게도 내 말씀인가' 생각하며 전율할 수밖에 없습니다. 그러나 어찌 말씀이 저만의 것이겠습니까. 에스겔서 말씀으로 제 인생을 이토록 세밀하게 해석해주시고, 갈 길을 인도해주신 하나님을 찬양합니다.

하나님 아버지!
주님은 세상 정욕에 빠져 죽을 수밖에 없던 저를

그발 강가, 시집살이에 사로잡히게 하셨습니다.

그리고 에스겔 서른째 해에 주님의 말씀이 특별히 임했던 것처럼

저의 고난의 때에 주님의 음성을 듣게 하셨습니다.

남편의 죽음에서도 그 음성을 듣게 하셔서

제가 얼마나 특권의 인생을 살아왔는지 간증하게 하신

주님을 찬양합니다.

참으로 천하보다 귀한 것이 구원이라고 했는데

제가 한 사람을 구원하기 위해 얼마나 벙어리가 되어야 했으며,

집 밖으로 나가지 말아야 했고, 허리를 동여야 했는지 모릅니다.

그 모든 것을 경험하게 해주셔서 감사합니다.

모든 악한 환경에서도 주님의 음성을 들려주시니

너무도 감사합니다. 주님의 그 사랑이 있었기에

저 같은 사람이 감히 남편을 위해 생명을 내놓을 수 있었습니다.

남들은 주님이 제게 고난을 주셨다고 생각하지만,

제 생각엔 주님이 저를 편애하시는 것만 같습니다.

얼마나 사랑하시면 날마다 저를 대면해서 말씀해주시겠습니까?

저는 이런 특권을 받을 자격이 없는데,

저를 날마다 주님 품에 넣어서 얼굴을 보여주시니

어찌 제가 자랑하지 않을 수 있겠습니까.

저희들은 아직도 하나님의 말씀을 애가와 애곡같이 듣지만,

씹어 먹으면 달아진다고 하셨사오니

저희가 하나님의 말씀을 달게 느낄 수 있도록 역사해주옵소서.

가족들 전도가 어렵습니다.

그러나 모든 사건은 저희들을 굳게 하기 위해 일어나는 것이고,

마지막 날 저희들의 소망이

하나님을 영화롭게 하고 즐거워하는 것임을 알았습니다.

저희에게 이 모든 환경을 주셔서 너무도 감사합니다.

그러므로 이 세상의 헛된 소망을 버리고

복스러운 소망을 갖도록 도와주옵소서.

아버지 하나님!

저는 너무나 증거할 것이 많고 자랑할 것도 많아

절제하느라고 힘이 듭니다. 어찌 이런 인생을 살게 하십니까.

고난이 많은 가운데서도 저는 주님을 자랑하고 싶어서

어찌할 줄을 모르니 이것을 많은 분이 다 알기 원합니다.

마음과 영을 새롭게 돌이켜서 살기를 원합니다.

우리에게 사건이 생긴 후에는

아무리 묻고자 해도 대답하지 않는다 하셨사오니,

미리미리 주님의 말씀을 듣고 양육 받아서

정말 어려운 일을 당할 때 말씀 가운데서

답을 찾을 수 있도록 도와주옵소서.

날마다 여호와의 말씀이 임하는 삶을 살기 원합니다.

저희가 모든 것에 순종하고 그날에 입이 열려서

도피한 자에게 말할 수 있는 인생을 허락해주옵소서.

감히 그림자도 따라갈 수 없는

선지자 에스겔이 저희의 표징이 되게 해주셔서

저희는 감당할 길이 없습니다.

이 짧은 인생 동안 거룩한 성전을 지을 자격이 없지만,

그래도 천국 성전을 지어주신다는 그 약속의 말씀을 붙잡고

저의 연약한 이 모습 그대로 드리오니 받아주옵소서.

제 간증을 접하는 모든 분들이 구원과 양육의

중요성을 알게 해주옵소서.

그리고 무엇보다 종말론적인 인생을 살면서

주님 오실 날을 기다리며 살게 해주옵소서.

남들은 말하기조차 싫어하는 고난을

이렇게 많은 분들 앞에 자랑하게 하시니 감사합니다.

이 간증을 대하는 모든 분, 특별히 여러 가지 고난으로

힘든 삶을 살아가는 분들이

그 고난을 자랑함으로 주님의 이름을 높이기 원합니다.

저희 모두와 온 교회와 나라와 세계에

살아 계신 하나님의 말씀이 역사하고 널리 전파되기를 원합니다.

저희를 써주옵소서.

예수님 이름으로 기도합니다. 아멘.

Part 2

내 삶을 해석하는

큐티의 실제

저는 말씀을 전할 때 '어떻게 하면 사람들이

좀 더 쉽게 성경을 읽을 수 있을까'를 늘 생각합니다.

더 많은 분이 성경을 쉬지 않고 읽어 자기 삶에 적용할 수 있도록

돕고 싶은 것이 제 소망이기 때문입니다.

우리 삶에 역사하시는 하나님의 음성을 듣게 되면,

우리는 다른 어떤 것보다도 큰 능력을 경험하게 됩니다.

그래서 말씀묵상이 곧 능력인 것입니다.

Chapter 09

큐티,
제대로 하기

씨를 뿌리는 자가 그 씨를 뿌리러 나가서 뿌릴 새 더러는 길가에
떨어지매 밟히며 공중의 새들이 먹어버렸고 더러는 바위 위에 떨
어지매 싹이 났다가 습기가 없으므로 말랐고…… 바위 위에 있다
는 것은 말씀을 들을 때에 기쁨으로 받으나 뿌리가 없어 잠깐 믿
다가 시련을 당할 때에 배반하는 자요…… 좋은 땅에 있다는 것은
착하고 좋은 마음으로 말씀을 듣고 지키어 인내로 결실하는 자니
라 _눅 8:5-15

말씀을 읽고 듣고 깨닫는 자

여러분은 아침에 일어나면 성경부터 보십니까, 아니면 신문부터 보십니까? 비록 새벽기도는 못 가더라도 일어나면 성경부터 보셔야 합니다. 우선순위를 하나님 말씀 보는 것에 두어야 한다는 말입니다. 아침에 신문을 먼저 보면 갖가지 사건과 사고 소식에 근심이 앞서게 되지만, 성경을 먼저 보면 아무리 어렵고 힘든 사건이 생기더라도 문제 해결을 위한 길을 찾을 수 있습니다. 말씀 속에 답이 있기 때문입니다.

요즘은 입시가 전쟁이지만, 저는 아이들이 중고등학교에 다닐 때에도 아침마다 함께 말씀을 보고 기도했습니다. 우리 아이들이 공부를 아주 잘했더라면 그렇게 하기도 힘들었을 텐데, 그다지 잘하는 편이 아니어서 아침마다 성경을 보느라 시간 내는 것에 큰 가책은 없었습니다. 나의 약함이 곧 강함이라고 했는데, 아이들이 공부는 잘하지 못했지만 그 때문에 날마다 성경 보는 데 지장을 안 받았으니 그것도 얼마나 감사한 일인지 모릅니다.

누가복음 8장 말씀에 씨 뿌리는 비유를 보면, 길가, 바위 위, 가시덤불, 좋은 땅이 나옵니다. 그중 바위 위에 떨어진 씨는 습기가 없어서 말랐다고 예수님이 말씀하시자 제자들이 그 뜻에 대해 묻습니다. 그러자 주님은 "말씀을 들을 때에 기쁨으로 받으나 뿌리가 없어 잠깐 믿다가 시련을 당할 때에 배반하는 자"(눅 8:13)라고 이야기하셨습니다.

많은 분이 우리들교회 수요예배에 오셔서 은혜를 받는다고 합니다. 하지만 아무리 은혜를 받아도 말씀이 없고 회개가 없으면 예배에서 받았던 은혜도 곧 식어버립니다. 말씀을 통해 내 죄를 보고 회개해야 그 은혜가 유지됩니다. 그래야 가치관도, 삶도 달라집니다. 밤낮 여기저기 쫓아다니며 은혜받았다고 하면서도 삶이 변하지 않는 이유는 그 때문입니다. 말씀이 없고 내 죄를 모르는 인생이 바로 바위 위에 떨어진 씨입니다.

바위 같은 가치관을 가진 사람은 제아무리 말씀을 받아도 깨지기는커녕 습기가 없어 마를 뿐입니다. 소나기 몇 번 쏟아진다고 바위가 깨지지 않듯이 우리의 세상 가치관도 집회 몇 번에 깨지지 않습니다. 여기저기 부흥 집회에 다녀도, 주일마다 아무리 좋은 목사님의 설교를 들어도 안 깨집니다. 그러나 그 단단한 바위도 오랜 세월 날마다 촉촉이 내리는 이슬비에 틈이 생기고, 그 틈새로 인해 결국에는 깨지게 마련입니다. 그래서 우리에게도 날마다 나를 적시는 이슬비가 필요합니다.

길가에 떨어진 씨앗은 뿌리가 내리기도 전에 새들이 와서 다 먹어버립니다. 길가에 앉아서 오가는 사람들의 말을 다 듣는 사람이 있습니다. 오만 가지 말을 들어도 새겨듣지 못하면 전후 문맥은 다 잘라 먹고 듣기에 핵심을 알지도 못해 오해하거나 상처받기 쉽습니다. 그래서 말씀묵상을 할 때도 집중해서 새겨들을 수 있는 조용한 장소와 시간이 필요합니다. 여기저기서 웅성거리는 사탄의 밥이 되지 않도록 내 마음 밭도 잘 정리 정돈하여 말씀이 쏙쏙 젖어 들어가게 해야 합니다.

가시떨기에 떨어진 씨앗은 가시가 함께 자라서 기운을 막습니다. 가정도 잘 보살피고 교회도 잘 섬기고 헌금 생활도 잘해서 영적으로 그럴듯하게 보이지만 별로 영향력을 발휘하지 못하는 사람이 있습니다. 근심과 재물과 쾌락에 기운이 막혔기 때문입니다. 아무리 오래 교회를 다녔어도 말씀을 모르고 세상 가치관을 끊어내지 못하면 기운이 막혀 영적으로 자라지 못합니다.

말씀을 읽고 듣고 깨닫는 자는 좋은 땅과 같습니다. 좋은 땅이란 깡통, 깨진 유리, 오물 등 더러운 것들이 표면을 덮고 있어도 토양이 풍부하여 그 어떤 것도 자라게 할 수 있는 땅을 말합니다. 그 좋은 땅에 떨어진 씨앗은 어떤 장애물이 있어도 그것을 뚫고 싹을 틔우며 무럭무럭 자라서 열매를 맺습니다. 그처럼 말씀이 있는 사람은 그 어떤 고난과 핍박을 받아도 믿음을 견고히 지키며, 많은 사람을 살릴 수 있습니다.

그러나 좋은 땅이 되려면 인내가 필요하고, 끝까지 인내하려면 말씀묵상을 꾸준히 해야 합니다. 매일, 하루도 빠짐없이 말씀을 씹어 먹으며 나의 가치관이 조금씩 깨져야 합니다. 이런 과정을 통해 그 삶의 목적을 하나님 나라에 두게 되면 잎사귀가 마르지 않는 축복을 받게 됩니다.

교재 선택하기

무슨 일을 하든 어느 정도의 부담감을 가지고 지속적으로 해야 합니다. 말씀묵상도 그렇습니다. 그런데 성경만 가지고 묵상을 하면 날짜에 구애받지 않기 때문에 읽고 싶을 때 읽고, 쉬고 싶을 때 쉬게 되어 날마다 지속하기가 어렵습니다. 그래서 교재를 가지고 묵상하는 것이 좋습니다.

저는 큐티엠에서 발간하는《큐티인》으로 매일 말씀묵상을 합니다. 교재를 가지고 하게 되면 날마다 정해진 본문이 있어서 묵상하지 않은 날은 빈 공간으로 남게 되므로 확실히 티가 납니다. 또한 지체들과 같은 교재로 함께 큐티를 하면 같은 본문으로 묵상한 내용을 나누며 교제할 수 있기 때문에 나눔이 풍성해지고, 내가 미처 깨닫지 못한 것을 지체로부터 배울 수도 있습니다. 무엇보다도 같은 본문을 보기 때문에 그 누구와 기도제목을 나누어도 서로 교통이 잘됩니다. 더불어 말씀에 맞는 기도를 같이 드릴 수 있습니다.

기도하기

이제부터 시편 1편 본문 말씀으로 묵상 연습을 하려고 합니다. 말씀을 묵상하기 전에 먼저 잘 깨달을 수 있도록 성령님의 도움을 구하는 기도를 하겠습니다.

"하나님 아버지, 시편 1편을 묵상하려고 합니다. 성령님이 깨달을 수 있는 마음과 볼 수 있는 눈, 그리고 들을 수 있는 귀를 주셔서 오늘 저와 여러 성도님들의 삶에 적용할 수 있도록 말씀해주옵소서. 듣겠습니다. 예수님 이름으로 기도합니다. 아멘."

말씀을 보기 전에는 성경을 잘 깨닫게 해달라는 기도를 하시기 바랍니다. 먼저 본문을 크게 소리 내어 읽고, 그다음에는 눈으로 읽으십시오. 그리고 마음으로 다시 읽으면서 하나님이 어떤 분인지 찾아보십시오.

본문 읽기

성경의 중앙을 펴면 시편이 나옵니다. 그중 우리에게 너무나 친숙한 시편 1편의 내용을 살펴보면서 말씀 한 절 한 절이 무엇을 의미하는지 찾아보겠습니다. 그리고 그냥 읽는 것과 구속사적으로 생각하고 적용하면서 읽는 것에 어떤 차이가 있는지 비교해보겠습니다.

복 있는 사람은 악인들의 꾀를 따르지 아니하며 죄인들의 길에 서지 아니하며 오만한 자들의 자리에 앉지 아니하고 오직 여호와의 율법을 즐거워하여 그의 율법을 주야로 묵상하는도다 그는 시냇가에 심은 나무가 철을 따라 열매를 맺으며 그 잎사귀가 마르지 아니함 같으니 그가 하는 모든 일이 다 형통하리로다 악인들은 그렇지 아니함이여 오직 바람에 나는 겨와 같도다 그러므로 악인들은 심판을 견디지 못하며 죄인들이 의인들의 모임에 들지 못하리로다 무릇

의인들의 길은 여호와께서 인정하시나 악인들의 길은 망하리로다 (시 1:1-6)

시편 1편은 무엇에 대해 쓴 시입니까? 잘 아는 것처럼 '복 있는 사람'입니다. 이 말씀으로 의인과 악인의 길, 그리고 복 있는 사람에 대해 묵상해볼 수 있습니다. '복 있는 사람'을 시편 1편의 제목으로 썼으므로 성경을 잘 모르더라도 '지금 내가 하고 있는 일이 복 있는 일인가, 아닌가' 정도는 생각하게 됩니다. 오늘 하루 만나는 사람, 부딪치는 환경, 일어나는 사건 속에서 '내가 복 있는 사람인가, 아닌가' 생각해보는 것, 이것이 적용입니다.

기록하기

그렇다면 말씀묵상의 핵심은 무엇일까요. 바로 하나님과 예수님 그리고 성령님이 어떤 분인지를 찾는 것입니다. 먼저 하나님이 어떤 분인지 알아야 그분의 뜻에 맞는 일을 할 수 있고, 나의 문제와 그 해결책도 알 수 있게 됩니다. 예수님이 바로 길이요 진리요 생명이기 때문입니다. 그리고 성경 말씀은 어떤 것도 다 중요하지만 그중 '예수님이 무슨 말씀을 하셨는가, 예수님이 무슨 사역을 하셨는가' 하는 문제는 특히 중요합니다.

복 있는 사람은 악인들의 꾀를 따르지 아니하며 죄인들의 길에 서지 아니하며 오만한 자들의 자리에 앉지 아니하고 오직 여호와의 율법을 즐거워하여 그 율

법을 주야로 묵상하는도다 (시 1:1-2)

본문에 '여호와의 율법'이라고 했으므로 '율법이신 하나님'이
라고 적을 수 있겠습니다.

그는 시냇가에 심은 나무가 철을 따라 열매를 맺으며 그 잎사귀가 마르지 아
니함 같으니 그가 하는 모든 일이 다 형통하리로다 (시 1:3)

시냇가에 심은 나무가 철을 따라 열매를 맺는 것은 사람이 하
는 일이 아닙니다. 인간은 그 무엇도 형통하게 하지 못합니다.
그러므로 '모든 것을 형통하게 하시는 하나님'을 찾을 수 있습니
다. 이렇게 우선 어떤 하나님인가를 적어보십시오.

악인들은 그렇지 아니함이여 오직 바람에 나는 겨와 같도다 그러므로 악인들
은 심판을 견디지 못하며 죄인들이 의인들의 모임에 들지 못하리로다 (시 1:4-5)

5절에서는 '심판하시는 하나님'을 찾았습니다.

무릇 의인들의 길은 여호와께서 인정하시나 악인들의 길은 망하리로다 (시 1:6)

여기서는 '의인들의 길을 인정하시는 하나님'을 찾을 수 있습

니다. 하나님이 어떤 분인가, 예수님이 어떤 분인가를 잘 찾으면 해석과 적용이 쉽습니다. 그러나 생각만큼 잘 찾을 수 있는 것은 아닙니다. 그래서 사람들은 하나님과 예수님이 하신 말씀을 잘 모르고 예수님이 어떤 분인지 잘 모르는 것입니다.

하지만 처음부터 잘 찾아지지 않는다고 실망하지 마시기 바랍니다. 애굽의 노예였던 이스라엘 백성이 그 습관을 버리는데 40년이라는 광야 세월이 필요했던 것처럼, 말씀도 환난을 주제로 한 성경 교과서를 성령이 스승 되어 가르쳐주실 때 조금씩 깨닫게 됩니다. 내가 하나님 나라에 속해서 주님을 사모해야 하나님 나라가 조금씩 보이는 것입니다. 그러므로 쉬운 본문인데도 잘 찾아지지 않는다고 낙심하지 마시기 바랍니다. 처음 시작할 때는 그냥 죽 읽어가면서 깨달아지면 적고 아니면 그냥 넘어가십시오. 말씀을 차례대로 읽는 훈련부터 하시면 됩니다.

말씀묵상을 통해 얻는 유익은 일일이 다 열거할 수 없을 정도로 많습니다. 예수님은 그분 자신이 곧 길이요 진리요 생명이라고 하셨습니다. 그렇기에 하나님과 예수님에 대해 잘 묵상하면 아이들을 잘 양육하는 길, 행복하게 사는 길, 부부 관계를 회복하는 길이 보입니다. 이제는 말씀묵상을 오랫동안 하다 보니 상대방의 이야기를 잘 요약하며 듣게 되었습니다. 그뿐 아니라 성경 말씀을 적용하며 이야기하니까 군더더기 없이 꼭 필요한 말만 하게 되었습니다.

예전에는 행여 말실수라도 하게 될까 봐 교회에서 아무하고도 이야기를 안 했습니다. 그리고 말이 많은 사람을 보면 '어쩜 저렇게 할 말이 많을까' 생각했습니다. 그런데 지금은 아침부터 저녁까지 사람을 만나고, 회의를 하고, 장시간 예배와 집회를 인도하며 수많은 말을 하더라도 불필요한 말이나 말실수하는 일이 별로 없습니다.

결국 말은 많이 하고 적게 하고의 문제가 아니라 그 말에 지혜가 없는 것이 문제입니다. 그래서 한마디 말이 위로가 되는 반면, 침묵의 언어가 폭력이 되기도 합니다. 이처럼 말씀묵상을 통해 성경의 핵심을 찾는 훈련을 하다 보면, 상대방의 이야기를 들을 때나 상담할 때 문제의 핵심을 잘 파악할 수 있게 됩니다.

상담을 하다 보면 '나 같은 처지에 있는 사람은 없다, 나보다 힘든 사람 있으면 나와 보라 그래' 하는 사람이 많습니다. 그러나 해 아래 새것이 없습니다. 성경을 살펴보면 시대만 다를 뿐이지 어떤 사건이든 유사한 모델이 있고, 또 그 사건을 풀어나갈 해답이 보입니다. 그러니 말씀묵상을 하다 보면 내 죄와 고난에서도 자유하게 됩니다. 여호와를 경외하는 것이 지혜의 근본인 까닭이 바로 이것입니다.

또 큐티할 때 꼭 필요한 것은 기록하는 훈련입니다. 성경을 그냥 한번 읽고 묵상했다고 하면 안 됩니다. 그냥 읽는 것과 자기가 찾은 부분을 기록하면서 읽는 것에는 큰 차이가 있기 때문입니다. 부족하면 부족한 대로 찾은 것을 기록하며 읽을 때 훨씬 깊이 있게 말씀을 보게 됩니다.

관주 찾기

이렇게 하나님에 대해 찾아보면서 묵상을 하다 보면, 하나님께서 내게 주시는 교훈이나 명령 또는 약속과 더불어 피해야 할 죄에 대한 경고도 찾게 됩니다. 그럴 때 그 말씀을 좀 더 구체적으로 내 것으로 받아들이려면 말씀에 나오는 단어나 사람이나 장소의 의미를 찾아보는 것이 중요합니다.

가령 시편 1편 1절의 말씀을 묵상한다고 할 때, 우리는 성경에서 말하는 악인이 누구인지 알아야 합니다. 그럴 때는 성경을 잘못 해석하는 일이 없도록 신약은 구약으로, 구약은 신약으로 짝지어 성경을 풀어놓은 관주를 찾아보면 됩니다.

관주뿐 아니라 사도행전이 나오면 지도를 찾아보고, 히스기야 이야기가 나오면 열왕기하나 역대하를 찾아 앞뒤를 훑어가며 보고, 다윗 이야기가 나오면 사무엘하 말씀이나 시편을 찾아보고, 서신서는 사도행전을 찾아 함께 읽다 보면 다 연결이 됩니다. 그래서 큐티는 십 분 안에 끝낼 수도 있지만 원하면 세 시간도 할 수 있고, 어떤 때는 관주만 죽 써 내려가는데 하루가 걸릴 수도 있습니다. 그래서 말씀을 깊이 보기 위해서는 관주까지 찾아보며 묵상하는 것이 좋습니다.

Chapter 10

큐티,
씹어 먹기

모든 사람에게 구원을 주시는 하나님의 은혜가 나타나 우리를 양육하시되 경건하지 않은 것과 이 세상 정욕을 다 버리고 신중함과 의로움과 경건함으로 이 세상에 살고 복스러운 소망과 우리의 크신 하나님 구주 예수 그리스도의 영광이 나타나심을 기다리게 하셨으니 그가 우리를 대신하여 자신을 주심은 모든 불법에서 우리를 속량하시고 우리를 깨끗하게 하사 선한 일을 열심히 하는 자기 백성이 되게 하려 하심이라 _딛 2:11-14

아브라함은 믿음의 조상이지만 처음부터 믿음이 좋았던 것은 아닙니다. 하나님께서 갈대아 우르를 떠나 그에게 지시한 땅으로 가라 하셨지만, 사도행전 7장 4절에 보면 "아브라함이 갈대아 사람의 땅을 떠나 하란에 거하다가 그의 아버지가 죽으매 하나님이 그를 거기서 너희 지금 사는 이 땅으로 옮기셨느니라"고 했습니다. 믿음이 좋아서 즉시 순종하고 간 것이 아니라 아버지가 죽으매 떠났다고 합니다. 그 아버지의 이름이 데라인데, "연기(延期)하다"라는 뜻이 있습니다. 아브라함도 하나님의 명령에 순종하는 것을 연기하다가 아버지의 죽음이라는 환난이 오니까 떠난 것입니다.

하나님의 말씀대로 갈대아 우르를 떠난 뒤에도 아브라함은 아직 양육되지 않은 연약한 사람이었기 때문에 창세기 12장에서는 그 땅에 기근이 들자마자 하나님께 묻지도 않고 애굽으로 도망갔습니다. 그리고 한술 더 떠서 부인 사라를 누이라고 속이기까지 합니다. 누이라는 말이 틀린 것은 아니지만 그 상황에서 누이라고 한 것은 엄밀한 의미에서 거짓말이었습니다. 그러나 하나님은 아브라함을 이미 믿음의 조상으로 세우셨기에 내적으로는 심판하시고 외적으로는 가축과 은금을 주셨습니다.

하나님은 아브라함이 남에게 수치를 당하면 다시 이방 땅 갈대아 우르로 도망갈까 봐 육축과 은금을 풍부하게 주신 것입니다. 우리도 주위의 어떤 사람이 잘못된 방법으로 돈을 많이 벌 때, '이것은 하나님의 형벌이구나' 하고 생각해야 합니다. 만세 전부터 택한 사람은 돈을 많이 주어도 하나님의 형벌로 알아듣습니다.

아브라함도 그랬습니다. 그래서 창세기 13장에서는 조카 롯에게 재물을 다 양보함으로 재물 시험을 잘 통과합니다. 하나님은 아브라함에게 재물에 관한 훈련과 양육을 이렇게 시키셨습니다.

그리고 물질에 관한 훈련이 끝나자 오랫동안 또 다른 훈련을 시키십니다. 우리가 아는 대로 은금과 육축은 풍부했지만 아들이 없었던 아브라함에게 하나님께서는 "네 몸에서 날 자가 네 상속자가 되리라"(창 15:4)는 약속을 주십니다. 그러나 아브라함은 그 약속을 기다리지 못하고 하갈에게서 이스마엘을 낳습니다. 그런 연약한 사람이 바로 아브라함이었습니다. 그런데도 하나님은 아브라함에게 언약의 개념인 할례를 허락하십니다.

그러나 아브라함의 하나님은 13년 동안 침묵하셨습니다. 아브라함의 마음이 어떠했겠습니까? 99세가 되어서야 하나님이 나타나시자 아브라함은 순순히 복종하였습니다. 하나님께서는 그때 비로소 구체적인 기한을 알려주시면서 이삭을 주겠다고 하십니다. 그런 일련의 과정을 겪으며 낮아진 아브라함이었기 때문에 이후 하나님이 원하실 때 사랑하는 아들을 아낌없이 드릴 수 있었습니다.

우리도 처음에는 육신의 소원을 가지고 예수님을 믿을 수 있습니다. 그러나 하나님의 양육을 받은 후에는 주님 앞에 모든 것을 내놓을 수 있는 신앙인으로 자라 가야 합니다. 하나님 앞에서는 남편이나 자식 또는 돈과 명예를 다 내려놓아야 합니다.

처음부터 의인이었던 사람은 아무도 없습니다. 우리는 아브라함이나 성경 속 인물을 보면서 '나도 할 수 있다'는 믿음을 가져야 합니다. 우리는 갈 바를 알지 못했지만 하나님의 명령에 순종해서 간 아브라함 이야기를 어려서부터 많이 들었습니다. 그리고 그런 이야기를 들을 때마다 정죄감이 드는 게 사실입니다. 하지만 우리는 우리의 현재가 온전함에 이른 완성의 상태가 아니라 양육과 훈련 과정에 있다는 사실을 기억해야 합니다.

성경을 꿀처럼 달게 먹는 법

성경을 보면 에스겔서 2장 10절에서는 말씀을 '애가와 애곡과 재앙의 말'이라고 했다가 3장 3절에서는 '입에서 달기가 꿀 같다'고 합니다. 성경을 조금씩 골고루 씹어 먹으면 말씀이 소화가 잘 되니 성경이 재미있게 느껴지고, 내 안에 영적인 자양분도 차곡차곡 쌓이게 됩니다. 말씀이 달아집니다. 그렇게 읽은 말씀을 내 삶에 적용하면 가치관도 바뀝니다. 다시 말해 성경을 깨닫고 가르치려고 읽지 않고, 순종하려고 읽으면 꿀같이 달아지는 것입니다.

성경은 예수님이 우리를 구원해주신 사실에 대해 기록하고 있습니다. 구약은 오실 예수님에 대한, 신약은 오신 예수님에 대한 기록입니다. 그리고 그 안에는 죄 가운데 빠져 죽을 수밖에 없는 우리를 구원하신 하나님의 은혜가 가득합니다. 그래서 성경을 골고루 씹어 먹으며 묵상하면 그 은혜를 빠짐 없이 누릴 수 있습니다.

디도서는 바울이 디도에게 주는 목회서신입니다. 바울은 이 서신에서 교회 안의 여러 가지 일들에 대해 "이렇게 해라, 저렇게 해라" 가르치고 있습니다. 하지만 디도서의 핵심은 2장 11절부터 15절까지입니다.

모든 사람에게 구원을 주시는 하나님의 은혜가 나타나 우리를 양육하시되 경건하지 않은 것과 이 세상 정욕을 다 버리고 신중함과 의로움과 경건함으로 이 세상에 살고 복스러운 소망과 우리의 크신 하나님 구주 예수 그리스도의 영광이 나타나심을 기다리게 하셨으니 그가 우리를 대신하여 자신을 주심은 모든 불법에서 우리를 속량하시고 우리를 깨끗하게 하사 선한 일을 열심히 하는 자기 백성이 되게 하려 하심이라 너는 이것을 말하고 권면하며 모든 권위로 책망하여 누구에게서든지 업신여김을 받지 말라 (딛 2:11-15)

바로 복음입니다. 하나님의 은혜로 죄 가운데 있던 우리가 하나님의 '자기 백성'이 되는 것이 디도서의 핵심이자 성경이 말하려는 주제입니다. 선한 사람, 잘난 사람, 똑똑한 사람이 아니라 죄 가운데 사는 모든 사람에게 나타나신 은혜입니다. 말씀묵상에 무슨 특별한 방법이 있는 게 아닙니다. 그저 성령님이 우리에게 깨닫게 해주시는 은혜로 하는 것입니다.

우리 인생도 예수 믿기 전에는 그 자체가 혼돈이었습니다. 그러다 경건의 훈련 이후 예비된 자로 종말론적인 삶을 살 수 있게 되었습니다. 이처럼 모든 사람에게 차별 없이 베푸시는 하나님의 은혜를 깨닫지 못한 사람은 가치관이 변하지 않습니다. 그러므로 여러분은 매일 조금씩 씹어 먹는 말씀묵상을 통해 복음을 마음껏 누리시기 바랍니다.

누구도 피할 수 없는 길

그렇다면 하나님께서는 복음을 깨달은 사람들을 어떻게 양육하실까요? 먼저 하나님은 경건치 않은 것과 이 세상 정욕을 다 버리라고 하셨습니다. 예수 믿고 구원받았다고 해서 하루아침에 의로워지는 게 아닙니다. 예수를 믿는 사람은 버려야 할 것이 아주 많습니다. 그래서 만일 마흔에 예수를 믿었다고 한다면 이전의 가치관을 바꾸는 데 다시 40년이 걸린다고 할 수 있습니다.

모세도 이스라엘 백성을 출애굽시키고 인도하기 위해 40년이나 광야에서 양치기로 훈련받았습니다. 애굽 왕궁에서 40년

간 받은 교육과 가치관을 바꾸기 위해 그만큼의 시간이 걸린 것입니다. 이와 마찬가지로 도저히 구제받을 수 없는 죄인이었던 우리도 구원받고 나면, 날마다 조금씩 세상 가치관을 버리면서 성장하게 됩니다.

베드로후서 1장에 "믿음에 덕을, 덕에 지식을, 지식에 절제를, 절제에 인내를, 인내에 경건을, 경건에 형제 우애를, 형제 우애에 사랑을 더하라"(벧후 1:5-7)라는 말씀이 나옵니다. 우리가 예수를 믿고 나서 다른 사람을 사랑할 수 있는 단계에 이르려면 이렇게 여러 단계를 거쳐야 합니다. 이 단계들을 단번에 뛰어넘을 수 있는 사람은 아무도 없습니다. 예외가 없습니다.

처음에 믿음을 갖게 되면 어디를 가든지 이 믿음을 전하게 됩니다. 그러나 덕을 세우려면 어디서 외치고 어디서 잠잠해야 하는지 알아야 합니다. 그래서 지식이 필요합니다. 그런데 지식이 좀 있으면 절제가 안 되는 것이 우리 인간인지라 지식에도 절제가 필요합니다. 절제에는 정도가 있습니다. 절제 또한 하나님을 위해 하는 것이므로 인내가 필요합니다. 인내가 없으면 절제할 수 없습니다. 그 인내에 경건을 훈련하면 형제 우애가 되고 그다음이 사랑입니다. 결국 믿음의 결론은 사랑으로 끝맺습니다. 그러니 예수 믿자마자 누구를 사랑한다는 것은 정말 어려운 일입니다.

이처럼 내가 남을 사랑하기까지 얼마나 많은 과정과 훈련이 필요한지 알게 되면 남을 함부로 판단하거나 정죄할 수 없게 됩니다. 여러분도 자신이 어느 단계에 와 있는지 한번 생각해보시고, 내게 일어나는 일들을 어떻게 다음 단계로 나아가는 발판으로 삼을지 묵상해보시기 바랍니다.

매일 나에게 일어나는 사건을 말씀으로 해석해보십시오. 그러면 승리하지 못할 싸움이 없습니다. 하나님의 양육 방법에 나를 맡기십시오. 그분은 우리가 경건치 않은 모든 것과 이 세상 정욕을 다 버리고, 근신함과 의로움과 경건함으로 이 세상에서 살게 하시려고 우리를 양육하십니다. 우리를 이 세상에서 의롭고 거룩하게 잘 살게 하시려고 이 세상 것을 버리게 하시는 것입니다.

디도서 2장 13절 말씀처럼, 우리가 하나님의 양육을 잘 받으면 우리의 소망도 복스러운 것으로 바뀌게 됩니다. 남편의 승진과 자식의 대학 합격에 소망을 두었던 삶이, 이제는 가족의 구원과 양육을 소망으로 두는 삶으로 바뀌게 됩니다. 세상에 대한 죽은 소망이 복스러운 산 소망으로 바뀌면서, 내가 처한 모든 환경에서 구주 예수 그리스도의 영광을 나타내는 인생을 살게 됩니다.

그래서 하나님의 양육을 잘 받은 사람은 잘 인내합니다. 자녀가 대학에 떨어져도 '아이가 이제는 고난 가운데서 하나님만 바라보겠구나' 하며 기다리고, 혹 남편이 바람을 피워도 '남편이 이제 드러나는 죄 가운데 있으니 하나님이 구원해주시겠구나' 하면서 기다립니다. 이처럼 하나님은 우리를 세상에서 구별된 삶을 살게 하려고 양육하십니다.

복의 개념이 달라져야 한다

그렇다면 하나님은 어떤 방법으로 우리를 양육하십니까? 성령님이 친히 우리의 스승이 되어주십니다. 그리고 성경을 교과서로, 나의 환난을 기도제목 삼아 한 가지 일이 닥칠 때마다 나의 옛 습성을 버리게 하심으로 훈련시키십니다. 예수님이 아무리 제자들에게 십자가와 고난 그리고 환난에 대해 이야기하셔도 제자들은 알아듣지 못했습니다. 그것은 우리도 마찬가지입니다. 고난을 당해봐야 십자가를 이해하게 됩니다. 그래서 고난이 축복입니다.

우리나라 사람들은 복 받는 것을 얼마나 좋아하는지 모릅니다. 제가 어렸을 때는 밥그릇이나 숟가락마다 '복'(福) 자가 새겨져 있었습니다. 하지만 예수님을 믿고 난 후에는 이 복에 대한 개념을 달리해야 합니다. 성경에서는 복의 개념을 '팔복'으로 설명하는데, 세상이 말하는 복의 개념과 다릅니다. 마태복음 5장에 심령이 가난한 자, 애통하는 자, 온유한 자, 의에 주리고 목마른 자, 긍휼히 여기는 자, 마음이 청결한 자, 화평하게 하는 자, 의를 위해 박해를 받은 자가 복이 있다고 합니다. 그러나 많은 그리스도인이 성경에서 말하는 팔복의 의미를 깨닫지 못한 채 세상 사람들처럼 복을 받으려고 애를 씁니다. 그리고 고난당하는 사람을 볼 때 저주받은 인생이라 생각합니다.

하지만 이제는 보는 눈이 달라져야 합니다. 예수님은 우리를 구원하시기 위해 우리를 대신하여 자신을 주셨습니다(딛 2:14). 나를 구원하기 위해 하나님께서 자신을 내어주는 길을 택하신 것입니다.

저는 우리 주님이 저를 대신해 죽으셨다는 사실을 깨달은 날부터 인생이 달라졌습니다. 그리고 그 후로는 주님의 본을 따라 가족의 구원을 위해 나 자신을 십자가에 못 박게 되었습니다. 여러분도 주님의 십자가를 만나셨다면 가족과 이웃의 구원을 위해 자기 자신이 죽어야 합니다.

하나님의 뜻은 우리가 모든 불법에서 구속되고 깨끗하게 되는 데 있습니다. 그래서 성경은 변함없이 우리에게 거룩하라고 말씀하십니다. 거룩이 무엇입니까. 거룩은 구별된다는 뜻입니다. 우리는 결혼의 목적도 행복이 아닌 거룩에 두어야 합니다. 행복하게 살려고 결혼하는 것이 아니라 구별된 삶을 살기 위해 결혼해야 합니다. 그런데 우리가 인생의 목적을 거룩이 아닌 행복에 두게 되면 세상 사람들과 다를 바 없이 살아가게 됩니다.

행복이 목적이 되니까 생일에 꽃다발 선물 안 한다고 싸우고, 남편이 바람피웠다고 자살 소동을 벌이는 것입니다. 만일 모든 일을 생명과 구원에 두고 생각한다면 세상 사람과는 다른 삶의 태도를 보일 수 있습니다. 다시 한 번 말하지만 인생의 목적은 행복이 아니라 거룩입니다.

이렇듯 인생의 목적을 알면 우리의 시각이 달라집니다. 원수 같은 남편, 속 썩이는 자식도 나를 훈련시키는 사람으로 보게 됩니다. 그래서 '내가 저 사람을 안 만났으면 예수도 모르고 양육도 안 되었을 텐데……' 하고 생각하게 됩니다. 세상 사람들은 도저히 할 수 없는 생각과 적용을 하면서 살게 됩니다. 이렇게 사는 것이 구별된 삶이요, 거룩한 삶입니다.

그리고 믿는 사람들은 세상 사람과는 다른 언어를 사용해야 합니다. 복의 개념을 구별해야 하고 옷을 입어도, 물건을 사도, 음식을 먹어도 그들과는 목적이 달라야 합니다. 만일 나의 가치관이 세상 사람들과 구별되는 바가 없다면 '아직 내게 환난이 부족하구나' 하고 생각하면 됩니다.

하나님이 우리를 훈련시키시는 목적은 선한 일을 열심히 하는 자기 백성이 되게 하려 하심이라고 했습니다. 그러니까 하나님께서 우리에게 이런저런 고난과 훈련을 겪게 하시는 이유는, 나 혼자 잘살게 하려 함이 아니라 선한 일에 열심을 내는 자기 백성으로 만드시려 함입니다. 이것이 하나님의 궁극적인 목적입니다. 그리고 거기에는 누구도 예외가 없어서 이런 과정을 겪지 않고는 주의 일을 할 수 없습니다. 이것이 구속사입니다.

아브라함도 모세도 이 과정을 다 겪었고 다윗도 마찬가지입니다. 이 과정을 거치지 않은 믿음의 사람은 아무도 없습니다.

오히려 많은 환난을 받고 양육 과정이 길었던 사람은 성경에 더 많이 기록되어 있고, 편하게 인생을 살고 간 사람의 역사는 성경에 한 줄로 지나갑니다.

종말론적인 삶을 사는 우리는 누구에게든 이런 이야기를 할 수 있어야 합니다. 그래서 디도서 2장 15절 말씀은 "모든 권위로 책망하여 누구에게서든지 업신여김을 받지 말라"고 합니다. 복음이 내게 확실하게 임하면 누구 앞에서나 그 복음을 전할 수 있게 되고, 누구에게도 업신여김을 받지 않게 됩니다. 우리가 가난이나 병으로 업신여김을 받는 것이 아닙니다. 내게 복음이 확실치 않아서, 내 입에 복음의 말씀이 예비되어 있지 않아서 사람들에게 업신여김을 받습니다.

하나님께 속한 자가 아니면 아무리 성경을 읽고 묵상을 해도 성경의 핵심을 깨닫지 못한 채 교만해질 수 있습니다. 그러나 하나님께 속한 성도들은 성경의 주제가 예수님과 복음, 십자가와 나의 이야기이기 때문에 아무리 읽어도 지나침이 없을 뿐 아니라 깨달음이 깊어집니다.

이른바 '묵상 훈련'이라는 말을 자주 하는데 엄밀한 의미에서 이것은 훈련이 아닙니다. 말씀묵상은 세미나나 단기 코스로 훈련할 수 있는 것이 아닙니다. 사람들은 흔히 단계별로 정해진 성경 묵상반 과정이 끝나면 마치 큐티를 다 이수한 것으로 착각하는데, 말씀묵상은 우리의 생명이 다할 때까지 계속해야 하는 것입니다.

큐티는 일종의 '훈련 프로그램'이 아니라 '날마다 해야 하는 삶의 과정'입니다. 말씀을 묵상하다 보면 혹시나 잘못 적용할까 봐 염려하는 분들이 계신데, 두려워하지 마시고 성령께 지혜를 구하며 읽으시기 바랍니다. 선한 마음으로 하다 보면 성령님이 친히 여러분을 가르쳐주실 것입니다.

Chapter 11

큐티,
내가 주인공 되기

천국은 마치 품꾼을 얻어 포도원에 들여보내려고 이른 아침에 나
간 집 주인과 같으니…… 제십일 시에도 나가 보니 서 있는 사람
들이 또 있는지라 이르되 너희는 어찌하여 종일토록 놀고 여기서
있느냐 이르되 우리를 품꾼으로 쓰는 이가 없음이니이다 이르되
너희도 포도원에 들어가라 하니라 저물매 포도원 주인이 청지기
에게 이르되 품꾼들을 불러 나중 온 자로부터 시작하여 먼저 온
자까지 삯을 주라 하니 _마 20:1-8

나의 약함이 말씀의 능력으로

공부를 뛰어나게 잘하거나 외모가 수려한 것도 아니고, 그렇다고 어디 내세울 만한 특기가 있는 것도 아닌 내 아이가, 말씀마저 제대로 못 알아들을 때 우리는 가슴이 무너집니다. 믿음이 없으면 공부라도 잘하든지, 하다못해 공부를 못하면 믿음이라도 좋아서 신학교에라도 보내고 싶은 게 부모의 마음입니다. 이는 비단 자녀들에게만 해당되는 문제는 아닙니다.

우리는 자신이 남들보다 특별하게 잘난 것도 없고 뛰어난 능력도 없을 때 많은 상처와 열등감을 안고 살아갑니다. 예수를 믿어도 그렇습니다. 세상에서 인정받지 못하고 남편과 자식에게도 인정받지 못해 서러운데, 교회에서도 이렇다 할 직분 하나 받지 못할 때 '내 인생은 왜 이 모양 이 꼴인가' 하는 절망감에 빠집니다.

마태복음 20장에는 우리가 잘 아는 포도원 품꾼의 비유가 나옵니다. 영 시부터 시작해서 십이 시까지가 일하는 시간인데, 주인이 십일 시에 나가보았을 때도 서 있는 사람들이 있었습니다. 그래서 주인이 어찌하여 종일토록 놀고 서 있는지를 묻습니다.

그러자 품꾼들은 자기들을 쓰는 이가 없어서 그렇다고 합니다. 그냥 놀다가 늦게 나온 것이 아니라, 똑같이 일하고 싶은 마음으로 영 시부터 서 있었지만 십일 시가 되도록 아무도 부르지 않았다는 것입니다. 다른 사람들은 쓰이려고 불려 가는데 하루가 다 가도록 불리지 못하는 그 마음이 어땠을까요.

우리도 자신의 무능하고 초라한 모습 때문에 혹은 도대체 어떻게 쓰일지 감이 안 오는 못난 자식 때문에도 그런 곤고함을 맛볼 수 있습니다. 그러나 주님은 그런 자들도 똑같이 포도원으로 들어가게 하셨고, 영 시부터 일한 자들과 똑같은 삯을 주셨습니다.

사람들은 자기 자신에 대한 곤고함이 없으면 겸손해지기 어렵습니다. 그래서 말씀은 심령이 가난한 자들에게 더 풍성해집니다. 그러니 십일 시에 온 사람들에게 한 데나리온의 은혜는 얼마나 감격스러운 것이겠습니까.

이렇듯 나의 잘남이나 못남은 주께서 선하신 뜻대로 쓰시는 것입니다. 남보다 능력이 있어서 영 시 혹은 삼 시에 불려간 사람들은 자신의 능력으로 이미 상급을 받았고, 무능함 때문에 십일 시에 불려간 사람들은 자신의 무능함으로 말할 수 없는 은혜를 누리게 되었습니다.

요한복음 1장에 나오는 것처럼 말씀은 곧 하나님이며, 그 말씀은 만물을 지으셨습니다(1-2절). 그러므로 나 자신도 말씀으로 새로운 생명을 소유하게 됩니다. 나의 생명과 외모와 능력, 아니 내 삶의 모든 것은 말씀으로 오신 예수님 때문에 의미를 갖게 됩니다. 그리고 그 말씀은 나의 곤고함으로 말미암아 더 큰 생명과 가치를 지니게 됩니다. 설령 내가 똑똑하지 않고 직분이 없다 할지라도 나와 내 자녀의 약함 때문에 말씀의 능력이 내 것이 되는 것입니다.

오늘 나에게 주시는 말씀

저는 과거에 한낱 평신도 집사에 지나지 않았습니다. '집사'라고 하면 듣는 분들도 벌써 마음이 편하지 않습니까? 그런데 왜 여러분과 다를 바 없는 저를 여러 집회에서 오라고 했을까요? 그 이유는 간단합니다. 만일 목사님이 훌륭한 설교를 하시면 우리는 '목사님이니까 당연하지' 하는 생각이 듭니다. 하지만 저처럼 평범한 사람이 성경을 읽으면서 깨닫고 적용한 것을 말씀드리면 많은 사람들이 도전을 받고 자신감을 갖게 됩니다.

전에 같은 교회를 섬기던 어떤 집사님은 저더러 왜 집사님만 잘 깨닫느냐며 얄밉다고 하시더군요. 그런데 그분이 목사님에게 가서 "목사님, 얄미워요" 하지는 않습니다. 이미 우리 마음에 목사님을 높은 자리에 놓고 그저 말씀은 목사님만 깨닫는 거라고 생각하기 때문입니다. 그리고 성도는 목회자만 따르면 되는 양 자기가 할 바를 목사님에게 다 떠넘깁니다.

성철이라는 유명한 스님은 자신도 많은 고행을 하지만, 자기를 만나려는 사람이 대통령일지라도 삼천 번 절을 해야 만나주는 대단한 분이었습니다. 그래서 보통 사람들은 그 스님을 오히려 먼 사람처럼 느끼고, 그분이 가시는 고행의 길 또한 그저 훌륭한 스님이나 할 일이라 여깁니다. 그러나 저 같은 평범한 사람의 간증을 들으면 "저분도 저렇게 성경을 열심히 읽는데 내가 못 읽을 것이 뭐 있나" 하고 도전을 받습니다.

말씀을 전할 때마다 느끼는 것이지만, 성경을 깨닫는 지혜가 학력에 있지는 않은 것 같습니다. 오히려 공부를 많이 한 분보다 그렇지 않은 분들이 성경을 더 잘 깨닫는 경우가 많습니다. 그만큼 예수 믿는 데는 차별이 없는 것입니다.

우리는 만인 제사장이기 때문에 모두가 성경을 읽어야 합니다. 목회자든 평신도든 똑같이 '선한 일을 열심히 하는 자기 백성'(딛 2:14)이 되어야 한다는 것이 성경의 요점이기 때문입니다. 그럴 때 비로소 성경 말씀이 머나먼 옛날이야기가 아닌, 하나님이 오늘 나에게 주시는 말씀이 됩니다.

그리고 유다가 예수님을 판 일이나 베드로가 예수님을 부인한 사건 또는 요한이 누가 더 큰 자냐고 싸움한 이야기를 통해 바로 내 속에 있는 제자들의 약한 속성을 깨닫게 됩니다. 성경이 바로 오늘을 사는 나의 이야기가 되는 것입니다.

오늘을 사는 나의 이야기

우리는 말씀에서 유다가 예수님을 파는 장면을 볼 때, '나는 생전 예수님을 팔아먹은 적도 부인한 적도 없기 때문에' 그 말씀을 내게 주시는 것으로 여기지 못합니다. 그러나 잘 생각해보면 우리 역시 백화점 세일 기간에 물건을 사러 간다거나, 친구와 밥을 먹느라 성경공부를 빼먹은 일이 있을 것입니다. 그렇다면 우리도 물건 하나, 밥 한 끼에 예수님을 판 것입니다.

말씀을 적용할 때는 다른 사람이 아닌 자기 자신에게 적용해야 합니다. 말씀을 읽거나 설교를 들을 때 '이 구절은 우리 시어머니가, 저 말씀은 우리 남편이 들어야 하는데' 하고 아쉬워하는 분들을 종종 뵙는데, 말씀을 볼 때는 언제나 내게 주시는 음성으로 여기셔야 합니다.

저는 남편이 죽은 뒤 말씀을 묵상하다가 하나님의 큰 위로를 얻은 적이 있습니다. 그때 제가 본 말씀이 베드로전서였습니다. 하나님은 남편과 사별한 뒤 제가 날마다 말씀 보고 순종한 것을 칭찬해주셨습니다. 아내의 행실로 구원을 얻는다는 말씀을 통해 저를 위로해주셨고, 이와 같이 아내 된 자들을 향해 남편에게 순종하라고 말씀하셨습니다(벧전 3:1). 남편의 구원을 위해서는 설령 자기보다 덜 똑똑하거나 능력이 없고 심지어 성격이 괴팍해도 순종해야 한다는 것입니다. 그래도 아내들의 고난을 그리스도의 고난과 비교해주셨다는 것이 얼마나 큰 영광입니까.

부부 질서의 우선순위는 남편에게 있습니다. 남편의 인격에 순종하는 것이 아니라 남편의 역할에 순종해야 합니다. 그리고 아내의 역할에 잘 순종하는 분들은 남편 사업이 망해도, 자녀가 대학에 떨어져도, 병에 걸려도 크게 놀라지 않습니다. 오히려 그로 인해 심령이 가난해지니 감사히 여깁니다. 예수 믿는 사람들은 먼저 남편에게 순종하는 것으로 다른 사람에게 본을 보여야 합니다.

제가 이런 말씀을 드리면 많은 남편이 아내를 집회에 데려오지 못한 걸 후회하시는데, 이어서 나오는 베드로전서 3장 7절 말씀을 보면 그 마음이 좀 수그러들 것입니다.

> 남편들아 이와 같이 지식을 따라 너희 아내와 동거하고 그를 더 연약한 그릇이요 또 생명의 은혜를 함께 이어받을 자로 알아 귀히 여기라 이는 너희 기도가 막히지 아니하게 하려 함이라 (벧전 3:7)

이처럼 남편들도 지켜야 할 말씀이 있습니다. 여자들은 순종만 하면 되지만 남편들은 순종보다 어려운 사랑을 실천해야 합니다. 성경에서는 아내들이 남편에게 순종해야 하는 이유가 두려운 일에 놀라지 않기 위해서라고 했습니다. 그러나 남편은 기도가 막히지 않도록 아내를 사랑하라고 합니다.

결국 아내가 자신을 위해 순종하는 것에 가깝다면 남편들은 영적인 생활이 막힐 수 있는 위험을 피하기 위해서라도 아내를 사랑해야 하는 것입니다. 그러나 이 말씀은 남편이나 아내에게만 한정된 것이 아닙니다. 그리스도의 신부 된 우리 모두가 받아들이고 순복해야 하는 말씀입니다.

저는 이 책을 읽는 단 한 사람이라도 말씀묵상을 시작한다면 책을 쓴 보람이 있다고 생각합니다. 저 한 사람을 통해 많은 사람이 큐티를 하게 된 것처럼 저는 그 한 사람이 결국 교회를 세워나가고 또 많은 사람을 전도할 것을 믿기 때문입니다. 각 사람이 가진 영향력은 결코 작지 않습니다. 저는 여러분이 그 '한 사람'이 되기를 간절히 바랍니다.

다른 어떤 성경공부보다 말씀묵상은 참으로 좁은 길입니다. 잘할 것 같아도 계속 유지하기가 참 어렵습니다. 제가 이렇게 거듭 어렵다고 이야기하는 것은 앞으로 큐티가 잘 안 될 때 낙심하지 말라는 뜻이니 잘 새겨들으시기 바랍니다.

Chapter 12

큐티,
작심삼일 극복하기

여호와께서 모세에게 말씀하여 이르시되 이스라엘 자손에게 명
령하여 내게 예물을 가져오라 하고 기쁜 마음으로 내는 자가 내게
바치는 모든 것을 너희는 받을지니라 …… 내가 그들 중에 거할
성소를 그들이 나를 위하여 짓되 무릇 내가 네게 보이는 모양대로
장막을 짓고 기구들도 그 모양을 따라 지을지니라 _출 25:1-9

말씀의 은혜 안에 들어가려면

저는 말씀을 전할 때 '어떻게 하면 사람들이 좀 더 쉽게 성경을 읽을 수 있을까'를 늘 생각합니다. 더 많은 분이 성경을 쉬지 않고 읽어 자기 삶에 적용할 수 있도록 돕고 싶은 것이 제 소망이기 때문입니다.

우리 삶에 역사하시는 하나님의 음성을 듣게 되면, 우리는 다른 어떤 것보다도 큰 능력을 경험하게 됩니다. 그래서 말씀묵상이 곧 능력인 것입니다. 그러나 성경을 그저 역사책처럼 죽 읽는 것을 묵상이라고 하지는 않습니다. 말씀묵상은 성경을 구속사로 해석하며 깊이 읽는 것을 의미하기 때문입니다.

말씀을 깨닫는 지혜는 학력에 있지 않습니다. 오직 성령이 함께하시면 그 뜻을 잘 알아들을 수 있습니다. 대개 말씀이 어려워서 지속적인 묵상을 못 한다고 하는데 그렇지 않습니다. 사람들이 말씀묵상을 포기하는 궁극적인 이유는 말씀을 깨닫기까지 오랜 시간이 걸리기 때문입니다.

사실 한국 교회에서 제일 안 되는 것이 이 말씀묵상입니다. 단기간에 끝나는 성경공부나 자기 열심으로 하는 봉사활동은 다들 잘하는데, 자신의 내면에 말씀으로 성전을 짓는 일에는 쉽게 갑갑증을 느낍니다. 그래서 오랜 시간을 들여 조용하고 은밀하게 주의 음성을 들어야 하는 말씀묵상을 하기보다는, 손쉽게 자기 의로움과 자기 열심으로 할 수 있는 신앙생활을 택합니다.

큐티는 그러한 본성을 가진 나를 하나님이 양육해가시도록 기다리며 그분의 음성을 듣는 것입니다. 매일 "이렇게 해라, 저렇게 살아라" 하고 가르쳐주시는 하나님의 음성을 듣는 것입니다. 그렇기 때문에 큐티를 처음 시작하는 분들은 당장 큰 것을 깨닫고 적용하려 하기보다는 사소한 것부터 내가 깨달은 만큼 적용하는 것이 좋습니다. 그것이 말씀의 은혜 안에 깊이 들어가는 비결입니다.

신앙의 단계 점검해보기

출애굽기 25장부터 성막에 관한 이야기가 수십 장에 걸쳐 나옵니다. 성막을 짓는 데 광이 몇 규빗, 고가 몇 규빗, 장이 몇 규빗이라고 설명하는데, 그 말씀을 읽다 보면 그게 지금 나와 무슨 상관인가 싶습니다. 거기에 등대가 어떻고, 떡 상이 어떻고, 고리가 몇 개고, 은으로, 금으로, 홍색 실에 자색 천까지 나오면 도대체 어떤 적용을 해야 할지 모릅니다. 그러나 그것도 구속사로 읽으면 하나님께서 오늘 내게 주시는 음성으로 들을 수 있게 됩니다.

그리고 성전을 짓는 본문이 나오면, 성전 짓는 일에 이렇게 구체적으로 말씀해주셨으니 나도 성전인 내 몸을 거룩하고 구별되게 가꾸어야겠다고 적용할 수 있습니다. 우리 마음에 성전을 짓기 위해서는 듣기 싫은 소리도 들어야 하고, 하고 싶은 것이 많더라도 말씀에 순종하여 버릴 것은 버려야 합니다. 버리기가 싫으니까 말씀이 어렵고 읽기가 어렵습니다. 또 이 부분은 분량도 얼마나 많은지 모릅니다.

그렇게 길고 힘든 시간을 보내고 좀 경건해졌다 싶을 때가 되면 여호수아서에 이르게 됩니다. 여호수아서는 우리에게 영적 전쟁을 하라고 합니다. 그러나 아무 때나 전쟁을 하는 것이 아닙니다. 내가 훈련을 잘 받아 양육이 되면 전쟁을 치를 능력이 생깁니다. '선한 일을 열심히 하는 하나님의 자기 백성'이 되는 것입니다.

처음에 예수 믿을 때는 주위 사람들의 격려로 믿음생활을 하게 되지만, 차차 신앙 때문에 핍박도 받고 전쟁도 치르게 됩니다. 광야생활을 거치면서 애굽에서의 노예근성, 즉 예수 믿기 전의 가치관들을 다 버리고 영적 지경을 넓히기 위해 싸워야 하는 것입니다.

여러분은 믿음의 단계, 지식의 단계, 인내의 단계 중 어느 단계에 와 있습니까? 나를 하나님의 성전으로 지어가시는 과정이 너무 길고 고달프다고 가나안을 향해 나아가는 여정을 포기하시겠습니까? 내 신앙의 단계가 어디인지 깊이 묵상해보십시오. 그리고 지금 나에게 주신 사건이 어느 단계로 나아가게 하기 위한 것인지 잘 적용해보시기 바랍니다.

환경에 장사 없다

말씀묵상을 지속적으로 하기 어렵게 만드는 것 중 하나가 편안한 환경입니다. 힘든 일을 당하고 마음이 곤고할 때는 말씀 한 절 한 절에서 은혜를 받지만, 일이 풀리고 상황이 편안해지면 조금씩 말씀에 둔감해지게 됩니다.

제가 아는 한 집사님은 오래전부터 큐티 모임에 나와서 말씀묵상을 하셨습니다. 그 집사님은 음대를 나와 교수를 하기도 했고, 남편은 치과의사였으니 외적으로는 전혀 부족함이 없었습니다. 그러던 어느 날 남편의 주식 투자 실패로 빚더미에 앉아 60평 아파트에서 살던 네 식구가 오피스텔 원룸에서 생활하게 되었습니다.

그런데 그 집사님 하는 말이, 완전히 망해서 방 한 칸 집으로 쫓겨 가고서야 말씀이 제대로 들렸다는 것입니다. 그분의 남편 집사님은 여전히 주식에서 손을 놓지 못하고 여전히 방 한 칸짜리 오피스텔에 살았지만, 부인 집사님의 얼굴은 늘 환하고 편안해 보였습니다.

그분은 남편이 말씀을 잘 깨달아 믿음이 회복되기만을 기도드리며 다른 지체들을 섬기고 있습니다. 그러면서 혹 다시 잘살게 되면 자신이 연약해서 말씀을 붙잡고 살기 어려울 수 있기 때문에 아직은 힘든 환경에서 훈련받아야 한다고 말씀하십니다.

역시 환경에는 장사가 없는 법입니다. 그러나 평소 말씀을 지속적으로 묵상하며 스스로 무장한 사람들은 육적으로 편한 환경이 영적으로는 위기라는 것을 알기에 경계를 늦추지 않습니다.

함께하면 배가 되는 은혜

큐티를 혼자 하기가 정 힘드신 분들은 함께 모여 큐티하는 모임에 나가는 것도 좋은 방법입니다. 지체들과 교제하려면 그날 본문 말씀이 무엇인지는 알아야 하기 때문에 말씀을 보게 됩니다. 그리고 모임에 나가게 되면 혼자 묵상할 때는 깨닫지 못했던 것을 알게 되기도 하고, 다른 지체가 적용하는 것을 보고 도전받기도 합니다. 사실 저도 큐티 모임의 인도자였지만, 저보다 힘든 상황에서도 어떻게든 말씀을 붙잡고 살아가는 지체들을 보면서 회개할 때가 많았습니다.

매서운 시집살이를 하면서 남편의 병간호까지 하던 집사님이 있었습니다. 집사님은 누구보다 열심히 교회에 다니면서 전도도 하고, 목사님 말씀을 하나님이 하시는 말씀으로 알고 순종했습니다. 그러나 끝내 남편은 먼저 세상을 떠났고, 아무런 능력이 없는 집사님은 남편도 없는 시집살이를 계속해야 했습니다. 아직 시부모님을 전도하지 못했고, 남편이 하나님을 믿긴 했지만 결국 세상을 떠나버렸으니, 처음에는 그 현실이 받아들여지지 않아 '내가 그렇게 열심히 기도하고 전도했는데 왜 하나님은 응답해주지 않으셨을까' 하고 하나님을 많이 원망했다고 합니다.

그런 와중에 집사님이 저희 큐티 모임에 나오시게 되었습니다. 그리고 큐티를 하면서 하나님의 기도 응답이 병의 치유가 아니라 남편이 구원받고 천국 간 것이었다는 사실을 깨닫게 되었습니다.

비록 남편의 병이 낫지는 않았지만, 그 병 때문에 예수 믿고 천국 갔으니 그것만큼 큰 응답이 없다는 사실을 알게 된 것입니다. 그래서 이전에 남편의 병 낫기를 소망하며 내던 열심을 이제 구원 때문에 순종하고 인내하고 기도하는 삶에 쏟게 되었습니다.

하지만 그럼에도 집사님의 고난은 끊이지 않았습니다. 무서운 할머니 밑에서 하인처럼 사는 엄마를 본 고3 딸이 분노하며 빗나갔습니다. 학교에 안 가는 날이 늘었고 가출을 하는가 하면 다른 아이들을 때리기도 했습니다. 그리고 심각한 우울증에 시달렸습니다. 집사님은 딸을 부둥켜안고 함께 아파하며 하나님께 더 매달렸습니다.

그러던 어느 날, 딸아이의 임신 사실을 알게 되었습니다. 정말 눈앞이 캄캄해졌습니다. 호랑이보다 무서운 시어머니 아래 남편 없이 사는 집사님이, 임신한 열아홉 살 딸아이를 거둬야 했으니 얼마나 막막했을까요. 울면서 제게 전화를 걸어왔을 때 저도 함께 울 수밖에 없었습니다.

하지만 저나 집사님은 하나님의 뜻을 너무나 잘 알고 있었습니다. 그래서 믿음을 가지고 말씀으로 하루하루 인도받았습니다. 임신했으니 아이는 낳는 것이 당연했지만 꼭 결혼을 해야 하는 것은 아니었습니다. 그런데 아이를 낳기로 하는 과정에서 딸아이를 임신시킨 남자아이가 교회에 열심히 나오면서 회심하게 되었습니다. 그러니 믿는 자로서 결혼을 하는 것이 마땅했습니다.

하지만 아직 어린 데다가 말썽만 피우고 공부도 제대로 하지 않던 아이 둘을 결혼시키려니 참 많은 분을 설득해야 했습니다. 남자친구의 부모님은 당혹해하시며 모든 일이 조용히 처리되기를 바랐습니다. 그러나 일이 어떠하든 아이는 하나님께서 주신 생명이었기 때문에 포기할 수 없었습니다. 저와 집사님은 같은 마음으로 간절히 기도했습니다. 어떤 날은 남자친구네 집 앞에서 하루종일 기다리기도 했습니다. 그렇게 눈물로 애원한 끝에 결혼 허락을 받을 수 있었습니다.

시간이 지나 딸아이는 결혼을 하고 아들을 낳았습니다. 집사님은 결혼 전 약속대로 철없는 딸과 사위 그리고 어린 손자까지 떠맡아야 했습니다. 그러나 집사님 주위에는 그런 곤고한 짐의 무게를 이겨낼 수 있는 많은 열매가 있었습니다. 딸의 비행 때문에 학교에 불려 다니다 만난 선생님들을 전도하게 되었고, 그 선생님들의 요청으로 정기적인 모임이 생겨나게 되었습니다. 야간 상업고등학교를 나오신 집사님이 중고등학교 선생님들에게 말씀을 전하고 가르치게 된 것입니다.

그뿐만 아니라 집사님은 교회나 동네 사람들, 가난하고 아프고 힘든 사람들에게 말씀을 전하고 말씀묵상의 중요성을 가르쳤습니다. 한 번 전하는 데서 그치지 않고, 전화 심방을 하고 지속적으로 만나면서 함께 울고 웃으니 많은 열매가 나타났습니다.

그렇다고 그분이 시간이 많거나 환경이 자유로웠던 것은 아닙니다. 저희 모임과 사무실 모임에 참석하는 이들을 위해 일주일간 시부모님을 더 극진히 모셔야 했고, 집안일도 더 신경 써야 했습니다. 게다가 딸과 사위, 손자 돌보는 일에도 더 열심을 내야 했습니다.

어떤 날은 모임에 오셨다가도 시부모님 식사를 차려드리기 위해 허겁지겁 달려가시고, 아직 몸조리가 필요한 딸아이와 손자 때문에도 수시로 달려가셔야 했습니다. 그럼에도 그분은 지체들과의 모임과 교제를 무엇보다 귀하게 여기셨습니다.

그런 걸 보면 우리가 말씀을 꾸준히 보지 못하는 이유가 우리 안에 낮고 곤고한 마음이 없어서 그런 게 아닌가 싶습니다. 믿는다고 하지만 막상 말씀을 묵상하면서 영적인 자유를 부르짖다 보면 어떤 정기적인 모임에 꼭 참석해야 하는 것에 거부감을 느낄 수도 있습니다. 그러나 저나 여러분이나 다 연약한 존재이기 때문에 모임과 교제를 통해 서로 사랑의 줄로 매지 않으면 안이해지기 쉽고, 힘든 일이 있을 때 쉽게 쓰러지게 됩니다.

찬송가 중에 "내 주를 가까이 하게 함은 십자가 짐 같은 고생이나"라는 가사가 있습니다. 말씀을 묵상하는 큐티도 십자가를 지는 것과 같은 고생입니다. 그러나 십자가는 세상 근심으로 인한 짐이 아니라, 생명과 구원의 길로 인도하는 영광의 짐입니다. 어렵더라도 포기하지 말고 마지막까지 말씀의 십자가를 잘 지고 가시기를 바랍니다.

Chapter 13

큐티,
삶으로 살아내기

오직 여호와의 율법을 즐거워하여 그의 율법을 주야로 묵상하는
도다 _시 1:2

말씀의 하나님 알아가기

말씀을 묵상하다 적용 단계에 이르면 사람마다 차이가 납니다. 은혜를 깨닫지 못한 사람과 은혜를 깨닫고 양육 받은 사람의 적용이 다르고, 종말론적인 인생을 사느냐 못 사느냐에 따라 그 적용 또한 다릅니다. 그래서 여기서는 문자적인 적용부터 좀 더 깊은 구속사적인 적용까지 다뤄보려고 합니다.

초등학생과 대학생 자녀를 둔 아버지가 똑같이 가훈에 대해 이야기해도 어린 동생은 형만큼 알아듣지 못합니다. 그래도 날마다 듣다 보면 가훈에 대해 알게 되고, 점점 형만큼 깨닫게 됩니다. 마찬가지로 하나님께 속한 사람은 보혜사 성령님이 각자의 마음속에 오시기 때문에 자연히 말씀을 사모하여 율법을 주야로 묵상하게 됩니다. 그리고 여호와의 율법, 즉 말씀이신 하나님을 알아가고 사랑하게 됩니다.

하지만 율법이신 하나님을 사랑하는 데는 일정한 법칙이 있습니다. 내 마음대로 아무렇게나 하나님을 사랑하는 것이 아니라 규례와 규칙을 지켜야 합니다. 그러한 규칙이나 법 없이 내 마음대로 하게 되면 그것은 이미 방종이 됩니다. 그래서 일단 '하나님께는 이렇게 법이 있구나' 하고 적용하는 것이 문자적인 적용입니다.

또 하나님께서는 율법을 즐거워함으로 그 율법을 주야로 묵상하는 자를 기뻐하시니, 나도 일주일 동안 열심히 말씀을 묵상해서 하나님을 즐겁게 해드려야겠다는 식의 적용도 괜찮습니다.

각자가 자기 나름의 적용을 하면 됩니다. 그리고 좀 더 수준이 높은 사람이라면 1년간 꾸준히 말씀묵상을 하겠다고 적용하셔도 됩니다.

재수생 모임을 인도하던 시절, 시편 1편을 묵상하면서 학생들에게 앞으로 평생 하루도 안 빠지고 말씀을 묵상할 사람은 손들어 보라니까 일곱 명 정도가 손을 들었습니다. 참 대견하고 감사했습니다. 그렇게 평생 말씀을 묵상하기로 작정한 아이들은 나중에 큐티를 그만뒀을 때 행여 고난이 온다면, 자기가 약속한 것을 지키지 않아서 그런가보다 싶어 다시 큐티를 하게 될 것이고, 믿음을 회복하게 될 것입니다.

그날 성령님이 제게 뜨거운 마음을 주셔서, 아이들이 우리나라에서 자기 분야의 일인자가 되게 해달라는 기도를 했습니다. 평소 제가 환난당한 자들은 즐거워하라는 말을 늘 했기 때문에 다들 제 기도에 놀라는 눈치였습니다. 그 후 아이들이 모두 열심히 큐티를 했는데 한 아이만 유독 하다 말다 했습니다. 저는 그 아이가 자신이 약속한 바를 언젠가는 지킬 거라고 생각합니다.

그러나 큐티를 할 때는 율법적으로 '하루도 안 빠지고 해야지' 하는 마음보다 주께 진정한 산제사를 드린다는 생각으로 꾸준히 하는 것이 중요합니다. 구속사적으로 적용해보면, 우리가 주님을 사랑한다고 하지만 과연 여러분은 얼마나 깊이 하나님을 사랑하고 얼마나 자주 주님을 만나십니까?

구속사로 말씀 적용하기

남녀가 연애를 시작하면 만났다가 돌아서면 금세 다시 보고 싶고, 혼자 있을 때는 서로 나누었던 이야기를 떠올리면서 끊임없이 상대방을 묵상합니다. 그러다 상대가 입고 나왔던 옷이 마침 내가 좋아한다고 말했던 빨간색이었으면, 상대가 날 좋아하는구나 하면서 행동언어까지 추리하게 됩니다.

그렇게 그 사람의 말과 차림과 표정 등을 기억하면서 밤을 지새우다 그 사람이 나를 사랑한다는 쪽으로 결론을 내리면 상대에게 더 잘하게 됩니다. 확신이 들기 전에는 이것저것 따졌는데 확신이 선 뒤에는 뭐든 다 곱게 보입니다. 어디 그뿐입니까. 비빔밥을 먹고 싶어도 애인이 설렁탕을 먹고 싶어 하면 기꺼이 설렁탕을 먹습니다. 더욱이 나보다 월등하게 나은 사람이 나를 좋아해준다면 그 자체가 감격스러워서라도 잘하지 않겠습니까.

큐티 모임의 모체가 되었던 구역 모임에서 제가 처음 큐티를 권했을 때 아무도 제 말을 듣지 않았습니다. 그래서 다들 '왜 안 해오시나' 곰곰 생각해보니, 구역장인 제가 구역 식구들보다 나은 게 없기 때문이란 걸 알게 되었습니다. 그분들이 제가 나온 대학을 안 나온 것도 아니고 제가 있는 집이 없는 것도 아니었으니, 굳이 제 말을 들을 이유가 없었던 것입니다.

그때 딱 한 분이 저의 뜻을 받아들이고 따라주셨는데, 앞에서도 언급한 미용실 집사님입니다. 그 집사님은 초등학교만 졸업한 자신을 구역 식구로 받아준 것만 해도 너무 감사했다고 말씀하시지만, 사실 저는 그분이 열심히 말씀을 공부해오셔서 그중에서 제일 똑똑한 분으로 알았습니다.

그분이 어찌나 제 말을 잘 따르셨는지 하루는 구역예배 도중에 제가 남편과 통화하는 내용을 외우셨다가 자기 남편에게도 똑같이 할 정도였습니다. 당시 제가 남편의 구원을 위해 무조건 순종하고 섬긴다는 것을 아시고 제 목소리와 태도, 심지어 모양까지 배우려고 하셨습니다. 또 제가 어떤 책을 읽었다고 하면 조용히 책을 구입해 밤을 새워서라도 읽을 정도였습니다. 그러다 보니 저도 그분이 좋아졌고 둘은 단짝이 되었습니다. 옛날 같으면 어려운 일이었겠지만, 주 안에서 교제하니까 학벌과 상관없이 서로 친구가 되었습니다.

제가 그분을 처음 만난 건 그분이 남편과 이혼을 하려던 때였습니다. 그래서 제가 상담을 하면서 구역 모임을 권했습니다. 그 후 집사님은 구역예배에 나와 함께 말씀을 보고 큐티를 통해 삶에 적용하는 법도 배우기 시작했는데, 말씀에 대한 사모함과 갈급함이 참으로 대단했습니다. 그래서 주일에는 교회에 가기 위해 미용실 문을 닫고, 금요일에는 구역예배에 나오기 위해 미용실 문을 닫았습니다.

게다가 날마다 큐티한 내용을 바탕으로 미용실에 오는 손님들을 전도하셨습니다. 당시 집사님은 집도 없이 미용실도 세 들어 살았기 때문에, 집사님이 미용실 문을 닫고 예배드리러 가면 많은 사람이 주제를 모른다며 손가락질했습니다.

그즈음 어느 권사님이 집사님의 미용실에 들르셨는데, 이분이 하도 성경을 잘 알고 전도도 열심히 하니까 어떻게 말씀을 그렇게 잘 아는지 어디서 양육을 받았는지 물으셨습니다. 그래서 집사님이 그동안의 일들을 죽 이야기했더니, 권사님이 그 간증에 은혜를 받으셔서는 집사님을 미국에 초청할 테니 와서 죽어가는 미국의 영혼을 깨워달라고 부탁했습니다. 그렇게 권사님의 초청으로 미국에 건너간 집사님은 지금 뉴저지의 공기 좋은 곳에서 남편과 행복하게 살고 계십니다.

언젠가 그 남편분이 한국의 큐티 모임에 와서 간증을 하셨는데, "내가 아내를 때리고 별짓을 다했는데도 우리 집사람이 너무 순종적이어서 내가 사람이 되었다"며 처음부터 끝까지 "우리 집사람, 우리 집사람" 하고 자랑하셨습니다. 집사님의 남편도 공부를 많이 하신 분은 아니지만, 금속 기술자로 성실하게 일하면서 미국에서 고액 연봉자로 지내신다고 합니다.

'여호와의 율법'은 여호와께서 곧 율법이심을 의미합니다. 예수님을 사랑한다면 당연히 율법인 말씀을 보고 싶어 해야 합니다. 저도 성경을 읽고 묵상한 것을 큐티 책에 깨알같이 쓰고, 그것도 모자라 종이를 덧붙여서 더 씁니다. 여러분도 사랑하는 애인에게 연애편지 쓰듯 묵상한 내용을 써보시기 바랍니다.

문장 주어 찾기

이 땅에 살면서 자녀나 배우자 또는 거주지와 질병, 하다못해 진로나 구원의 문제 등으로 고민하지 않는 사람은 한 명도 없을 것입니다. 하지만 말씀에 형통하게 해주신다고 했으니 형통하게 하고 싶은 문제들을 써보는 겁니다. 그리고 그렇게 해주실 것을 있는 그대로 믿는 것입니다. 다른 것이 필요 없습니다.

그런데 이게 어렵습니다. 적어놓고도 '정말 내 병이 나을까, 그렇게 쉽게 낫겠어' 하고 의심합니다. 그렇다면 왜 말씀이 믿어지지 않는 걸까요?

바로 "시냇가에 심은 나무가 철을 따라 열매를 맺으며"라는 말씀이 그에 대한 답입니다. 이 말은, 시냇가에 심은 나무도 가뭄과 홍수를 피할 수는 없지만, 홍수가 날 때는 넘치는 물을 뿌리 밑으로 뿜어 내리고, 가뭄이 오면 모자라는 물을 위로 뿜어 올리기 때문에 어떠한 고난에도 형통할 수 있다는 것입니다.

그렇다면 우리가 계속 살펴보는 말씀의 주어는 무엇입니까? 바로 1절에 나오는 '복 있는 사람'입니다. 이 복 있는 사람은 3절의 '그'와 동일인으로, 곧 여호와의 율법을 즐거워하여 그 율법을 주야로 묵상하는 이를 말합니다. 동시에 '시냇가에 심은 나무'입니다. 이를테면 '그'와 '복 있는 사람' 그리고 '율법을 묵상하는 자', '시냇가에 심은 나무'는 같다고 볼 수 있는 것입니다.

그러나 말씀을 묵상하지 않는 이의 삶은 형통할 수 없습니다. 시냇가에 심은 나무가 철을 따라 열매를 맺는 것처럼 말씀에 뿌리를 내리고 살아가는 사람만이 어떤 일이 생길 때마다 물을 뿜어 올리기도 하고 뿜어 내리기도 하기 때문입니다. 말씀으로 내 문제를 모두 해결할 수 있습니다. 이는 다른 말로, 말씀묵상을 하지 않으면 나의 여러 가지 문제가 해결되지 않는다는 것을 의미합니다.

우리에게 다가온 여러 문제는 주께 맡기면 됩니다. 구원의 때와 기한은 아버지께서 자기 권한에 두셨기 때문에 내 가족의 구원에 대해서도 하나님을 신뢰하면서 그저 걸어가면 됩니다. 자녀의 입시 문제도 마찬가지입니다.

저는 예전에 우리 주님이 학벌이 없는 분이었다는 사실에 은혜를 받았는데, 요즘은 '정말 우리 아이들이 성경만 잘 깨닫는다면 굳이 대학에 안 가도 되지 않을까' 하는 생각으로 변했습니다. 이 세상 학문도 주님을 믿어야 꽃을 피우게 되기 때문입니다. 우리 아이들이 이런 진리를 믿는다면 대학을 가고 안 가고가 대수겠습니까? 우리는 복된 소망을 가져야 합니다.

또 배우자를 찾지 못해 걱정하시는 분들은 우리 주님을 보십시오. 주님은 미혼이셨고 사도 바울 역시 할 수만 있으면 혼자 살라고 했습니다. 우리는 혼자 살건 결혼을 하건 하나님 뜻대로 살기를 소원해야 하는 사람들입니다. 그렇기 때문에 결혼하지 못해서 안타까워할 것이 아니라 결혼을 기도제목으로 놓고 주실 줄 믿으며 기도하십시오.

집이 없는 분들은 "여우도 굴이 있고 공중의 새도 거처가 있으되 인자는 머리 둘 곳이 없다"(마 8:20)라고 하신 예수님을 바라보며 위로받으시기를 바랍니다. 주님은 이 땅에 만왕의 왕으로 오셔서 가진 것도, 누린 것도 없으셨지만 많은 사람의 사랑을 받으셨습니다.

질병 문제도 마찬가지입니다. 열왕기하 20장에 보면 암에 걸린 히스기야가 무화과 반죽을 발라서 병이 나은 후에 얼마나 많은 죄를 지었는지 모릅니다. 예수님도 38년 된 병자를 고쳐주시면서 가서 심한 것이 생기지 않게 다시는 죄를 짓지 말라고 하셨습니다. 병을 고쳐주시면서 심히 죄를 지을까 봐 걱정하십니다.

세상이 악하기 때문에 이 악한 세상에서 데려가는 것이 우리를 보호하는 길일 수도 있습니다. 이 악한 세상에 오래오래 살면서 심한 고통을 받는 것이 하나님의 뜻이 아닐 수도 있습니다. 세상에 있는 자기 사람들을 사랑하시되 끝까지 사랑하시는 하나님을 신뢰한다면 죽고 사는 문제에 매일 필요가 없습니다(요 13:1 참조).

세상 사람들은 병 때문에 죽게 된 사람에게 가서 앞으로 건강해질 테니 염려하지 말라고 이야기합니다. 아무 대책도 없이 책임지지 못할 말로 위로하는 것입니다. 그리고 그 말을 듣는 사람은 그 말이 무슨 진리인 양 좋아하며 믿으려 합니다.

그러나 예수 믿는 사람은 그럴 때 가서 올바른 복음을 전해주어야 합니다. 하나님을 알지 못하는 인생이기에 근본적인 치료책을 이야기하면 다들 싫어합니다. 그래서 우리가 마음을 비우지 않고서는 말을 하기가 어렵습니다.

저도 사실 망할 수밖에 없던 사람이었습니다. 내가 왜 이러고 살아야 하나 싶은 마음이 줄기차게 일었지만 그때마다 예수님을 묵상하면서 위로를 받았습니다. 그랬기 때문에 저는 시냇가에 심은 나무처럼 승리할 수 있었습니다.

남편과도 일찍 사별한 데다 아이들은 입시에서 계속 떨어지고 질병의 고통도 찾아왔습니다. 하지만 저는 고난을 통해 하나님을 알고 누릴 수 있었으며, 하나님의 증인으로 많은 사람 앞에 설 수 있었습니다. 사람들로 하여금 '저런 고난이 와도 말씀을 보면 승리할 수 있구나' 하고 생각할 수 있도록 살아왔습니다. 연약한 제가 오랫동안 이 사역을 할 수 있었던 이유는 오직 말씀에 뿌리를 두고 있었기 때문입니다.

예수님도 사람들이 "호산나, 다윗의 자손이여" 하며 종려나무 가지를 들고 외칠 때 황금마차가 아닌 나귀를 타고 입성하셨습니다. 마찬가지로 저도 아무 어려움 없이 살면서 예수를 전했으면 오히려 제 말에 설득력이 없었을 텐데, 제가 날마다 남편 문제, 자식 문제, 질병 문제로 어려움을 나누니 사람들이 공감했습니다. 세상에 아무 어려움이 없는 사람이란 없기 때문입니다.

좋은 일을 만났을 때 하나님께 감사하는 것은 누구나 할 수 있습니다. 그러나 고난 중에 감사하기란 결코 쉽지 않습니다. 저는 평탄한 삶을 살 때는 그다지 많은 열매를 맺지 못했습니다. 그러나 그때에 비해 형편없는 처지인 지금 오히려 더 많은 이들을 섬기고 더 큰 기쁨 중에 살아갑니다.

그래서 저는 제게 고난을 주신 하나님께 감사드립니다. 여러분도 저와 마찬가지로 자신에게 주신 고난을 잘 이겨내시기 바랍니다. 아마 모든 문제가 감사로 바뀔 것입니다.

열매 맺는 시기

시냇가에 심은 나무가 시절을 좇아 과실을 맺는 것처럼 우리 삶에도 열매 맺는 시기가 있습니다. 열매를 늘 맺는 것이 아니라 가을이라는 계절에 한 번 맺히기 때문에 말씀에 뿌리를 내린 사람은 하나님의 구속사를 기억하며 봄, 여름, 가을 그리고 겨울 각각의 때에 순종할 줄 알아야 합니다. 봄비와 여름의 뙤약볕과 홍수에도, 겨울의 앙상한 가지의 모습일 때도 순종해야 합니다. 가을에 맺힐 열매를 바라며, 잎사귀가 마르지 아니함과 같이 축복을 주신다는 사실을 믿고 순종해야 합니다.

예수님을 인격적으로 만난 지 얼마 안 됐을 때의 일입니다. 어느 날 동네 슈퍼에 갔는데 어떤 분이 저에게 오시더니 무슨 화장품을 쓰는지 묻는 것이었습니다. 제가 동네 슈퍼에 가면서 무슨 화장을 했겠습니까. 그래서 아무것도 안 발랐다고 하려다 "영생 화장품을 썼는데요" 하고 대답했습니다. 그랬더니 그분이 진지한 얼굴로 어느 회사 제품인지 물었습니다. 그래서 "천국주식회사 제품이에요" 하고 대답하면서 그분에게 복음을 전했습니다. 예수님 때문에 기쁘게 살면 화장을 안 해도 화장을 한 것처럼 환하게 살 수 있다고 말입니다.

사실 저도 몸이 약해서 많이 아픕니다. 아마 제가 너무 건강하면 말씀을 안 보고 밖으로만 돌아다닐까 염려스러워 하나님께서 적당히 아프게 하시는지도 모르겠습니다. 그래서 저는 말씀 전할 때 외에는 집에서 말씀묵상하라고 그러시나 보다 여기며 하나님의 섭리로 받아들였습니다. 육신의 나약함이 하나님께서 제게 주신 잎사귀가 마르지 아니하는 축복이라고 믿는 것입니다. 그러다 보니 제게 자랑할 것은 예수님의 십자가밖에 없습니다.

모든 사건은 우연히 일어나는 것이 아닙니다. 그러니 무슨 일이 있을 때마다 그 일을 복음 전할 기회로 삼으시기 바랍니다. 이유를 대지 마십시오. 어떤 사람은 예수 믿어도 이 문제만은 해결 못한다고 하고, 또 어떤 사람은 몸이 아파 불가능하다고 하고 또 어떤 이는 바빠서 말씀을 못 본다고 합니다.

그러나 이 모든 것은 변명에 지나지 않습니다. 이 땅에서 사는 잠깐의 인생을 영원한 것이라 생각하기 때문에 전부 지옥 속에서 살고 있는 것입니다. 그러나 잎사귀가 마르지 아니하는 축복은 오직 하나님의 말씀에 순종하는 자에게만 있다는 사실을 기억하시기 바랍니다.

이렇게 말씀을 전하다 보면 사람들은 제게 "당신은 이런 일은 안 겪어봐서 그렇다, 저런 일은 안 당해봐서 모른다"고들 하셨습니다. 그런데 하나님께서 그런 분들에게 할 말을 만들어주시기 위해 저에게 다시 사건 하나를 허락하셨습니다.

저는 말씀을 전하고부터 건강해 보인다는 말을 많이 듣습니다. 몸이 약하긴 했지만, 항상 혈색이 충만하고 '영생 화장품'을 발라서인지 지금까지 건강에 큰 문제없이 살아왔습니다. 그런데 성도들이 저를 위해 기도를 너무 열심히 해서인지 그 응답으로 그리스도의 신비를 보여야 할 일이 생겼습니다. 두 해 전 건강검진을 했는데, 저에게 유방암이 발견된 것입니다.

"육체의 연습은 약간의 유익이 있고 경건은 범사에 유익하다"(딤전 4:8 참조)는 말씀을 의지해서 범사에 유익하다는 말씀만 너무 붙들다가 육체의 연습을 하지 않는 치우침이 있어서 육체로 벌을 받은 면도 있는 것 같습니다. 약간의 병을 주심으로 억지로라도 쉬게 하시려는 뜻도 있다고 생각되었습니다. 교회를 개척한 지 13년 동안 안식년 한 번 없이 달려왔기 때문입니다. 이처럼 육신을 학대한 면이 없지 않아 있기에 잠시 쉬면서 저를 돌아보게 되었습니다.

그렇게 암 선고를 받았을 때, 이 사실을 성도들이 알게 되면 저보다 더 큰일 난 것처럼 걱정할 것이 더 염려되었습니다. 그러나 저로서는 큰일 난 게 아니었습니다. 건강의 아픔까지 더해주심으로 아픈 사람의 마음을 체휼하게 해주셔서 도리어 감사했습니다. 이 또한 하나님이 허락하신 것이기에 인생의 하프타임을 지나면서 영광된 하나님의 신비를 알게 하시는 하나님을 찬양했습니다. 세상은 이를 진노의 사건이라 하겠지만, 믿는 우리는 애굽의 질병이 아니요, 주의 크고 영화로운 날이 이르러서 그 영광에 참여할 것이 믿어져서 감사했습니다.

"그 어떤 피와 불과 연기 속에 있어도 성령이 임하셔서 이것이 구원의 사건이 되고 진노의 사건이 되지 않게 하소서. 이 사건이 성령 충만, 말씀 충만으로 승리하는 사건이 되게 하소서."

눈물로 기도했고, 곧이어 여섯 차례에 걸친 항암 치료를 시작했습니다.

일반적으로 교회에서 담임목사가 암과 같은 큰 질병에 걸리면 쉬쉬하게 마련입니다. 그러나 저는 주일예배에서 그 사실을 알리고, 고통스런 항암 치료 과정 중에도 매 주일 '음성 메시지'를 통해 큐티 말씀으로 받은 은혜를 성도들과 나누었습니다. 이처럼 암 사건마저도 말씀으로 해석할 수 있어서 너무나 감사했습니다.

수술 후 여러 가지 치료법이 있지만 가장 힘든 것이 항암 치료라고 하는데, 치료를 받던 첫날 주신 레위기 말씀이 "각을 뜨고 화제로 드리라"는 것이었습니다. 그 말씀을 묵상하며 '내장과 여러 부분을 각을 뜨고 지져서 불로 태워져서' 암이 싹 없어지기를 바랐습니다. 그리하여 제가 흠 없는 제물, 향기로운 제물이 되기를 소원했습니다. 번제, 소제, 화목제, 속죄제, 속건제를 잘 드리는 제사장이 되라고 잠시 아픔을 주셨기에 여호와 라파의 하나님이 치료의 광선을 쏘아주시기를 간절히 기도했습니다. 그런데 정말 그 말씀 그대로 몸이 불타는 고통 가운데 항암 치료를 받기 시작했습니다. 그리고 "수효를 채우라"고 했기에 의사가 처방한 대로 여섯 차례의 항암 치료를 채워나갔습니다. 육으로는 참으로 힘든 과정이었으나 온 교회가 기도해주심으로 제 마음속에는 평강이 차고 넘쳤습니다.

두 번째 항암 치료를 받을 즈음 말씀은 잠언이었습니다. 유황불 지옥과 같은 항암 치료를 받으며 벗어날 수 없는 고통 가운데 말씀을 통해 '까마귀를 물리치기 위해서는 하늘로 올라가는 길밖에 없다'는 생각이 들었습니다. 언젠가 들은 독수리에 관한 재미난 에피소드가 떠올랐기 때문입니다. 기골이 장대한 독수리가 하늘을 날고 있을 때, 등 뒤에 조그만 까마귀가 무임승차해 성가시게 군다면 어떻게 까마귀를 쫓을 수 있을까요. 독수리는 등 뒤에 올라탄 까마귀를 쫓고 싶어도 덩치가 너무 커서 부리를 돌릴 수가 없습니다. 까마귀를 물리치기 위해 갖은 방법을 다 써도 까마귀는 여기 붙었다 저기 붙었다 하면서 오히려 더 약을 올리며 괴롭힙니다. 이 땅의 방법으로는 도저히 해결되지 않습니다.

유일한 방법은 독수리가 하늘로 높이, 더 높이 올라가는 것이라고 합니다. 하늘 높이 올라갈수록 산소가 희박해져서 까마귀는 숨을 쉴 수가 없어 저절로 떨어져 나간다는 것입니다. 저는 바로 이것이 잠언의 지혜라고 생각합니다. 아무리 힘들어도 '주를 앙모하는 자 올라가~ 올라가 독수리같이' 하늘로 높이 올라가야 시련과 유혹의 까마귀가 저절로 떨어져 나가는 것입니다. 이 땅에서는 시련도 유혹도 능히 떨쳐낼 방법이 없습니다. 하늘의 길, 십자가 길을 걸으며 내 속의 유혹과 거만을 보면서 하늘의 지혜를 구할 때 이 모든 시련도 끝이 날 것입니다.

그런데 항암의 고통이 끝판왕인 줄 알았는데, 더 높이 솟은 산이 있었습니다. 그래도 배에서 생수의 강이 흘러넘친다고 하시니 모든 것을 선물로 받아들이면 선하지 않은 것이 하나도 없음을 믿었습니다. 고통에는 한계가 없다고 했는데 뜻이 있는 고통을 경험케 하시는 하나님을 찬양했습니다. 그리고 끝날 것 같지 않은 이런 고통을 겪는 성도들을 위해 기도했습니다. 그리고 '애굽 사람에게 내린 질병을 하나도 내리지 않는다'고 하셨으니 믿는 사람의 가치관으로 여러분에게 그리스도의 신비를 보이기를 기도했습니다.

항암 치료 기간 동안 큐티하며 성도들과 나눈 레위기, 잠언, 요한복음, 민수기 이 모든 성경 구절은 영원히 잊지 못할 말씀이 되었습니다. 그 말씀들을 통해 이 사건이 진노의 심판이 아니라 성령 충만한 사건이 되어 얼마나 감사한지 모르겠습니다.

제가 항암 치료를 시작하면서 "레위기 말씀처럼 제 몸을 각 뜨고 화제로 드려서 그로 인해 한 사람이라도 구원받는다면 마땅히 항암 치료를 받겠다"고 기도했는데, 막상 받아보니 정말 힘들었습니다. 그러나 그렇게 힘드니까 비로소 저 자신이 보이게 되었습니다. 제가 할 수 있는 게 아무것도 없었습니다. 몸소 겪어보지 않고 하는 기도는 다른 사람을 체휼할 수 없다는 것 또한 알았습니다.

그리고 치료를 시작하면서 "암인데도 감사하고 즐거워하고, 그리스도의 신비를 보이겠다"고 약속 아닌 약속을 했는데, 정말 우리들교회에서 놀라운 일이 일어났습니다. 6개월이라는 치료 기간 동안 담임목사가 자리를 비웠음에도 성도 수가 오히려 10% 이상 늘어난 것입니다.

담임목사의 오랜 부재중에도 부흥의 불길이 전혀 사그라들지 않은 이유는 오직 말씀의 힘, 큐티의 힘이었습니다. 그리고 그 기간에는 목욕탕 큐티목회세미나를 수료하신 목사님들께서 우리들교회 강단에 서서 주일 말씀을 전해주셨고, 수요예배 때는 평신도 사역자들이 강단에 섰습니다.

우리들교회는 개척 때부터 말씀으로 자신의 고난과 죄를 해석하고, 말씀을 각자의 삶에 적용할 수 있도록 성도들을 양육해왔습니다. 그리고 평신도들이 예배 강단에 서서 직접 간증하고, 죄와 고난을 오픈해왔습니다. 그렇게 한 사람 한 사람에게 해석해주신 말씀들이 너무나 구체적이었기에 그 은혜는 고스란히 온 성도들에게 전해졌습니다. 그럼으로써 담임목사 부재중에도 교회가 부흥되는 놀라운 일이 일어난 것입니다.

자기 자신 돌아보기

악인들은 그렇지 아니함이여 오직 바람에 나는 겨와 같도다 그러므로 악인들은 심판을 견디지 못하며 죄인들이 의인들의 모임에 들지 못하리로다 (시 1:4-5)

혹시 지금 여러분 마음 가운데 미워하는 사람이 있지는 않습니까? 그것도 멀리 있는 사람이 아닌 가까이에 있는 형제자매나 시어머니나 남편을 미워하지는 않습니까? 또 마음으로는 그렇게 누군가를 미워하면서 겉으로는 모두를 사랑하는 사람인 양 거룩한 표정을 짓고 교양 있는 척하며 살고 있지는 않습니까?

많은 사람이 교회에서 자신이 죄인이라고 부르짖지만, 막상 자기 죄를 정직하게 내놓는 사람은 많지 않습니다. 오히려 자식과 남편 자랑하기에 급급합니다. 교양 있어 보이고 배운 사람일수록 신세 한탄을 가장한 자기 자랑을 많이 합니다.

그래서 구역예배에 가면 사람들이 악과 허물을 고백하기보다 자신을 자꾸 포장하게 됩니다. 말씀에 의인은 하나도 없다고 했습니다. 건강한 공동체는 자기 죄와 허물을 정직하게 내놓고 같이 기도하고 격려할 수 있어야 합니다.

요한복음 13장을 보면 예수님이 베드로에게 "내가 가는 곳에 네가 지금은 따라올 수 없으나 후에는 따라오리라"(요 13:36)라고 하시자, 베드로가 주를 위하여 자기 목숨을 버리겠다고 합니다. 그러나 결국에는 주님을 부인합니다. 자기 자신을 아는 지식이 최고의 지식이지만 그 지식을 소유하기는 어려운 것입니다. 그러나 주님은 베드로를 사랑하신 까닭에 미리 "닭 울기 전에 네가 세 번 나를 부인하리라"(요 13:38)고 말씀해주셨습니다.

우리가 말씀을 묵상해도 때가 되기 전에는 안 되는 부분들이 있습니다. 아직 이루어지지 않은 부분들이 있는 것입니다. 주님은 그런 사실을 아시고 우리를 양육시키십니다. 그러므로 어떤 사람을 비판하고 싶을 때, 심판하시는 하나님을 바라보며 비판하지 말아야겠다고 결론 내리는 것이 문자적인 적용입니다.

그렇다면 구속사적인 적용은 어떤 것일까요? 살다 보면 아무리 사람을 심판하지 않으려 해도 자꾸 미운 마음이 들어 어쩔 도리가 없을 때가 있습니다. 감정 조절이 되지 않아 누구에게든 쏟아내야 마음이 시원할 것 같아서 미운 사람을 자꾸 입에 올리게 됩니다. 그렇다면 왜 자꾸 비방하고 싶어지는 것인지 한번 살펴보겠습니다.

악인은 어떤 사람입니까? 앞 문맥을 볼 때 악인은 복 있는 사람과 반대되는 사람을 의미합니다. 그러면 복 있는 사람이 누구였습니까? 앞서 설명한 대로 말씀을 묵상하는 사람입니다. 그렇다면 결국 악인은 '말씀을 묵상하지 않는 자'이고 '형통하지 않은 자'입니다. 더불어 '바람에 나는 겨'와 같은 사람입니다. '오직 여호와의 율법을 즐거워하여'(2절) '형통한 자'(3절)와 정반대입니다. 6절에서 악인의 길은 망한다고 했습니다.

결국 우리가 형통치 못한 이유는, 우리가 바람에 나는 겨와 같아서 심판을 견디지 못하기 때문입니다. 우리는 특별히 자기와 같은 약점을 가진 상대를 가장 못 견뎌합니다. 교만한 사람은 다른 사람의 교만을 제일 못 견디고, 거짓말을 잘하는 사람은 남의 거짓말을 제일 못 견딥니다.

혹 주위에 "저 사람은 너무 거짓말을 잘해" 또는 "저 사람은 너무 교만해" 하고 말하는 사람이 있다면 '그런 말하는 그가 그런 성향의 사람이구나' 하고 생각하십시오. 이처럼 사람은 자기 죄를 자기 입으로 증거합니다. 그러니 내가 가장 견디지 못하는 것이 나의 가장 큰 약점이라는 사실을 알아 늘 남의 입장에서 생각해보기 바랍니다.

사람들은 누군가를 비판하고 싶거든 차라리 대놓고 앞에서 하라고 하지만 사실 앞이든 뒤든 다 싫어합니다. 특히 "내가 너를 위해 하는 소린데" 하면서 자기감정을 조절하지 않고 이야기를 쏟아

붓는 사람에게는 말할 수 없는 상처를 입기도 합니다.

요나 선지자는 하루 만에 12만 명을 회개하게 한 대단한 선교사입니다. 그런데 이 요나는 망한다던 니느웨가 망하지 않고 자기가 전한 말씀을 듣고 회개하여 돌아온 것에 화가 났습니다. 자기 생각에는 니느웨 사람들이 하나님의 심판을 받는 것이 마땅했기 때문입니다. 세상에 그런 선교사도 있습니다.

그래서 요나는 화를 내면서 성에서 나가 초막을 지었습니다. 그때 하나님은 요나에게 성내는 것이 옳지 않다고 말씀하셨습니다 (욘 4:4). 그러나 요나는 자기가 성내어 죽기까지 할지라도 합당하다고 성질을 부렸습니다.

그러다 요나가 뙤약볕에서 고생하자 하나님께서 요나에게 박넝쿨을 주셨습니다. 이에 요나는 심히 기뻐하다가, 벌레가 밤새 박넝쿨을 씹어 먹어 뜨거운 동풍에 혼미해지자 죽기를 구했습니다. 명색이 선지자인 사람이 박넝쿨 하나에 기뻐했다가 죽기를 구했다가 난리를 친 것입니다.

이처럼 하루 만에 12만 명을 회개시킨 선지자도 그 모양이었으니 누군들 예외가 있겠습니까? 그러니 누군가가 못마땅할 때는 '내가 말씀을 묵상하지 않아서 그렇구나' 하고 생각하십시오.

그렇다면 이제 사회로 눈을 돌려 적용해보겠습니다. 신문의 사회면에는 많은 흉악범의 기사가 실립니다. 우리는 그런 기사를 접할 때 흉악범들을 정죄하는 자리에 서면 안 됩니다. 오히려 '내가 어제라도 저 사람을 전도했으면 저런 나쁜 짓은 안 했을 텐데' 하고 안타까워해야 합니다.

오래전, 미모의 20대 주부가 전처의 아들을 한강에 빠뜨려서 살인미수로 구속된 기사가 신문에 실린 적이 있습니다. 텔레비전에 그 여인의 얼굴이 나왔는데 얼마나 예쁜지 모릅니다. 그래서 텔레비전을 보다 저도 모르게 눈물을 흘렸더니, 아들이 "저런 나쁜 여자를 보고 왜 우느냐"고 하더군요. 하지만 우리는 어떤 사건을 보더라도 구속사로 봐야 합니다. 구원받지 못한 그 영혼에 대해 아파하며, '저 사람은 왜 저 일을 하게 되었을까'를 생각해야 하는 것입니다.

다음 날 기사를 보니, 그 여인은 지금 남편에게 속아서 아들이 있는 줄도 모르고 결혼을 했다고 합니다. 그런데 이 여덟 살 난 아들이 여인의 속을 엄청나게 썩였나 봅니다. 친엄마가 아니라서 그런다고 할까 봐 누구에게 말도 못하고 혼자 끙끙 앓았다고 합니다. 그러다 한강 근처를 지나가게 되었는데, 너무 속이 상해서 그만 순간적으로 밀어버렸다는 것입니다.

저는 그 여인의 이야기를 들으면서 오죽하면 그런 일을 저질렀을까 하는 생각이 들었습니다. 그리고 '저 여인은 서울 한복판에서 저렇게 어려운 일을 당하면서도 어느 누구와도 상담할 수 없었구나, 옆에 예수 믿는 사람 백 명, 천 명 있어도 아무에게도 말을 못 했구나' 하고 생각했습니다.

이는 결국 전도하지 못한 우리의 책임이요, 예수 믿는 나의 책임인 것입니다. 그리고 나도 저런 환경이었다면 저 사람과 다를 바 없었을 거라는 생각도 들었습니다. 나라의 지도자들에게도 문제는 늘 발생합니다. 권세로 떵떵거리던 사람이 하루아침에 감옥신세를 지기도 합니다. 성경에서도 망할 때 항상 제사장 나라인 유다부터 망하고, 유다 안에서도 제사장부터 망합니다. 그래서 우리는 그런 모습을 보면서 '마지막 때가 되었구나, 저 사람들은 우리의 구원을 위해 저렇게 망하는 역할을 감당하고 있구나' 생각하면서 그들을 위해 기도해야 합니다. 이렇게 이웃과 사회와 종교의 문제를 바라볼 때 우리는 올바른 적용을 할 수 있게 됩니다.

공동체의 축복

그러므로 악인들은 심판을 견디지 못하며 죄인들이 의인들의 모임에 들지 못하리로다 (시 1:5)

예수를 믿으면서 받게 되는 큰 축복 가운데 하나가 '공동체 축복'이라고 생각합니다. 그런데 막상 교회를 오래 다닌 사람 중에도 함께 교제할 지체가 없는 사람들이 많습니다. 많은 사람이 사람을 가려서 교제하려고 하기 때문입니다. 인간적인 눈으로 사람을 바라보고 외모나 학벌을 따지다 보니, 교회 안에서도 돈 있는 사람은 돈 있는 사람끼리, 학벌 있는 사람은 학벌 중심으로 좋아하는 부류끼리 모이는 모임을 만듭니다. 그러고는 그 모임이 공동체라고 착각합니다.

건강한 공동체는 나의 수치를 꾸밈없이 드러낼 수 있고, 애매히 고난당할 때 서로 기도해줄 수 있는 곳이어야 합니다. 그러나 십자가를 중심으로 모이지 않은 공동체에서는 말씀과 삶을 나누기 어렵습니다. 물론 환경이 편안하고 좋을 때는 그러한 사실을 깨닫지 못합니다. 그러나 막상 어려운 일을 당해보면 금세 알 수 있습니다. 과거에 단짝 친구라고 믿었던 사람들과도 나눌 수 없고 도움받을 수도 없습니다. 그래서 어려울 때 함께할 지체가 없다면 '내가 정말 말씀으로 교제한 것이 아니었구나' 하고 생각하시기 바랍니다.

그렇다면 계속해서 내가 좇고 있는 악인의 꾀는 무엇인지 살펴보겠습니다. 제가 재수생 모임을 인도할 때 많은 이들이 아이들에게 "바쁜 시간 내서 일요일에 교회 갔다 왔으면 됐지 무슨 재수생 큐티 모임까지 가느냐"고 말했다고 합니다. 그것도 교회에 다닌다는 사람들이 말입니다.

교회에서 보면, 어떤 분은 3부 예배에 나오다 어느 날엔 2부 예배에 나옵니다. 그러다 나중에는 1부 예배로 시간을 옮기고 남은 시간에 골프를 치러 갑니다. 그러다 시간이 좀 더 지나면 그것마저도 빼먹고 하루 종일 놉니다. 그러면서 "예배는 꼭 교회에서만

드리란 법 있느냐, 좀 자유롭게 드리면 안 되느냐"고 토를 달면서 악인의 꾀를 좇습니다.

제 주위의 어느 분이 하도 골프를 좋아하셔서 제가 그것도 우상이라고 했더니, 그분 말씀이 장로님이나 집사님들도 엄청나게 치러 온다고 하시더군요. 또 주부들의 경우 백화점 세일에 마음이 흔들려 성경공부를 빼먹기도 합니다. 그 모든 것이 다 악인의 꾀를 좇는 것입니다. 교회를 다녀도 하나님의 뜻을 모르는 사람들이 그렇게 많습니다.

어떤 집사님은 자녀의 대학 입시를 앞두고 아는 권사님을 따라 점을 보러 네 군데나 다녀왔다고 합니다. 다들 초신자였는데, 권사님이 가자고 그러셔서 그게 나쁜 일인 줄도 모르고 따라간 것입니다. 그래서 다섯 명이 점을 봤는데 모두 붙는다고 했답니다.

그런데 결과는 다섯 명 다 떨어졌습니다. 마침 그 자녀가 떨어졌으니 교회에 계속 나왔지, 혹 붙었으면 점쟁이 말을 믿으면서 교회에도 안 나오지 않았을까 싶습니다. 그렇게 악인의 꾀를 좇다가는 죄인의 길에 서게 됩니다.

제가 아는 두 아이가 같이 서울대 시험을 봤습니다. 한 명은 그냥 평소대로 준비했고, 나머지 한 명은 시험 보기 얼마 전에 몇백만 원인가 몇천만 원인가 하는 족집게 과외를 했습니다. 그때는 과외가 금지된 시절이었지만 암암리에 천문학적인 액수의 과외가 이루어지기도 했습니다.

시험 결과 족집게 과외를 한 학생은 붙고 과외를 하지 않은 학생은 떨어졌습니다. 그러나 시험에 떨어진 학생은 그 일로 주님을 만나게 되었습니다. 만일 그 학생이 과외를 해서 시험에 붙었다면 그 합격은 악인의 꾀를 좇아 행한 일이기 때문에 결국은 오만한 자리에 앉을 우려가 있습니다. 하지만 그 학생은 악인의 꾀를 좇지 않았고 지금도 곧은길을 가고 있습니다.

또 어떤 학생은 장로님 아들인데, 중학교 때까지는 교회에 열심히 나왔습니다. 그러다 고등학생이 되면서 우등생끼리 하는 그룹 과외를 주일에 하는 바람에 교회를 못 나오게 되었습니다. 당분간만 하려고 했는데 아이가 계속 일등을 하니까 과외 팀에서 빠져나올 수가 없었습니다. 그래서 고3 때까지 계속 과외를 했고, 결국 원하던 일류대 의대에 갔습니다. 하지만 그 아이는 교회를 완전히 등진 채 살아가게 되었습니다. 지금은 30대 후반이 된 그 아들을 보시며 장로님은 여전히 '때가 되면 나오겠지' 하고 기다립니다.

알고 보면 우리가 자식들에게 얼마나 많이 악인의 꾀를 좇게 하는지 모릅니다. 눈앞에서 뭔가 잘되면 하나님 일은 다 포기합니다. 그래서 악인의 꾀는 생각이라도 버려야 합니다. 그렇지 않으면 생각으로 죄를 짓게 됩니다. 내가 오늘 앉아 있는 자리가 오만한 자의 자리는 아닌지 생각해보십시오.

예전에 제가 다니던 교회에는 다른 교회에서 아무리 집사나 장로로 섬기다 오셨더라도 구역 모임에 참석해야 하고, 직분도 몇 년 후에야 받는 일련의 과정이 있었습니다. 사실 이러한 것들은 이전 교회에서 지도자의 위치에 있던 분들에게 그리 쉽지 않은 회칙인 셈입니다.

그런데 목사님이 그런 분들을 심방하면 다들 "저는 교회에서 인정받는 것 하나도 원치 않습니다. 그저 이름도 빛도 없이 숨어서 일하기를 원합니다"라고 말씀하신답니다. 언뜻 보기엔 겸손한 말 같지만 사실 그 말을 곰곰이 살펴보면, 인정받기 원치 않는 마음에 대해 인정받고 싶어 한다는 걸 알 수 있습니다. '나는 남 앞에 드러나는 것을 원치 않아' 하는 마음을 남들이 알아주길 바라는 것입니다. 이런 것은 아주 고수의 교만입니다. 차라리 집 자랑, 자식 자랑, 남편 자랑은 순진한 자랑인 셈입니다.

우리는 이렇듯 남들에게 인정받기 원하는 마음을 가지고 있습니다. 그래서 끊임없이 내가 남에게 드러나고자 하는 오만한 자의 자리에 앉아 있지는 않은지 스스로를 점검해보아야 합니다. 우리의 오만은 큰 집이나 차를 가질 때도 생길 수 있고, 대형교회를 다니거나 성경을 좀 읽는다 싶어도 생길 수 있습니다. 저 역시 기도 잘한다고, 큐티 잘한다고 오만해질 수 있는 것입니다. 이처럼 우리의 오만은 끝이 없습니다.

그래서 성경에 "선 줄로 생각하는 자는 넘어질까 조심하라"(고전 10:12)라고 하신 것입니다. 우리는 그저 눈만 뜨면 넘어질 일이 가득한 세상에 살고 있습니다. 하지만 이러한 위험도 날마다 말씀을 묵상함으로 하나님 앞에서 나의 죄를 깨달으면 늘 점검할 수 있습니다.

큐티 마무리하기

무릇 의인들의 길은 여호와께서 인정하시나 악인들의 길은 망하리로다 (시 1:6)

어떤 사람이 의인이라고 했습니까? 말씀을 묵상하는 자라고 했습니다. 그리고 말씀을 묵상하지 않는 사람을 악인이라 칭하시며 그는 망한다고 했습니다. 저도 말씀을 묵상하지 않았으면 삶에서 부딪치는 모든 일에서 망할 수밖에 없었을 것입니다. 그러나 말씀 묵상을 통해 저를 인정해주시는 하나님을 알았기 때문에 승리할 수 있었습니다.

말씀을 묵상하지 않는 사람은 망합니다. 다른 분도 아닌 하나님이 '네가 말씀을 묵상하지 않으면 망한다'고 하셨습니다. 부모나 친구가 지금 망한다고 해도 그 말을 들을 텐데 하물며 하나님이 망한다고 하신 말씀을 듣지 않겠습니까? 그러니 여러분이 왜 말씀을 묵상해야 하는지 확실히 아셨으리라 믿습니다.

지금까지 시편 1편을 묵상해보았습니다. 저는 앞에서 나눈 이야기처럼 말씀을 씹어 먹음으로 제 인생의 전환점이 된 사건들 속에서 승리할 수 있었고, 그 간증을 여러분께 들려드릴 수 있었습니다. 그뿐만 아니라 예전에는 내 마음대로 기도했는데, 이제는 늘 말씀을 기억하며 말씀에 의지하여 기도하게 되었습니다.

여러분도 말씀을 묵상하신 후 기도할 때, 혹 말씀이 기억나지 않으면 눈을 뜨고 기도하십시오. 자신이 적용한 글을 보며 자신의 오만함을 고백하고 또 어려움을 아뢰십시오. 누군가를 심판하고 싶어 하는 마음을 용서해달라고 기도하십시오. 어린아이처럼 기도하고 또 적용하시기 바랍니다.

다른 사람을 위해 기도하기 전에 먼저 자기 자신을 위해 기도할 수 있어야 합니다. 항상 말씀으로 나를 먼저 조명한 후 어떤 사람이 되어야 할지 말씀에 따라 적용한 대로 기도하시기 바랍니다.

Chapter 14

큐티,
말씀으로 기도하기

우리가 너희를 위하여 기도할 때마다 하나님 곧 우리 주
예수 그리스도의 아버지께 감사하노라 이는 그리스도 예
수 안에 너희의 믿음과 모든 성도에 대한 사랑을 들었음
이요 _골 1:3-4

하나님 뜻대로 행하면

사도 바울의 옥중 서신 중 하나인 골로새서는 말씀 한 절 한 절이 모두 간절한 기도제목입니다. 골로새서 1장 말씀을 통해 우리가 어떻게 기도해야 할 것인지를 생각해볼 수 있습니다. 성경을 보는 사람은 기도도 잘하게 됩니다. 기도라는 것이 무슨 특별한 내용이 있는 게 아니라 그날그날 주시는 하나님의 말씀에 우리가 반응하는 것이기 때문입니다. 하나님이 먼저 말씀해주신 것에 대한 우리의 응답이 기도입니다. 말씀묵상이나 기도에는 다른 어떤 방법론이 없습니다. 그저 사랑하는 주님의 말씀을 열심히 보다 보면 됩니다.

하나님의 뜻으로 말미암아 그리스도 예수의 사도 된 바울과 형제 디모데는 골로새에 있는 성도들 곧 그리스도 안에서 신실한 형제들에게 편지하노니 우리 아버지 하나님으로부터 은혜와 평강이 너희에게 있을지어다 (골 1:1-2)

골로새서 1장은 "하나님의 뜻으로 말미암아 그리스도 예수의 사도 된 바울"로 시작합니다. 1절 말씀을 통해 우리는 하나님이 가정과 교회 그리고 각 기관들을 향해 뜻이 있으시다는 사실을 알 수 있습니다. 바울의 사도 됨이 하나님의 뜻으로 말미암은 것처럼 지금 우리에게 맡겨진 일도 하나님의 뜻으로 된 것임을 알고 무조건 순종해야 하는 것입니다. 우리 모두 이 땅에 부르심을 입고 왔기 때문입니다.

그리고 이렇게 부르심을 따라 순종하는 삶을 살다 보면 내 옆에 형제 '디모데'가 생깁니다. 비록 디모데가 바울보다 어리긴 했지만, 주님 안에서 교제했을 때 아무 걸림이 되지 않았습니다. 예수님도 하나님의 뜻대로 행하는 자들이 형제요 모친이라고 하셨습니다. 하나님 안에서는 누구와도 형제자매가 될 수 있습니다.

저희 큐티 모임에서도 나이와 학벌을 뛰어넘어 함께 말씀을 묵상하고 나눴습니다. 그중에 큐티를 열심히 하는 분들은 자연스레 전도나 상담 또는 양육에도 열심을 내시는데, 학벌이나 기타 조건들과는 무관하다는 사실을 알 수 있습니다. 우리는 주 안에서 모두 형제자매입니다. 혹 여러분은 외모로 사람을 취하고 있지는 않은지 자신을 살펴보시기 바랍니다.

특별히 '신실한 형제들에게 편지한다'고 했으니 주위에 안 믿는 사람보다는 믿는 사람에게 전해야 할 것에 대해 생각해보았으면 합니다. 교회에 다니는 사람 중에도 진정으로 주님을 만나지 못한 사람들이 참 많습니다. 바울은 특별히 양육 전도를 중요하게 생각했던 사도이니까 그런 분들에게 양육 전도를 하는 것을 적용해보면 어떨까 싶습니다.

예를 들면, 외적으로 신실해 보이고 교회에서 직분이 있는 분들에게 말씀을 읽으라거나 큐티를 권해보는 것입니다. 그러나 막상 말을 하려고 하면 쉽지 않습니다. 게다가 그분들이 아쉬울 것 없는 상황이라면 더더욱 그렇습니다. 하지만 어려움을 겪고 있는 분이라면 그런 권유가 큰 힘이 될 것입니다. 오늘 내가 돌아보고 편지해야 할 신실한 형제는 누구입니까? 기억나는 대로 이름을 적어보시기 바랍니다.

누군가를 전도하고 양육하기 위해서는 은혜와 평강을 끼쳐야합니다. 그런데 이 은혜는 아무것도 아닌 나를 향한 하나님의 사랑이기 때문에 내가 애쓴다고 깨닫는 것이 아니라 '깨달아지는' 것입니다. 그리고 하나님께서 깨닫게 하실 때 비로소 평강이 넘치게 됩니다.

돈이 없어 고민할 때, 남편이나 자녀가 속을 썩일 때, 여러 가지 문제와 갈등으로 말씀이 잘 안 들어올 때 '너는 너 자신을 좀 내려놓아라' 이렇게 편지하십시오. 성경에서 이렇게 말씀하셨으니까 이런 말씀을 묵상한 날에는 본문을 그대로 옮겨서 편지를 쓰셔도 좋습니다.

저도 여러분에게 편지합니다. '여러분과 저에게도 하나님의 은혜와 평강이 넘치기를 원합니다.'

기도 하나님의 뜻으로 말미암은 나의 현재 직분에 충성하게 하시고, 다른 이들에게 은혜와 평강을 끼치는 자가 되게 해주세요.

함께 기도할 '우리'

우리가 너희를 위하여 기도할 때마다 하나님 곧 우리 주 예수 그리스도의 아버지께 감사하노라 (골 1:3)

바울은 '우리'가 너희를 위하여 기도할 때마다 '감사하노라'라고 했습니다. 저도 모임을 인도하다 보면 기도 부탁을 많이 받게 됩니다. 그리고 그분들이 기도가 응답되었다고 제게 인사할 때면 저는 "제가 얼마나 기도했는데요" 하고 생색을 냅니다.

그런데 바울은 '내가'라고 말하지 않고 '우리가' 기도했다고 말합니다. 기도문에서 '우리의 죄'라고 할 때의 '우리'는 '나'로 적용하는 것이 옳지만, 특별히 다른 이들을 위해 기도할 때는 '내가' 기도했다고 하기보다는 '우리'로 적용하는 것이 좋습니다.

그렇다면 '우리'가 기도했다고 하기 위해서는 함께 기도할 '우리'가 있어야 합니다. 혹 주위에 말씀과 기도제목을 나눌 지체가 있습니까? 함께 기도하며 서로에게 감사할 수 있는 '우리'가 있습니까? 또 나는 누군가로부터 감사를 받을 '우리'가 되어주고 있습니까? 혹시 나는 감사의 대상이 되기보다는 늘 도움을 받기만 하는 사람은 아닌지 생각해보십시오.

기도 서로를 위해 함께 기도할 수 있는 '우리'를 허락하심에 감사드립니다.

성도의 소식을 들으려는 마음

이는 그리스도 예수 안에 너희의 믿음과 모든 성도에 대한 사랑을 들었음이요
(골 1:4)

여러분은 혹 주위에서 들려오는 수많은 선교와 믿음의 소식들을 무심코 흘려듣지는 않으십니까? 모든 관심을 가족과 일터에만 두고 다른 이들의 기쁨과 슬픔에는 냉담하게 반응하고 있지는 않은가요? 4절 말씀을 보면, 바울이 자신이 직접 전도하지도 않은 골로새 교회의 소식에 감사하는 모습이 나옵니다. 나는 현재 내게 주어진 것만 감사하며 지내고 있지는 않은지 생각해보아야 합니다.

저는 여러 교회 집회를 준비하는 과정에서 많은 기도를 하게 됩니다. 그래서인지 나중에라도 제가 다녀왔던 교회의 소식을 들으면 감사한 마음이 듭니다. 점점 세계 곳곳을 다니게 되면서부터는 기도의 영역이 더 넓어져서 가정과 교회뿐 아니라 나라와 민족 그리고 세계를 위한 기도로까지 확장되었습니다.

우리가 누군가를 위해 기도하려면 어떤 소식을 듣고자 하는 마음이 필요합니다. 마음이 없으면 듣기가 어렵기 때문입니다. 여러분도 무언가를 들으려는 마음으로 무슨 소식을 들으며 살아야 할지 생각해보십시오. 그리고 예수 안에 있는 사람들을 만나 예수님의 소리를 듣고, 그들과 함께 기도하는 '우리' 공동체를 만드시기

바랍니다.

기도 가까이 있는 이들의 소식뿐 아니라 선교지의 소식과 세상의 소식에도 귀를 기울이고 그들을 위해 기도하게 하옵소서.

헛된 소망을 버려야 한다

너희를 위하여 하늘에 쌓아둔 소망으로 말미암음이니 곧 너희가 전에 복음 진리의 말씀을 들은 것이라 (골 1:5)

골로새 교인들은 복음과 진리의 말씀을 들었다고 합니다. 로마서 10장 17절에 믿음은 들음에서 나며 들음은 그리스도의 말씀으로 말미암는다고 했습니다. 저는 제 간증을 듣고 큐티를 시작하셨다는 분들을 많이 만나보았습니다. 그만큼 모이는 자리가 중요하고, 무엇을 듣느냐가 중요합니다. 그저 읽기만 해도 능력인 성경 말씀을 성령님을 스승으로 모시고 집중해서 들으려 했을 때, 많은 사람이 하나님의 음성을 듣게 되었습니다.

여러분도 예수님의 소리만 듣기로 작정하십시오. 한 번 듣는 것이 무슨 효과가 있을까 생각할 수도 있지만 복음과 진리의 말씀을 들으면 소망이 생긴다고 했습니다. 우리 믿음이 소망이라는 확실한 기초 위에서 자라는 것입니다.

그러나 우리가 소망을 가진다고 할 때 헛된 소망을 품어서는 안 됩니다. 10평 집에 사는 사람은 20평 집이 소망이 되고, 20평에 사는 사람은 30평 집을 소망하게 되는 것처럼 우리의 헛된 소망은 끝이 없기 때문입니다. 욕심이 잉태한즉 죄를 낳고 죄가 장성한즉 사망을 낳는다고 했습니다(약 1:15). 베드로전서 1장 3절 말씀처럼 거듭난 우리에게는 '산 소망'이 있습니다. 그러나 우리가 복음과 진리의 말씀을 듣지 못하면 산 소망을 가질 수 없습니다.

러시아의 대문호 톨스토이의《인생론》에 이런 이야기가 나옵니다. 숲 속에서 길을 잃은 나그네가 늑대를 만나 급히 도망가다가 앞에 있던 우물에 들어갔습니다. 우물 바닥에는 뱀이 입을 쫙 벌리고 있는데, 다행히 나뭇가지가 뻗어 있어 붙잡았습니다. 겨우 나뭇가지를 두 손으로 붙잡고 한숨을 돌리는데, 그 끝에는 꿀이 묻어 있고 그 가지 밑동에서는 쥐가 나무를 갉아먹고 있는 것이 보였습니다. 그런데 이 나그네는 쥐는 신경 쓰지 않고 나무에 묻은 꿀을 먹기에 여념이 없었습니다.

이처럼 앞뒤가 꽉 막힌 상황에서도 눈앞의 꿀에 연연해서 살아가는 것이 우리의 인생입니다. 그 인생에 예수 그리스도의 십자가 복음이 전해지지 않으면 죽은 소망의 달콤함에 속아 사망의 나락에 떨어질 수밖에 없습니다. 그래서 복음을 들을 수 있다는 사실이 한없는 축복인 것입니다.

기도 제게는 명예, 재산, 부, 권세 같은 헛된 소망이 있습니다. 진리의 말씀을 듣는 자로서 오직 하나님 나라를 위한 산 소망을 품고 살아가게 해주옵소서.

복음이 나에게 이르렀다

이 복음이 이미 너희에게 이르매 너희가 듣고 참으로 하나님의 은혜를 깨달은 날부터 너희 중에서와 같이 또한 온 천하에서도 열매를 맺어 자라는도다 (골 1:6)

'이 복음'이 '너희에게' 이르렀다고 했습니다. 내가 복음을 찾아간 것이 아니라 복음이 나에게 왔다는 것입니다. 그래서 에베소서 2장 8절 말씀에 믿음은 '하나님의 선물'이라고 이야기합니다. 복음과 은혜는 나에게 찾아온 것이지 결코 나의 잘남이나 지식과 행위로 얻은 것이 아닙니다. 복음이 우리에게 이르면 하나님의 은혜를 깨닫게 됩니다. 그리고 양육을 받게 되고 열매를 맺게 됩니다. 이것이 복음의 능력입니다.

바울은 지금 감옥에 갇혀 있습니다. 그런 바울에게 가장 기쁜 소식은 무엇이었을까요? 아마 풀려난다는 소식이 아닐까 싶습니다. 하지만 바울은 그런 소식에 감사하지 않았습니다. 그가 감사했던 것은 골로새 교인들이 온 천하에서 열매 맺는 것 때문이었습니다.

우리도 바울처럼 우리에게 닥친 문제가 해결되어 감사하기보다는, 복음이 전해지는 사실 때문에 감사할 수 있어야 합니다. 남편의 죽음 때문에 복음이 전해지는 것에 감사하고, 아들이 대학에 떨어진 일 때문에 생명의 열매가 맺히는 것에 감사할 수 있어야 합니다.

기도 전에는 남편의 승진과 자녀의 성적 그리고 물질 때문에 감사할 때가 많았습니다. 그러나 이제는 저와 가족의 삶에 맺히는 복음의 열매로 인해 기뻐하며 감사하는 삶을 살게 해주옵소서.

그리스도의 신실한 일꾼

이와 같이 우리와 함께 종 된 사랑하는 에바브라에게 너희가 배웠나니 그는 너희를 위한 그리스도의 신실한 일꾼이요 성령 안에서 너희 사랑을 우리에게 알린 자니라 (골 1:7-8)

에바브라는 바울에게 배운 사람으로, 골로새교회를 세우는 엄청난 사역을 한 사람입니다. 우리도 이 에바브라처럼 누군가에게 말씀을 배웠으면 또 다른 누군가를 가르쳐야 합니다. 나보다 더 잘 아는 사람에게 배우고 또 나보다 잘 모르는 이에게는 가르쳐주는 것이 양육입니다. 나의 능력으로 가르치는 게 아니라 내가 체험한 하나님을 아는 만큼 전하면 됩니다. 그때 비로소 그리스도의 신실한 일꾼이 되는 것입니다.

그러나 가르치기만 하면 자칫 공허해질 수 있습니다. 때로는 성령 안에서 사역에 대해 함께 나눌 사람이 있어야 합니다. 아내로서 남편에게 순종하는 것도 사역이고, 사역을 하면서 지체와 어려움을 나누는 것도 사역입니다.

하지만 사역이 너무 힘들 때는 누군가의 위로가 필요합니다. 성경은 이처럼 함께 기도하고 사역을 나눌 지체를 '성령 안에서 너희 사랑을 우리에게 알린 자'라고 칭했습니다. 에바브라가 바울에게 했던 것과 같은 사역 보고를 여러분은 누구에게 하시겠습니까? 혹 주변에 사역을 나눌 지체가 없다면 동역자를 달라고 기도하시기 바랍니다.

기도 내 사역을 보고할 수 있는 바울 선생님을 주시고, 가르칠 수 있는 골로새 교회를 허락해주옵소서.

기도를 그치지 않는다

이로써 우리도 듣던 날부터 너희를 위하여 기도하기를 그치지 아니하고 구하노니 너희로 하여금 모든 신령한 지혜와 총명에 하나님의 뜻을 아는 것으로 채우게 하시고 (골 1:9)

9절부터는 한 절 한 절 바울의 기도가 시작됩니다. 에베소서, 빌립보서, 골로새서에 나오는 이 기도가 중보기도의 모범입니다. 골로새 교인들을 위한 바울의 기도를 보면 어떻게 기도해야 하는지를 알 수 있습니다.

기도하는 인생은 1절부터 8절까지 살펴본 내용들이 선행되어야 이루어집니다. 먼저 복음으로 말미암은 은혜를 깨달은 후 기도를 하게 되는 것입니다. 누구나 들리는 순서대로 행하게 됩니다. 제게 늘 많은 기도제목이 있지만 아침 일찍 전화해서 기도해달라는 분이 계시면 그분의 기도부터 하게 됩니다. 하나님께서도 들리는 순서대로 들으시지 않을까요? 그러니 우리도 날마다 하나님을 깨우는 자가 되어야 합니다.

또 '너희로 하여금 모든 신령한 지혜와 총명에 하나님의 뜻을 아는 것으로 채우게' 기도해야 합니다. 우리가 하나님의 뜻을 아는 것으로 채우려면 말씀을 보아야 합니다. 그렇다면 이 말씀은 어떨 때 사모하게 되는 것일까요? 내가 어려움에 처해 갈급할 때입니다. 배부르고 모든 일이 편안하게 흘러갈 때 애통해하며 기도하기는 어렵습니다. 어려움이 닥쳐야 간절한 심령으로 하나님께 기도하고 말씀을 나의 것으로 받아들이게 됩니다.

그리고 신령한 지혜와 총명에 이르도록 기도하는 것은 말씀을 사모하게 해달라는 기도입니다. 그러므로 우리는 우리의 가족과 지체 그리고 공동체를 위해 기도할 때 말씀을 사모할 수 있는 환경에 있게 해달라고 기도해야 합니다.

저는 앞서 남편의 구원을 위해 병원이 망하기를 기도한 적이 있다고 말씀드렸습니다. 남편이 곤고해지는 방법은 그것밖에 없어 보였기 때문이었습니다. 인간적으로는 아내가 그런 기도를 한다는 것이 말도 안 되지만, 제게는 남편의 구원이 그만큼 절박했습니다. 정말 하나님 나라만을 바라보았기 때문에 가능했던 기도였습니다.

환난이 우리를 양육시키는 도구가 됩니다. 질병이나 사업 실패의 고난을 당하더라도, 좀 더 일찍 하나님의 뜻을 알게 된다면 그것만 한 축복이 어디 있겠습니까. 그런 사람, 그런 공동체는 하나님께서 전적으로 책임지실 것입니다.

기도 늘 깨어서 부지런히 기도하게 하시고, 저와 제 가족에게 고난을 통해서라도 갈급함을 갖게 해주옵소서. 그리하여 꾸준한 말씀묵상을 통해 하나님의 신령한 지혜와 총명에 이르기를 소원합니다.

하나님의 뜻을 알 때

주께 합당하게 행하여 범사에 기쁘시게 하고 모든 선한 일에 열매를 맺게 하시며 하나님을 아는 것에 자라게 하시고 (골 1:10)

자녀를 키우다 보면, 부모의 마음을 잘 헤아리는 자녀가 부모를 더욱 기쁘게 해준다는 사실을 알게 됩니다. 이와 마찬가지로 우리도 주께 합당히 행하기 위해서는 먼저 주님이 어떤 분인지, 주님이 내게 원하시는 바가 무엇인지 그 마음을 읽어야 합니다.

그런데 사람들은 주님의 뜻을 알려고 노력하기보다 자꾸 외적인 열심을 내어 무마하려고 합니다. 또 어떤 이는 주님의 뜻을 알면서도 순종하기 싫어서 철야기도나 봉사 등으로 대신하는 경우도 있습니다. 하지만 그들의 갖은 노력은 주님의 마음에 합하지 않습니다. 우리는 주님이 원하시는 바를 알고 그에 합당하게 행할 수 있도록 기도해야 합니다. 그때 비로소 범사에 주님을 기쁘시게 할 수 있습니다.

어렸을 때부터 말씀을 가까이하고 지속적으로 큐티를 한 아이들은 크게 감동받지 않아도 학교에 가서 커닝이나 부정행위를 하지 않습니다. 그러나 나이 마흔이 되어 예수님을 믿은 분들은 그 마음에 뜨거움이 있어도 옛 습성들을 버리지 못해 힘들어합니다.

그래서 저는 어린 친구들이 나오는 학생 모임에 소망을 두고 있습니다. 청소년 시기에 받아들인 것은 인생 전체에 영향을 미치기 때문입니다. 특별히 부모 된 분들은 자녀들을 어려서부터 말씀으로 양육하고, 말씀을 심어줄 수 있도록 기도해야 합니다. 무엇보다 부모 된 자신이 먼저 매일 기도와 말씀묵상에 열심을 내야 합니다.

선한 일이 무엇입니까? 그것은 주님의 일입니다. 그러나 우리는 모두 자기 일에 열매 맺느라 바쁩니다. 바빠서 큐티 모임에는 못 오시는 분들이 세상 모임은 하나도 못 끊고 중고등학교 동창 모임, 유치원 엄마들 모임, 학부모 모임에는 빠짐없이 나갑니다. 그런 곳에 다 참석하면서 교회 봉사도 하고, 성경공부도 하려니 어느 것 하나 제대로 하는 것이 없습니다.

사람들에게 인정받고 싶은 욕심에 여기저기 얼굴을 내밀지만 결국 아무런 열매가 없습니다. 우리가 우리의 일로 맺는 열매에는 선한 것이 없습니다. 사사 시대도 사사들이 자기 소견에 옳은 대로 행했기 때문에 선한 일에 열매를 맺을 수가 없었습니다.

열매를 맺으려면 생명이 있어야 합니다. 여러분에게도 생명이 들어갔으면 반드시 그 씨가 썩어서 또다른 열매를 맺어야 합니다. 다른 사람들이 자기 안에 있는 생명을 들여다보게 해야 합니다. 예수를 믿고도 성품이 변하지 않고 전도도 하지 않는다면, 나의 믿음을 다시 점검해봐야 합니다. 믿음은 반드시 생명의 열매로 나타나게 되어 있기 때문입니다.

흔히 열매를 맺어야 한다고 하면 전도만 생각하는 분들이 많습니다. 하지만 갈라디아서 5장 말씀에 기록된 성령의 열매는 사랑과 희락과 화평과 오래 참음과 자비와 양선과 충성과 온유와 절제, 이렇게 아홉 가지 성품의 열매입니다(갈 5:22-23). 그리고 이 열매가 맺힐 때 외적 행함의 열매인 전도도 이루어집니다.

내게 부족한 것이 무엇인지 살핀 후 그 부분을 놓고 간절히 기도하시기 바랍니다. 선한 일의 시작은 쉽지만 열매 맺기는 쉽지 않습니다. 큐티를 시작했으면 열매 맺는 데까지 이르게 해달라는 기도를 하시기 바랍니다.

매일 묵상한 본문 말씀을 가지고 한 가지씩 적용하십시오. 그렇게 하면 그 적용들은 선한 열매가 되어 하나님을 아는 장성한 분량으로 자라 갈 것입니다. 그러나 반대로 적용이 없으면 말씀의 열매도 없습니다.

기도 선한 열매를 맺게 해주옵소서. 말씀에서 가르쳐주신 대로 삶에 적용함으로 하나님을 아는 장성한 분량으로 자라 가게 하옵소서.

모든 견딤과 오래 참음

그의 영광의 힘을 따라 모든 능력으로 능하게 하시며 기쁨으로 모든 견딤과 오래 참음에 이르게 하시고 (골 1:11)

우리가 대통령과 좀 아는 사이라 해도 보통 일이 아닐 텐데, 창조주 하나님을 안다니 이 얼마나 큰 영광입니까. 게다가 우리가 필요할 때마다 그 영광의 힘을 사용할 수 있기까지 하니 말입니다.

그렇다면 그 엄청난 능력으로 우리는 무엇을 해야 할까요. "기쁨으로 모든 견딤과 오래 참음에 이르게 하시고"라고 했습니다. 참 기막힌 말씀입니다. 우리에게 주어진 대단한 힘과 능력을 모아서 권세를 휘두르는 것이 아니라, 모든 견딤과 오래 참음에 이르도록 구하고 있습니다.

이것이 우리가 해야 할 기도제목의 절정입니다. 영적 성장의 결과는 인내입니다. 어쩌면 우리의 기도는 인내하기 위한 것이라 해도 과언이 아닙니다. 이 땅에서의 삶이란 얼마나 많이 참아야 하고 견뎌야 하는 것인지 모릅니다.

그런데 말씀에서 단서를 '모든 견딤'과 '오래 참음'이라고 했습니다. 무슨 말입니까? 고난의 종류와 기간이 어떠하든 죽을 때까지 하나님을 아는 것에 자라 가라는 것입니다.

영광의 힘이 대단한 이유가 거기에 있습니다. 내 힘으로는 참고 견딜 수 없는 과정을 영광의 힘을 좇아 모든 능력으로 능하게 하시기 때문입니다.

다른 사람을 위해 기도할 때도 마찬가지입니다. 그 사람이 기쁨으로 모든 견딤과 오래 참음에 이르게 하기 위해 우리는 기도해야 합니다. 욥기 5장 7절은 "사람은 고생을 위하여 났으니 불꽃이 위로 날아가는 것 같으니라"라고 했습니다. 이 땅에 무슨 천국이 있을 것처럼 착각하지 말라는 것입니다. 산 넘어 산, 강 건너 강, 계속해서 이어지는 그 힘든 인생 가운데서 하나님과 동행하는 삶이 천국입니다.

그래서 우리는 우리가 참고 견뎌야 할 많은 일로 인해 감사해야 합니다. 끝까지 견디는 자가 구원을 얻는다는 말씀을 붙들고 서로가 기도하고 격려해주어야 합니다.

기도 어떤 사람, 사건 때문에 너무 힘이 듭니다. 제가 당하는 고난의 종류가 어떠하든지 하나님께서 주시는 영광의 능력으로 기뻐하며 잘 감당하게 하옵소서. 고난을 통해 저를 더 성장시키실 주님을 믿습니다.

성도의 기업을 얻게 하신다

우리로 하여금 빛 가운데서 성도의 기업의 부분을 얻기에 합당하게 하신 아버지께 감사하게 하시기를 원하노라 (골 1:12)

제게 있는 큰 감사 제목 중 하나가 성도의 기업을 얻기에 합당하게 하신 것입니다. 오래전 아이들 입시를 앞두고 골로새서를 묵상할 때만 해도 저희 아이들의 진로가 눈에 보이지도, 잡히지도 않았습니다. 그때 아이들은 비록 입시에 떨어졌지만 모든 일에서 말씀을 붙잡았습니다. 예수를 믿는 믿음만은 분명하게 지켰던 것입니다.

그때 저는 저희 아이들이 그렇게 말씀을 붙잡는 모습을 보면서, 성도로서 기업의 부분을 얻었기 때문에 더 이상 바랄 것이 없다고 생각했습니다. 그리고 세상의 기업은 얻지 못했지만 성도의 기업을 얻게 하신 아버지께 감사드렸습니다.

사실 눈에 보이는 것, 잡히는 것 하나 없는 상황에서 말씀을 붙잡고 믿음으로 감사하며 산다는 것은 생각처럼 쉽지 않습니다. 제말씀을 듣는 많은 분도 듣는 순간에는 그럴 수 있겠다 하시다가도 얼마 지나지 않아 '그래도 우리 아이는 떨어지면 안 되는데……' 합니다.

모두가 대학에 붙어서 하나님께 영광을 돌리고 싶어 합니다. 이 것이 우리의 모습입니다. 그러나 우리가 받은 참 성도의 기업은 대학 합격이나 경제적인 부에 좌우되지 않고 어떤 환경에서든 주님을 찬양하고 주께 감사드릴 때 더욱 견고해집니다.

기도 지금 처한 환경이 제게 허락하신 성도의 기업임을 알았습니다. 이 가운데 역사하시는 하나님을 기대하며 찬양합니다.

아들의 나라로 옮기신다

그가 우리를 흑암의 권세에서 건져내사 그의 사랑의 아들의 나라로 옮기셨으니 그 아들 안에서 우리가 속량 곧 죄 사함을 얻었도다 (골 1:13-14)

우리가 말씀으로 기도하면 우리를 아들의 나라로 옮기시는 주님이십니다. 그러나 이 땅의 흑암에도 권세가 있다고 합니다. 어둠에 속한 나라에 얼마나 권세가 많은지 우리도 쉽게 그 권세와 타협하며 살아갑니다. 예수를 믿는다고 하면서도 세상과 갈등 없이 잘 살아갑니다. 오히려 그런 사람이 더 잘 사는 것처럼 보이기까지 합니다.

깜깜한 어둠의 나라에서는 두 눈 멀쩡한 사람과 맹인 중 누가 더 잘 걸어갈까요? 앞이 안 보이는 맹인이 잘 걸어갈 것입니다. 밝은 빛 아래 두 눈으로 세상을 보며 살던 사람이라면 어둠 속에서 넘어져야 정상입니다. 이처럼 이 세상에서 잘 걸어가는 사람은 영적으로 맹인인 사람들입니다. 영적으로 깨어 있는 사람이라면 이 세상에서 넘어지고 아픈 것이 당연한 일이기 때문입니다.

아들의 나라 권세는 흑암의 권세와 감히 비교할 수 없는 것입니다. 그런데도 우리는 자녀가 일류 대학이나 대기업에 들어가면 그 권세에 빠져 자식의 구원에는 관심이 없습니다. 예수 안 믿고도 잘 먹고 잘사는 친구들을 부러워하기도 합니다. 그러나 흑암의 권세는 우선은 좋아 보일지 몰라도 결국은 나와 자녀의 생명을 빼앗는, 그야말로 어둠의 권세일 뿐입니다. 정 우리에게 세상 것이 필요하다면, 영생을 주고 만물을 다스리는 권세를 주신 하나님께서 그 모든 것을 허락해주실 것입니다.

여러분은 어떤 권세를 의지하고 있습니까? 혹 흑암의 세계에서 자신이 맹인인 것도 모른 채 동분서주하며 다니는 사람은 아닙니까? 우리가 '그 아들 안에서 속량과 죄 사함'을 얻은 것은 예수께서 우리를 위해 죽으심으로 이루어졌습니다. 그렇기 때문에 내가 다른 사람을 아들의 나라로 인도하기 위해서는 나도 죽어야 합니다. 내가 누리고 있는 아들의 나라를 가정과 교회 그리고 직장에 전하기 위해서는 날마다 내가 죽어야 하는 것입니다.

다른 사람을 위해 죽을 수 있기를 구하십시오. 내 상황이 아무리 답답하고 억울하다 할지라도 내가 선 자리에서 나의 십자가를 감당할 수 있게 해달라고 기도하십시오. 그 십자가의 죽음만이 나와 내가족 그리고 지체들을 흑암의 권세에서 건질 수 있습니다.

기도 흑암의 권세인 줄도 모르고 잘도 걸어갔던 저를, 말씀의 빛으로 깨워주시니 감사합니다. 아직 흑암의 권세에서 헤매는 이들을 위해 매일 십자가 길을 걸어갈 수 있도록 도와주옵소서.

하나님 뜻에 합당한 기도

하나님 나라를 알지 못하면 합당한 기도를 할 수 없고, 합당한 열매를 맺을 수 없습니다. 그러나 날마다 말씀을 묵상하며 그 묵상한 말씀으로 기도하면 하나님의 뜻에 합당한 기도를 할 수 있습니다.

어떤 분은 기도할 때 "생사화복을 주장하시는 주님"에는 죽을 사(死)가 있어서 "복의 주님" 하고 기도하고, 입시를 앞둔 자녀가 있는 분들은 대학에 떨어지는 게 연상돼서 하루 종일 "붙게 해주옵소서" 하고 기도한다고 합니다.

그래서 입시철 새벽기도회에는 빈자리 없이 사람들이 꽉 들어 찹니다. 수능시험을 치는 날은 아예 시험 시간표와 똑같이 시험시간에 기도하고, 쉬는 시간에 같이 쉬고, 점심시간에 같이 먹고, 시험을 마치기 10분 전쯤에는 잘 찍게 해달라고 기도하는 교회도 있다고 들었습니다. 우리는 갖고 싶고 누리고 싶은 욕심 때문에 애통하고 절통한 기도를 하는 것입니다.

감옥에 갇혀서도 골로새 교인들의 영혼을 위해, 그들이 하나님 나라만 바라보기를 구하는 바울의 간절한 기도를 보았습니다. 오늘 아침, 어떤 기도로 하루를 시작하셨습니까? 매일 큐티로 하루를 시작하면 자연스럽게 기도를 하게 됩니다. 그날의 본문 말씀을 깨닫게 해달라고 기도하시고 말씀대로 적용하는 삶이 되도록 기도하십시오. 오직 하나님의 생명의 말씀이 저와 여러분 모두의 산 소망이 되고 기도제목이 되기를 소원합니다.

이 장을 마무리하며 골로새서 1장 말씀으로 기도하겠습니다.

아버지 하나님!
바울이 하나님의 뜻으로 사도 된 것처럼, 저도 이 자리에 있는 것이
제 원함이 아닌 하나님의 뜻이었음을 고백합니다.
하나님께서 지금까지 베풀어주신 영광과 은혜를 찬양합니다.

제게 맡기신 일이 하나님의 뜻이면, 해도 안 해도 되는 일이 아니라
반드시 해야만 하지 않겠습니까.

주님이 맡기신 일이 무엇인지를 깊이 생각하며
제 삶 속에서 그것을 받아들일 수 있도록 역사해주옵소서.

그럴 때 주 안에서 형제 된 디모데를 허락하신다고 하셨습니다.

골로새에 있는 신실한 형제들에게 보내는 바울의 편지를 읽으며,
이 책을 읽는 분들에게 하나님의 말씀을 전하는 편지로
저를 보내주신 것에 감사드립니다.

지금까지 교회를 다녔지만 말씀의 능력을 맛보지 못하고
현재 닥친 일로 인해 실족한 분이 있다면
아버지께로부터 오는 능력과 평강을 깨닫게 되기를 원합니다.

또 제가 누군가를 위해 기도한다고 생색을 내면서
정작 기도는 많이 하지 못할 때가 있습니다.

주님, 용서해주시옵소서.

저는 선교의 소식이 들리는 믿음의 자리보다는
제 귀에 즐거운 말이 있는 곳에 거하기를
좋아하는 이기적인 사람입니다.

바울이 선교지를 위해 늘 기도하며 그곳을 궁금해하고
보고 싶어 하던 것처럼 저도 이 땅의 교회와 나라와 선교지를 위해
기도하는 사람이 되게 해주옵소서.

골로새 교인들이 복음과 진리의 말씀으로 말미암아

하나님 나라에 대한 소망을 가지고
믿음과 사랑을 실천할 수 있었던 것처럼,
저도 복음의 말씀을 마음 판에 새기고
다른 이들에게 복음을 전하게 해주옵소서.

아버지 하나님!
신랑 되신 예수님이 얼마나 부요한 분인지 알게 하시고,
그 재산명세서인 말씀을 제가 먼저 누리게 하시고,
다른 사람들에게도 나누어주게 해주옵소서.
바울이 옥에 갇혀 있으면서도 자신이 풀려나기를 바라기보다는
주위 사람들에게 복음이 이르러 온 천하에 열매 맺기를 바라는
인생을 살았던 것처럼, 저도 교회의 성장과 지체의 구원 때문에
감사하는 사람이 되게 해주옵소서.
아직도 제게 닥친 일의 실마리는 보이지도, 잡히지도 않지만
이 모든 것을 감사함으로 받을 때
하나님이 이 모든 일을 풀어주실 줄 믿습니다.
이런 인생을 살면서 서로 배우고 듣고 가르치기를 원합니다.
제 곁에 이런 사역을 고할 수 있는 지체를 주시고,
같이 기도할 지체를 주옵소서.
저와 모든 분들에게 신령한 지혜와 총명으로
하나님의 뜻을 아는 것으로 채워주옵소서.

그리하여 교회나 가정에 고난이 있더라도

말씀만 사모하게 해주시기를 원합니다.

이것은 저 자신을 위한 기도이며 특별히 자녀를 위한 기도입니다.

참으로 예수가 길이요 진리요 생명입니다.

그러므로 우리가 헛된 것을 구하지 않게 하시고,

주 안에서 산 소망을 인하여 말씀만 사모하는 환경을 허락해주옵소서.

저와 모든 지체들이 예수 그리스도를 아는 것에

자라 가도록 축복해주옵소서.

날마다 들리는 말씀으로 기도하며 주님을 깨우는 자 되기를 원합니다.

주님이 누구이신지 잘 알아 합당히 행함으로

주님을 범사에 기쁘시게 하며

또한 선한 일에 열매 맺으며

하나님을 아는 것에 자라 가도록 인도해주옵소서.

주님은 제가 말씀을 놓지 않고 걸어갔을 때

큰 힘과 능력과 영광을 주셨습니다.

아직도 제 남은 인생에 영광의 힘의 능력을 좇아서

견디고 참아야 할 일이 많은 줄 압니다.

그러나 지금까지 인도해주신 것처럼 주께서

모든 견딤과 오래 참음에 이르게 하실 줄 믿습니다.

능력 주시는 자 안에서 능치 못함이 없으리라 하신 하나님께서

모든 어려움에서 능력 주실 것을 믿습니다.

성도의 기업을 허락하신 하나님!

저와 남편 그리고 자녀들을 구원해주심에 감사드립니다.

저는 이 사실이 너무나 기쁘고 감사합니다.

이 땅에서 수많은 유혹과 흑암의 권세에 놀라지 않게 하시고,

하나님의 말씀을 통하여 날마다 아들의 나라로 옮겨지기 위해

썩는 밀알이 되게 하옵소서.

예수 그리스도가 저를 위해 죽으신 것처럼 저도 남을 위해

죽는 역사가 날마다 일어나게 도와주옵소서.

감사와 찬양을 드리며 예수님 이름으로 기도합니다. 아멘.

Part 3

나를 살리는

큐티의 적용

누가 뭐래도 안 깨지는 '자기 의'도 자신의 힘으로는

어찌할 수 없는 불가항력적인 일을 통해 무너집니다.

돈으로도 자식으로도 제아무리 안 무너지는 '육'이라 할지라도

어떤 한 가지의 한계가 모든 사람에게 다 있는 것입니다.

하나님이 나에게 찾아오시는 일은 회개로부터 시작됩니다.

그러나 회개는 인간의 힘으로는 못 합니다.

그래서 회개할 수 있는 것도 인간이 받은 축복입니다.

Chapter 15

마태복음,
예수님 계보의 비밀

아브라함과 다윗의 자손 예수 그리스도의 계보라······ 유다는 다
말에게서 베레스와 세라를 낳고······ 살몬은 라합에게서 보아스
를 낳고 보아스는 룻에게서 오벳을 낳고 오벳은 이새를 낳고 이새
는 다윗 왕을 낳으니라 다윗은 우리야의 아내에게서 솔로몬을 낳
고······ 야곱은 마리아의 남편 요셉을 낳았으니 마리아에게서 그
리스도라 칭하는 예수가 나시니라 _마 1:1-16

예수님의 계보에 오른 사람들

"저는 병든 시어머니를 때린 나쁜 여자입니다."

저희 큐티엠 홈페이지 간증란에 어느 집사님이 올린 글의 제목입니다. 집사님은 글의 첫머리에 "수십 년의 공이 하루아침에 무너졌다"고 쓰셨습니다. 집사님은 뇌졸중으로 쓰러진 후 치매 증세를 보이는 시어머니의 병간호를 위해 잠시도 집을 못 비운다고 했습니다. 그런데 며칠 전에 집에서 5분 정도 떨어진 슈퍼에 두부를 사러 가느라 잠시 집을 비웠다고 합니다. 잠깐인데 어쩌랴 싶어 산책 삼아 슈퍼에 다녀오느라 집을 비운 시간은 약 15분 정도였습니다.

그런데 그날 밤, 시어머니께서 저녁 식사를 하러 나오셔서는 "낮에 네가 집을 비운 사이 웬 시커먼 놈이 왔다 갔다"고 하시더랍니다. 열쇠도 없이 낯선 사람이 집에 들어올 리가 없어 꿈을 꾸셨나 보다 하고 넘기려는데, 시어머니가 뜬금없이 그 남자가 집사님과 불륜 관계를 가지러 왔다고 하더랍니다. 전에도 자주 그랬다면서 "남편 있는 여자가 어떻게 그럴 수 있느냐"고 집사님을 쏘아붙였나 봅니다.

처음 있는 일이 아니었다고 합니다. 몇 십 년을 그런 허상에 집착해 없는 이야기를 만들어내셨고, 그 때문에 집사님이 수없이 매를 맞고 고통받았다고 합니다. 그 순간 옛 기억들이 되살아나서 분노가 치밀어 올라 악을 쓰며 싸우다 시어머님을 밀쳐서 쓰러뜨렸다고 합니다. 그래서 시어머니가 뇌수술을 받으셔야 하는데 너무 나 부끄럽다고 하면서 자신에게 쏟아지는 질타를 감당할 수 있게 해달라고, 또한 어머니의 수술을 위해 기도해달라고 글을 올리신 것입니다.

저는 그 글을 보면서 감히 드릴 말씀이 없었습니다. 여러분은 어 떠신지요. 집사님을 '나쁜 여자'라고 비난하실 수 있겠습니까?

신약성경의 첫 장인 마태복음 1장은 예수님의 계보입니다. 그 계보에는 믿음의 조상 아브라함과 하나님의 마음에 합했던 다윗과 사람들로부터 '나쁜 여자'라고 손가락질당할 만한 네 명의 여인이 나란히 등장합니다. 그러나 그 '나쁜 여자'들은 우리의 고정관념을 깨고 예수님의 계보에 당당하게 올랐고, 예수님의 조상이 되었습 니다.

보통 성경을 읽으려고 마태복음 1장을 펴면 '누가 누구를 낳고, 누가 누구를 낳고, 낳고, 낳고……' 하니까 딱 읽기가 싫어집니다. 그런데 이 예수님의 계보는 마태복음 1장뿐 아니라 누가복음 3장 에도 나오고, 사도행전 7장에도 나옵니다. 그리고 각각을 쓴 저자 의 의도는 다 다릅니다. 그렇다면 마태복음 1장의 계보는 어떻게 읽어야 할까요?

말씀묵상에는 책별 적용과 장별 적용이 있습니다. 예를 들면 마 태복음 전체를 왕으로 오신 예수님에 대한 말씀으로 보는 것이 책 별 적용이고, 각 장을 '예수님의 계보', '예수님의 탄생', '시험받으시는 예수님' 하는 식으로 찾아내는 것이 장별 적용입니다. 그리고 말씀 한 절 한 절을 놓고 하나님의 음성을 듣는 절별 적용이 있습니다.

그런 면에서 마태복음 1장은 한 절 한 절을 놓고 적용하기는 쉽지 않은 장입니다. '낳고, 낳고, 낳고'만 반복되고 사람 이름만 많이 나오니까 성경을 잘 안 읽는 분들은 딱 읽기가 싫어집니다. 그러나 성경 읽는 훈련이 되신 분들은 오히려 이런 본문에서 더 은혜를 받습니다.

아브라함과 다윗의 자손 예수 그리스도의 계보라 (마 1:1)

어떤 예수님이신가요? '아브라함과 다윗의 자손'이시고 '계보' 가 있으신 분입니다. 하나님께서는 그분 자신이 구약에서 말씀하신 언약을 얼마나 정확하게 이루셨는지 보여주시기 위해 예수 그리스도의 육적인 계보를 밝히십니다. 그 언약을 따라 인류 역사에 등장하신 예수님이 내 안에 들어오는 것이 복음입니다.

하나님께서는 언약을 반드시, 또 점진적으로 이루어가신다는 사실을 계보를 통해 알 수 있습니다. 하나님께서는 창세기 3장에서 예수님이 여인의 후손으로 오실 것을 말씀하시고, 12장에서는 아브라함이 큰 민족을 이루어 복의 근원이 되리라 약속하셨습니다. 그리고 이사야서 7장에서는 '임마누엘'의 하나님을 알려주십니다. 그렇게 서서히 구체적인 이름을 밝히시다가 마태복음에 와서는 "이름을 예수라 하라"(마 1:21)고 정확하게 이르셨습니다.

> 아브라함이 이삭을 낳고 이삭은 야곱을 낳고 야곱은 유다와 그의 형제들을 낳고 (마 1:2)

마태복음 1장에 '낳고, 낳고, 낳고'가 무려 마흔두 번 반복되는 데 반해, 창세기 5장에는 '누구는 몇 살을 살고 죽었더라, 죽었더라, 죽었더라'가 반복해서 나옵니다. 이 땅의 인생은 '죽었더라'로 끝나지만 예수 그리스도의 계보가 내게 임하면 '낳고'의 삶이 됩니다. 여러분도 생명 낳는 삶을 적용해보시기 바랍니다.

적용 올해는 몇 명의 영적 자녀를 낳을 수 있을까요? 생명을 낳는 전도의 열매가 많은 한 해가 되도록 구체적으로 기도하십시오.

영적 자녀 낳는 적용

영적 자녀를 낳기로 적용을 하긴 했는데, 그렇다면 이제 어떤 자녀 낳기를 구해야 할까요? 아브라함에게는 이스마엘과 이삭 두 아들이 있었습니다. 이스마엘은 아브라함의 장자(長子)로, 아브라함의 영적인 부인 사라에게서 예수 그리스도의 조상이 태어날 것이라는 하나님의 약속을 믿지 못하고 하갈에게서 낳은 아들입니다. 낳고 보니 이스마엘은 사냥도 잘하고 남자다웠습니다. 그러나 하나님께서는 그후 13년 동안 아브라함에게 침묵하셨기 때문에 그의 삶은 곤고했습니다.

그렇게 태어난 이스마엘에 비하면 불임의 아픔을 겪고 사라에게서 태어난 이삭은 너무 연약해 보입니다. 그러나 하나님께서는 계속해서 이삭이 후사가 되리라고 말씀하셨습니다. 우리도 믿음 생활을 하다 보면 뭘 잘 모르겠거나 헷갈릴 때는 환상이나 예언을 통해 하나님의 뜻을 알게 되기도 합니다. 제가 전에 다니던 교회의 담임목사님도 예수 믿을 때와 결혼할 때 그리고 교회를 분립할 때 환상을 보셨다고 합니다. 그런데 이 환상은 목사님의 믿음이 좋아서라기보다 목사님이 결정을 못하고 머뭇거리니까 하나님께서 할 수 없이 보여주신 것이라고 하셨습니다.

하나님은 이삭에게 야곱이 영적 아들임을 가르쳐주셨습니다. 그런데 이삭은, 에서가 남자답고 효자인데 반해 야곱은 거짓말도 하고 돈 벌겠다고 집을 떠나기도 하고 여자 문제도 많다 보니 헷갈렸습니다. 하지만 결국 고생을 많이 한 야곱이 주님을 만납니다.

적용 우리가 전도할 사람은 이스마엘같이 멋진 사람이 아닙니다. 연약한 자를 들어 쓰시는 하나님의 눈으로 사람을 바라보시기 바랍니다.

야곱은 힘든 사건을 통해 영적인 메시지를 깨닫는 유다를 주의 깊게 지켜보았을 것입니다. 그러나 38장이 지나고 나면 다시 요셉의 이야기로 이어집니다. 요셉이 육적으로 먹여주고 입혀주고 있기 때문입니다. 유다가 자기 며느리와 간음한데 반해 요셉은 보디발의 아내가 잡아끌며 유혹해도 넘어가지 않았습니다. 사실 유다가 아무리 고난을 통해 예수를 만났어도 기왕 믿으려면 요셉처럼 믿고 싶은 생각이 절로 듭니다. 그리고 요셉 같은 아들을 자랑하고 싶은 것은 두말할 나위도 없습니다.

창세기 48장과 49장을 보면, 손자 중에 에브라임과 므낫세를 축복하면서 동생인 에브라임을 장자로 축복하자 요셉이 기뻐하지 않았다고 했습니다. 야곱이 몰라서 그런 것이 아니었는데 요셉은 전통적인 장자의 개념을 버리지 못하고 있었습니다. 믿음이란 그런 모든 것을 초월하는 것인데 요셉에게는 그 같은 믿음의 눈이 부족했습니다. 야곱은 그런 요셉의 모습을 보고 나서야 '과연 유다였구나' 하고 유다를 예수님의 조상으로 축복합니다.

적용 나는 물질의 축복을 받는 자녀와 영적인 축복을 받는 자녀 중에 어떤 자녀를 자랑스러워합니까? 내 자식들이 유다처럼 거친 삶을 살아서라도 꼭 영적인 축복을 받기를 바라십니까?

몇 천 년이 지난 후, 예수님의 계보에는 유다가 올라 있습니다. 부모는 본능적으로 잘난 자녀보다는 연약한 자녀를 위해 더 많은 눈물로 기도합니다. 그러면서도 그런 자녀가 남들에게 알려지는 것은 싫어합니다. 이것이 우리의 솔직한 모습입니다.

그러나 나의 자녀들을 인간적인 눈으로 보지 않고 하나님께서 맡기신 생명으로 보면 잘남이나 못남이 크게 상관이 없습니다. 내 욕심과 기대를 버리면 실망할 것이 없습니다. 오히려 연약한 자를 들어 쓰시는 하나님을 떠올리며 감사할 수 있습니다.

그러니 이삭과 야곱, 유다를 볼 수 있는 부모가 되게 해달라고 기도하십시오. 그리고 나의 자녀가 어떤 상황에서도 예수 믿는 것을 가장 우선순위에 놓고 살게 해달라고 기도하십시오.

유다는 다말에게서 베레스와 세라를 낳고 베레스는 헤스론을 낳고 헤스론은 람을 낳고 람은 아미나답을 낳고 아미나답은 나손을 낳고 나손은 살몬을 낳고 (마 1:3-4)

헤스론, 람, 아미나답, 나손, 살몬과 같은 사람은 많이 알려지지 않았습니다. 그러나 유명하지 않아도 그들은 영적 계보를 이어주는 중요한 역할을 하고 있습니다. 믿음의 1대손이 있어야 2대손이 있고, 2대손이 있어야 3대손이 있습니다. 말씀을 잘 전하고 기도와 전도를 잘하는 것도 중요하지만, 이렇듯 연결 고리 역할만 잘한다고 해도 하나님 나라의 상급은 있는 것입니다.

큐티엠 홈페이지에 한 집사님이 올려주신 글 중에 이런 이야기가 있습니다. 어느 교인이 천국에 갔는데, 하루는 천국이 손님 맞을 준비로 온통 축제 분위기가 되었다고 합니다. 그래서 빌리그레이엄 목사님이나 한경직 목사님이 오시나 하고 구경을 하는데, 이름도 얼굴도 전혀 모르는 사람이 오더랍니다. 그리고 그 사람 역시 생각지도 못한 환영에 놀라 어리둥절해 있는데, 하나님께서 "네가 아주 큰일을 했다"며 칭찬하시는 것이었습니다. 알고 보니 그 사람은 주일학교 교사였습니다. 비록 그 사람이 가르친 학생 수는 얼마 되지 않았지만, 그 학생들이 자라서 다른 아이들을 가르치고 해서 불어난 아이들이 하나님의 용사로 세계 곳곳에서 일하게 된 것입니다.

이름 없이 일한다고 낙심할 필요가 없습니다. 한 사람 한 사람을 말씀 듣는 자리에 인도하면 훗날 천국에서 환영받는 사람이 될 수 있기 때문입니다.

적용 내 주위에 평범해 보이는 헤스론과 람과 아미나답은 누구입니까? 그들을 인정하며 존경합니까? 다시 한 번 믿음의 조상에게 감사하고, 나도 그런 조상이 되게 해달라고 기도하십시오.

살몬은 라합에게서 보아스를 낳고 보아스는 룻에게서 오벳을 낳고 오벳은 이새를 낳고 (마 1:5)

계보의 비밀

전체 계보를 보면, 2절 유다에서 6절의 다윗까지는 그야말로 열등감의 시대입니다. 시아버지와 간음한 다말, 기생 출신의 라합, 모압 여인으로 남편을 잃고 살다가 보아스에게 은혜를 입은 룻 그리고 6절에 나오는 우리야의 아내 밧세바 이렇게 네 여인들은 특히 말이 필요 없습니다.

당시 유대 사람들은 이방인을 가장 무시하고 개만도 못하게 여겼습니다. 그런데 이방인 중에서도 여자, 여자 중에서도 창기 그리고 간음한 여인들의 이름이 예수님의 계보에 올라가 있습니다. 사라나 리브가 같은 현모양처의 이름은 다 빠진 채 말입니다.

적용 혹 주변 사람들을 대할 때 학벌이나 집안 형편을 따진 적은 없는지 생각해 보시기 바랍니다.

이새는 다윗 왕을 낳으니라 다윗은 우리야의 아내에게서 솔로몬을 낳고 (마 1:6)

비천한 여인들에게서 다윗 같은 왕이 나왔습니다. 이러한 역사적 사실은 오늘날 우리에게도 일어날 수 있습니다. 우리가 비천한 사람일지라도 예수 믿는 나에게서 다윗과 같은 자손이 나올 수도 있는 것입니다. 다윗과 간음했던 밧세바는 이름도 언급되지 않고 '우리야의 아내'로만 기록되어 있습니다. 이 구절을 통해 우리는 다윗의 리더십과 우리야의 리더십을 비교해볼 수 있습니다.

미국의 경영학자 피터 드러커는 《미래기업》이라는 책에서 아랫사람이 해서는 안 될 두 가지를 말합니다. 그 첫째가 윗사람을 놀라게 하지 말라는 것입니다. 특히 공식적인 자리에서 즐거운 일로라도 상사를 놀라게 해서는 안 된다고 합니다. 상사의 체면을 손상시킬 수 있기 때문입니다. 부하 직원 입장에서야 어떤 일을 잘해내서 상사를 놀래주고 싶을 수 있지만, 저자는 상사 모르게 일을 만드는 것이기 때문에 해서는 안 된다고 말합니다. 또 한 가지는 절대로 상사를 과소평가하지 말라는 것입니다. 상사가 교양 없고 어리석어 보여서 내가 상사를 과소평가한다면, 상사도 그것을 알게 되고 매우 괘씸하게 생각할 것이기 때문입니다.

중국의 작가 니와 순페이는 《제왕학》에서 공기 같은 지도자가 가장 훌륭한 지도자라고 말합니다. 상사가 있고 없고 관계없이 직원들이 열심히 일하고 잘 돌아가는 공동체의 지도자가 바로 공기 같은 지도자입니다. 그리고 그다음이 사랑받고 존경받는 지도자니까, 공기 같은 지도자보다는 못한 것입니다.

우리야는 다윗이 전쟁 중에 불러서 아내와 동침하라고 명해도 집에 내려가지 않고 왕궁 문에서 신복들과 잤다고 했습니다(삼하 11:6-13 참조). 아랫사람으로서도 충성스러웠고 윗사람으로서도 아랫사람들을 잘 돌아본 사람이었습니다. 그래서 하나님은 그를 예수님의 계보에 올려주셨습니다. 이처럼 한 사람이 어떻게 사느냐에 따라 집안과 공동체가 사는 것입니다.

적용 나는 가정과 교회, 직장에서 어떤 사람으로 살아가고 있습니까? 우리야처럼 지체를 섬기고 지도자를 섬기는 삶을 살도록 기도하십시오.

솔로몬은 르호보암을 낳고 르호보암은 아비야를 낳고 아비야는 아사를 낳고 아사는 여호사밧을 낳고 여호사밧은 요람을 낳고 요람은 웃시야를 낳고 웃시야는 요담을 낳고 요담은 아하스를 낳고 아하스는 히스기야를 낳고 히스기야는 므낫세를 낳고 므낫세는 아몬을 낳고 아몬은 요시야를 낳고 바벨론으로 사로잡혀갈 때에 요시야는 여고냐와 그의 형제들을 낳으니라 (마 1:7-11)

원래 스물한 명의 왕이 있는데 6절부터 11절까지 살펴보면 14대로 끊어져 있는 것을 알 수 있습니다. 여기에 빠진 사람은 아달랴, 아하시야, 요아스, 아마샤 같은 유다의 왕들입니다. 그렇다면 그 유다 왕들의 이름이 예수님의 계보에서 빠진 이유는 무엇일까요?

잘 살펴보면 그들이 아달랴 계열에 속한 사람들인 것을 알 수 있습니다. 아달랴는 북이스라엘 왕 아합의 부인 이세벨의 딸입니다. 남유다의 여호사밧은 의로운 왕이었지만 잘못된 정략결혼으로 이세벨의 딸을 부인으로 데려왔습니다. 어머니를 닮아 잔인했던 아달랴는 결국 왕자들을 다 죽이고 스스로 여왕의 자리에 앉으며 남유다를 멸망의 지경에 이르게 했습니다. 그녀의 아들, 손자가 다 예수님의 계보에서 빠져 있는 것입니다.

그렇게 우상숭배를 했던 아하스와 악한 왕이었던 므낫세도 이름은 올랐는데, 아달랴에게서 난 자들은 모두 계보에 오르지 못했습니다. 집안에 어떤 배우자가 들어오느냐에 따라 삼사 대에 이르기까지 저주가 이어지는 것입니다.

적용 혹 본인이나 자녀의 결혼을 앞두고 있습니까? 잘못된 정략결혼이 예수님의 계보에서 끊어지게 했습니다. 연약하고 비천한 자라도 오직 믿음의 배우자를 택하도록 기도하십시오.

바벨론으로 사로잡혀간 후에 여고냐는 스알디엘을 낳고 스알디엘은 스룹바벨을 낳고 스룹바벨은 아비훗을 낳고 아비훗은 엘리아김을 낳고 엘리아김은 아소르를 낳고 아소르는 사독을 낳고 사독은 아킴을 낳고 아킴은 엘리웃을 낳고 엘리웃은 엘르아살을 낳고 엘르아살은 맛단을 낳고 맛단은 야곱을 낳고

(마 1:12-15)

예수님의 계보에는 역시 알려지지 않은 이름들이 많습니다. 이스라엘은 5백 년의 번영기에 이어 5백 년의 암흑기를 지냈는데, 그때에도 하나님께서는 예수님의 계보를 이어가게 하셨습니다.

인생 만남

야곱은 마리아의 남편 요셉을 낳았으니 마리아에게서 그리스도라 칭하는 예
수가 나시니라 (마 1:16)

아멘! 이 구절을 묵상하면 이제 우리 가정에도 예수가 나는 역
사가 있겠구나 싶어 감격스러운 마음이 됩니다. 생각만 해도 얼마
나 감격스럽습니까?

우리는 여기서 요셉의 호칭을 주의 깊게 보아야 합니다. 성경에
서 요셉을 '마리아의 남편'이라 하고 있습니다. 그리고 예수는 요
셉에게서가 아니라 마리아에게서 나셨다고 기록되어 있습니다. 이
말씀에서 남자 분들은 이제 누구누구의 남편으로 불리는 것에 대
해 적용을 하셨으면 좋겠습니다. 이제는 남자들이 먼저 자기 아내
를 인정하고 세울 수 있어야 합니다.

《빙점》과 《길은 여기에》를 쓴 소설가 미우라 아야코의 남편은
평생 척추 장애인인 아내를 뒷바라지하며, 아내가 구술하는 것을
대필해서 책으로 출판했습니다. 자신은 드러나지 않았지만 평생
기쁘게 아내를 섬기며 살았다고 합니다.

언젠가 코스타에서 어떤 사모님이 강사로 서신 적이 있는데, 남
편 목사님이 부인을 어찌나 섬기시는지 정말 부러웠습니다. 본인
이 목사님이신데도 부인이 강사로 서게 된 것을 자랑스러워하셨

습니다. 부인이 강의할 때는 열심히 사진을 찍더니, 강의가 끝나 돌아갈 때는 외투도 입혀주시고 차 문까지 열어주시는 것이었습니다.

부부가 서로를 알고 인정해준다는 것은 위대한 일입니다. 남편이 나보다 못한 부분이 있어도 나를 낮추며 섬기고, 남편도 아내의 나은 부분을 인정해주어야 합니다. 부부로 살면서도 서로를 인정하지 못하고 말이 통하지 않으면 하나가 될 수 없습니다.

우리는 타인의 말을 들어줌으로써 그 사람을 최고에 이르게 할 수 있습니다. "무엇을 말하고 싶어 하는 사람과 말을 진지하게 들어주려는 사람과의 만남은 말하자면 하나의 '사건'이라고 할 수 있다." 프랑스 철학자 피에르 상소가 쓴《느리게 산다는 것의 의미》에 나오는 구절입니다. 인생에서 가장 큰 사건 하나가 말이 통하는 사람끼리의 만남입니다. 이야기를 한다는 것과 들어준다는 것은 서로를 받아들인다는 것이고 사랑한다는 뜻입니다.

적용 누구의 남편으로 불린 적이 있습니까? 아니면 남편이 나의 이름으로 불릴 만한 십자가의 열매가 나의 삶에 나타나고 있습니까? 우리 부부는 서로를 얼마나 받아들이고 인정하고 있습니까?

프랑스 여배우처럼 예뻤던 제 친구가 대학교 때 가출을 하면서까지 부모님이 반대하는 결혼을 했습니다. 남자는 홀시할머니와 홀시어머니에 부양해야 할 식구가 열 명이나 있고 집안 형편도 말할 수 없이 어려운 사람이었습니다. 재원에 외모도 수려한 딸이 그런 집안에 시집가겠다고 하니 가족들은 당연히 반대했습니다.

그래서 살지 말고 그대로 돌아오라고 수저 한 벌도 안 해줬습니다. 그렇게 힘들게 결혼했는데, 남편이 사업에 실패하는 바람에 어쩔 수 없이 시댁에 들어가 살게 되었습니다.

그런데 시댁 사람들은 입만 열면 제 친구를 숟가락 하나도 안 해왔다며 온갖 욕설을 퍼부으면서 구박했습니다. 그리고 남편이 집에 들어오면 시할머니, 시어머니, 온 식구가 붙어서 친구의 흉을 보기에 바빴습니다. 그런데 그 남편이 단 한 번도 친구를 타박하지 않았다고 합니다. 자기 가족들이 아무리 흉을 봐도 아내가 그럴 만해서 그랬으리라 생각하고 거기에 대해 아무 말도 하지 않은 것입니다.

그런 둘의 만남이 하나의 '사건'입니다. 그 사건이 있었기에 제 친구는 남편을 목사로 만들었습니다. 그리고 시댁 식구 모두가 예수님을 믿게 되었습니다. 곁에서 지켜보던 사람들 모두 6개월만 살아도 손에 장을 지진다고 했습니다. 그러나 친구는 그 환경을 이겨냈고 영적 자녀를 얻었습니다.

마리아와 마리아의 남편 요셉도 서로 말이 통하는 사람들이었습니다. 그 둘의 만남도 그리스도께서 이 땅에 오시는 '사건'이었습니다. 말초적인 이야기가 아니라 본질적인 이야기가 서로 통한다는 것은 굉장한 축복입니다.

꼭 남편과 아내가 아니더라도 마리아와 요셉 같은 동반자, 믿음의 지체가 우리 삶에 있다면 거기서 엄청난 영적인 힘을 얻을 수 있습니다. 그리고 그 힘으로 힘든 시집살이나 그 밖의 고난도 감당하게 되는 것입니다.

적용 부부간에 서로 말이 통하고 있습니까. 남편, 아내 말고도 말이 통하는 지체가 곁에 있습니까?

그런즉 모든 대수가 아브라함부터 다윗까지 열네 대요 다윗부터 바벨론으로 사로잡혀갈 때까지 열네 대요 바벨론으로 사로잡혀간 후부터 그리스도까지 열네 대더라 (마 1:17)

7은 완전수입니다. 히브리어는 철자 하나마다 숫자가 정해져 있는데 다윗의 철자를 수로 바꾸어 합하면 14가 됩니다. 고대 근동의 한 달은 28일이었는데 그 절반인 14는 한 달의 정점입니다. 거기에 다윗이 있습니다. 그리고 열네 대를 더 내려와서 7의 묶음수가 맞아 떨어지는 때에 예수 그리스도가 오셨습니다. 이는 하나님의 완전한 때가 이르렀기 때문입니다.

적용 내 가정에도 하나님의 완전한 때가 이르면 예수님이 오실 것입니다. 내가 죽은 후에라도 반드시 오셔서 내 자손이 예수 그리스도의 자손 될 것을 믿고 계십니까?

마태복음 1장 1절부터 17절까지가 구약 전체의 요약입니다. 이는 큐티의 진수라고 할 수 있습니다. 1, 2절이 창세기 1장부터 38장까지라면 3, 4절은 그 이후부터 모세오경까지이고, 5절은 룻기, 6절부터는 사무엘상하, 역대상하로 이어집니다. 이 열일곱 절만 잘 읽고 묵상해도 구약을 요약할 수 있는 것입니다. 우리는 성경 말씀만 가지고도 얼마든지 전도, 양육, 상담을 할 수 있습니다. 그러니 말씀을 요약하는 능력이 얼마나 큰 은혜인지 모릅니다.

거듭남이 없는 사람은 뭐가 중요한지 분별을 못하기 때문에 성경을 읽고 내용을 다 외워도 적재적소에 적용을 못 합니다. 거듭남이 없으면 성경을 백번 읽어도 거듭난 사람이 한 절 읽고 깨닫는 것보다 못합니다.

신학적인 지식이 있어도 말씀을 깨닫지 못하는 사람들이 많습니다. 우리도 이렇게 성령의 감동으로 구약 전체를 열일곱 절로 요약한 마태처럼 성경을 꿰는 사람이 되면 좋겠습니다.

적용 마태는 구약을 17절로 꿰었습니다. 나는 올해 성경을 몇 절로 꿰겠습니까? 그러기 위해 무엇보다 먼저 성경 보는 눈을 달라고 기도하십시오.

하나님 아버지!

복음이 제 가정과 교회와 공동체에 임하게 해주옵소서.

무엇보다 전도하는 삶을 살아 생명을 낳는 자가 되게 해주옵소서.

누구를 낳아야 할지 말씀을 통해 알려주셨는데,

부모로서 알게 모르게 자식을 차별하는 것을 용서해주시고,

연약한 자와 연약한 자녀를 찾아가는 사람이 되게 해주옵소서.

연약한 이삭과 야곱과 유다를 통해 제가 얼마나 제 소견대로

남을 판단하고 차별했던 사람인지 알게 되었습니다.

주께서 저의 연약한 자녀와 지체들을 친히 만나주시기를 원합니다.

주님!

비천한 여인들이 예수님의 계보에 오른 것을 보았습니다.

저도 집안의 동서를 대할 때 세상적인 기준으로 바라보는

선입견을 버리게 하시고, 지체들을 대할 때도

과거의 경력을 문제 삼아 대하는 일이 없도록 도와주옵소서.

이름 없는 람과 아미나답 그리고 나손과 살몬이 되기 원합니다.

이름을 얻는 큰 사역이 아니어도 한 사람 한 사람을

말씀 듣는 자리에 나오게 하는 것이 얼마나 중요한 소명인지를 알아

기쁘게 감당하게 하옵소서.

다윗과 우리야를 통해 섬기는 것과

섬김받는 것을 생각할 수 있었습니다.

저도 지도자와 지체들을 섬기고 또 그들의 섬김을 받을 때

하나님의 지혜로 하게 해주시기를 원합니다.

배우자를 선택할 때 아달랴 가문과 같은 외적인 것에

유혹되지 않게 하시고 믿음의 가문을 택하게 하옵소서.

요셉과 마리아의 만남이 그리스도를 오게 한 것처럼

마음이 통하고, 영혼이 통하고, 그것이 사건이 되어

많은 영적 자녀를 생산해낼 수 있는 만남을 허락해주옵소서.

이 모든 것에 그리스도의 완전한 때가 이르기를 원합니다.

그때가 이를 수 있도록 가정과 교회와 직장과 공동체를 축복해주옵소서.

감사드리며 예수님 이름으로 기도합니다. 아멘.

Chapter 16

에베소서,
부부생활 지침

아내들이여 자기 남편에게 복종하기를 주께 하듯 하라 이는 남편
이 아내의 머리 됨이 그리스도께서 교회의 머리 됨과 같음이니 그
가 바로 몸의 구주시니라…… 남편들아 아내 사랑하기를 그리스
도께서 교회를 사랑하시고 그 교회를 위하여 자신을 주심같이 하
라 _엡 5:22-25

남편에게 주께 하듯 복종하라

그리스도의 사랑으로 자녀가 되어 하나님을 본받는 자 된 우리들이 가장 먼저 그 본을 드러내야 할 곳은 가정입니다. 우리가 이 땅에서 가족으로 맺어진 이유는 오직 구원 때문입니다.

결혼식 주례와 부부생활을 다루는 설교에 자주 등장하는 에베소서 5장 22절에서 33절까지 말씀은 구원을 위한 사랑에 대한 것으로, 구속사적으로 읽지 않으면 순종하기 어려운 말씀입니다. 이 말씀을 깊이 묵상하여 하나님의 거룩을 이루기 위한 결혼생활의 지혜를 넉넉히 얻으시기 바랍니다.

아내들이여 자기 남편에게 복종하기를 주께 하듯 하라 이는 남편이 아내의 머리 됨이 그리스도께서 교회의 머리 됨과 같음이니 그가 바로 몸의 구주시니라 그러므로 교회가 그리스도에게 하듯 아내들도 범사에 자기 남편에게 복종할지니라 (엡 5:22-24)

서로 기뻐서 종노릇하는 것은 천국입니다. 우리가 해야 할 첫 번째 적용이 바로 남편에게 복종하기를 주께 하듯 하는 것입니다. 아내와 남편 서로가 주어진 분깃에 순종하며 시간 낭비하지 말라는 말씀입니다.

엘리자베스 엘리어트는 "여인이 남편에게 할 수 있는 최선의 일은 남편이 하나님의 뜻을 향하기에 용이하도록 해주는 것"이라고 말했습니다. 이기적인 나 자신을 주께 철저히 복종시키기 위해 남편을 통해 나를 훈련시키십니다. 그러나 남편이 머리이기에 머리 된 그 역할에 복종하라는 뜻이지 남편의 인격에 복종하라는 뜻은 아닙니다.

내가 그 역할을 잘 감당할 때 집안과 나아가 공동체에서도 인정받을 수 있습니다. 내가 남편에게 복종하는 것은 주님에 대한 복종을 증명하는 것입니다. 이는 역할이 다른 것이기에 남녀 차별이라 생각하면 안 됩니다.

진정한 영적 리더십은 희생과 섬김을 포함하기 때문에 생명을 내놓은 예수님에게 복종하듯이 남편의 리더십에 복종해야 합니다. 그래서 예수님과 관계를 잘 맺고 있는 부부는 서로 복종하는 데 문제가 없습니다. 그러나 예수님과 관계를 잘 맺고 있지 않으면 서로의 역할을 인정하지 못하기 때문에 열등감과 우월감의 싸움이 끊이지 않게 됩니다.

결혼은 서로 상대방에게 이해받기 위해 하는 것이 아니라 서로를 위해 무거운 짐을 더 많이 지기 위해 하는 것입니다. 결혼은 결혼 상대뿐만 아니라 그 가족과 형편 전부를 같이 짊어지고 가기 위한 것입니다. 그래서 서로 다른 성격과 환경과 지위에서 살다가 이 모든 것에 복종하기란 결코 쉽지 않습니다.

그러므로 결혼은 이 어려운 짐을 저 사람하고는 같이 질 수 있겠다는 확신이 들 때 해야지, 그저 나를 이해해주고 사랑해준다고 해서 하는 것은 성숙하지 못한 생각입니다.

여성 사역자 질 브리스코는 "자질이 뛰어난 남자는 동등한 자질을 가진 여자가 결코 위협이 되지 않는다"고 말했습니다. 그러나 이것은 예수 안에서의 자질일 때 통하는 것이지 인간적인 자질이 뛰어난 사람끼리 만나면 꼭 하나는 상처받게 되어 있습니다.

창세기, 에베소서, 골로새서에서 말하는 것이 다 그 이야기입니다. 다시 한 번 말하지만 아내는 남편의 인격에 복종하는 것이 아니라 남편의 역할에 복종해야 합니다.

적용 현대 사회는 여성의 권익을 위해 매일같이 투쟁하고 있습니다. 그러나 진정한 여성 해방은 하나님이 주신 역할에 순종할 때 비로소 이루어집니다. 가정에서 서로의 역할 분담을 잘하고 있습니까?

아내를 자신처럼 사랑하라

남편들아 아내 사랑하기를 그리스도께서 교회를 사랑하시고 그 교회를 위하여 자신을 주심같이 하라 이는 곧 물로 씻어 말씀으로 깨끗하게 하사 거룩하게 하시고 자기 앞에 영광스러운 교회로 세우사 티나 주름 잡힌 것이나 이런 것들이 없이 거룩하고 흠이 없게 하려 하심이라 이와 같이 남편들도 자기 아내 사랑하기를 자기 자신과 같이 할지니 자기 아내를 사랑하는 자는 자기를 사랑하는 것이라 (엡 5:25-28)

순종하는 것보다 더 어려운 것이 사랑하는 것입니다. 순종은 내 의지를 꺾고 할 수 있지만 사랑은 지극히 인간적인 사랑조차도 마음대로 하기 어렵습니다. 그런데 여기서 말하는 사랑은 '아가페'입니다. 즉 무조건적인 사랑, 하나님의 사랑을 말합니다. 남편들은 아내를 무조건적으로 사랑해야 영적 생활이 막히지 않는다고 말씀하십니다(벧전 3:7).

기도는 영적인 호흡입니다. 그런데 아내를 귀하게 여기지 않으면 기도가 막힌다고 했습니다. 따라서 아내를 귀하게 여기지 않으면 기도가 막혀 영적인 호흡이 끊어지니 죽은 것과 마찬가지 아니겠습니까? 그래서 남자가 예수님을 만나지 않고는 진짜 사랑을 하기가 어렵습니다. 예수 없이는 아가페 사랑이 생길 수 없는 것입니다.

인생의 목적, 결혼의 목적은 우리가 티나 주름 잡힌 것 없이 거룩하고 흠 없는 영광스러운 교회로 세워지기 위해서입니다. 서로가 서로에게 복종하고 사랑할 때 그렇게 되는 것입니다. 아무래도 남편의 믿음이 더 좋아야 이 역할을 잘 감당할 텐데 대부분 그렇지 못합니다.

그래서 결혼을 통해 사랑받고 싶어 하던 아내들이 실망하게 되고 그 과정에서 사랑의 본체이신 예수님을 만나게 됩니다. 그렇게 만난 예수님을 남편에게도 전하려 애쓰는 것이 거룩해지는 과정입니다.

우리의 신랑이신 예수님은 우리를 물로 씻어 회개하게 하시고 말씀으로 깨끗케 하시고 양육시켜서 거룩하게 하신다고 했습니다. 이것이 우리 인생과 결혼의 목적입니다. 인생의 목적은 행복이 아니라 거룩입니다. 하지만 실제 우리의 결혼생활에는 수많은 티와 주름이 있을 수밖에 없습니다. 어쩌면 죽을 때까지 노력해도 그 주름을 완전히 없앨 수 없을지도 모릅니다. 그래서 결혼의 목적이 거룩이라는 사실을 모르면 인생이 슬픈 것입니다.

적용 우리 삶에는 티나 주름이 많을 수밖에 없습니다. 그런데 나만은 예외라고 생각하면 배우자를 인정하기 어렵습니다. 오늘 나의 티와 주름을 볼 수 있도록 기도해보십시오.

부부 연합의 비밀

누구든지 언제나 자기 육체를 미워하지 않고 오직 양육하여 보호하기를 그리스도께서 교회에게 함과 같이 하나니 우리는 그 몸의 지체임이라 (엡 5:29-30)

결혼하면 누구나 예외 없이 자기 육체는 배우자의 것이 되고 배우자의 육체는 나의 육체가 됩니다. 첫 사람 아담도 그를 돕는 지체가 없었다면 불구와 다를 바 없었을 것입니다. 다른 성경 사본에 보면 '그 몸의 지체임이니라' 뒷부분에 '살과 뼈니라' 하는 말씀이 덧붙어 있다고 합니다. 몸에서 살과 뼈를 제외하면 남는 건 가죽밖에 없습니다. 예수님과 교회도 이런 의미에서 하나입니다.

창조주이신 예수님이 피조물과 하나라니 이 얼마나 놀라운 일입니까. 예수님이 우리를 자신의 뼈와 살로 인정하시고 영광의 보좌를 떠나서 우리를 신부로 부르시는 겸손을 생각한다면 세상 어느 배우자와 우리가 한 몸이 못 되겠습니까? 그런데도 제 육체인 배우자를 미워하는 사람이 있으니 얼마나 어리석은 일입니까. 분열은 어떤 이유로도 용납될 수 없다는 사실을 기억하시기 바랍니다.

적용 배우자는 나의 육체입니다. 그러므로 배우자를 양육하지 않고 미워하는 것은 자기 자신을 미워하는 것과 다를 바 없는 미련한 짓입니다. 혹시 마음으로 배우자를 미워하고 있지는 않습니까?

그러므로 사람이 부모를 떠나 그의 아내와 합하여 그 둘이 한 육체가 될지니 이 비밀이 크도다 나는 그리스도와 교회에 대하여 말하노라 (엡 5:31-32)

사실 결혼한 부부는 경제적, 사회적으로 부모를 떠나야 합니다. 결혼해서 처음에는 둘이 좀 살아봐야 하는 것입니다. 그리고 부부가 한 육체가 되는 즐거움을 누리게 되면 자연히 부모를 떠나게 됩니다. 그런데 부부가 둘만의 사랑이 지극하지 못하거나 이 큰 비밀을 제대로 모르는 경우에는 부모를 떠나지 못합니다. 육체의 비밀이 완전할 때 부부는 누가 뭐라든 한 몸이 되는 것입니다.

마찬가지로 주님과의 관계에서도 즐거움이 있고 표현하지 못할 비밀이 있으면 세상 것에서 떠날 수 있습니다. 그런데 이 비밀이 없을 때에는 옛것을 끊어내기가 어렵습니다. 먼저 예수 그리스도를 주님으로 영접하게 되면 남편과 연합하는 것도 가능하게 됩니다.

적용 원만한 부부 관계가 이루어지고 있습니까? 먼저 주님과의 관계가 어떠한지 살펴보시기 바랍니다.

그러나 너희도 각각 자기의 아내 사랑하기를 자신같이 하고 아내도 자기 남편을 존경하라 (엡 5:33)

"사랑하라, 존경하라." 주님을 만났어도 자발적으로 복종하고 사랑하고 존경하는 것이 너무나 어렵기 때문에 성경은 이렇게 반복하고 있습니다. 부부생활을 진짜 잘하시려면 여러분 가운데 주님과의 비밀이 있어야 합니다. 주님을 만난 비밀이 있는 사람은 하지 말라고 해도 남편을 존경하고 아내를 사랑하게 됩니다.

세월을 아끼고 지혜 없는 자같이 하지 말고 지혜 있는 자같이 하라고 했는데, 그러면 어떻게 하는 것이 지혜 있는 행동일까요? 어떤 집사님의 이야기입니다.

결혼생활 내내 남편이 상습적으로 바람을 피우다 끝내 집을 나가서 다른 여자와 살림을 차리게 되었습니다. 집사님은 두 아이들을 데리고 혼자 고생하며 살고 있는데 남편이 이혼을 요구해왔습니다. 그리고 부인이 아이들을 데려가면 양육비를 줘야 하니까 그게 아까워서 자기가 아이들을 데려갔습니다. 엄마와 고생하며 살던 아이들은 침대가 있는 독방을 주니 마음이 혹해서 아빠에게 가버렸고 결국 집사님 혼자 남게 되었습니다.

그런 중에 집사님은 큐티 모임에 나와서 말씀을 묵상하는 가운데 자기 자신을 보게 되었습니다. 남편이 술 마시고 때리고 바람피운 잘못도 있지만 자신에게도 잘못이 있다는 걸 깨닫고는 남편을 사랑하고 긍휼히 여기게 되었습니다. 그러다 보니 이혼하고 싶은 마음이 사라졌습니다.

하지만 남편이 계속 이혼을 요구했기 때문에 고민이 되었습니다. 그러다 가만히 앉아 집과 아이들을 빼앗기느니 남편의 구원을 위해서라도 맞대응을 하기로 결심했습니다. 지금 남편과 살고 있는 여자도 유흥업소에서 만나 일시적인 사랑을 나누는 것 같으니 무조건 가만히 있는 게 상책이 아니다 싶었던 것입니다.

그래서 이혼 소장에 전후 사정을 써서 이혼 소송 연기 신청을 했는데, 그 소장에 남편 욕을 했다면서 남편과 시부모님은 물론 그 집사님 편이었던 분들까지 등을 돌렸다고 합니다. 우여곡절 끝에 남편과 그 여자가 살고 있는 아파트를 가압류 신청한 후 아파트에 쳐들어갔습니다. 법적으로는 자신이 부인이고, 아이들도 있고 하니까 쳐들어간 것인데, 그 사람들이 문을 열어줄 리 만무하지요. 그래서 경찰을 불렀는데, 현장에서 잡힌 것이 아니라서 그냥 풀려났다고 합니다.

남편은 이 집사님이 그동안 너무 착하게 참고만 살았기 때문에 그렇게까지 하리라고는 상상을 못 했을 것입니다. 남편이 평생 부인을 무시하고 살았는데, 이제는 집사님이 아예 그 집에 들어가서 밥도 해 먹고 커피도 마시면서 같이 사니까 남편과 여자가 집을 나가게 되었습니다.

그렇게까지 하리라고는 집사님 본인도 상상을 못 했다고 합니다. 그저 참고 포기하고 아이들만 바라보며 사는 것이 전부인 줄 알았으니 말입니다. 그런데 아이들과 남편을 사랑하는 마음이 전에 없던 용기를 준 것입니다. 온전한 사랑에는 두려움이 없다고 했는데 두려움이 없으니까 그런 지혜가 생긴 것입니다. 내 가정을 지키겠다는 마음으로 수치를 무릅쓰고 지내면서, 지금까지 전혀 전하지 못했던 복음을 남편의 정부에게까지 전했다고 합니다.

사랑할 때 그런 지혜가 나옵니다. 대부분은 그런 남편과는 도저히 못 산다고 할 것입니다. 그런데 그렇게 못 살 것 같은 상황에서 "당신은 절대 가정을 포기하면 안 된다"며 남편을 붙잡았으니 이 얼마나 큰 사랑입니까?

한쪽에서 좋으면 다른 한쪽에서 무시당할 수밖에 없다는 사실을 알아야 합니다. 그래서 모든 사람에게 칭찬받으려는 사람보다 어리석은 사람은 없습니다. 진리는 모든 사람에게 통하는 것이 아닙니다. 악한 사람은 진리를 대적합니다. 그러니 인정은 인정대로 받고 모든 사람에게 천사처럼 보이려는 어리석음은 버리기 바랍니다.

적용 도저히 사랑할 수 없는 남편, 아무리 애써도 사랑하기 힘든 시댁 식구나 이웃이 있습니까? 내가 받은 그리스도의 온전한 사랑으로 상대방을 대하십시오. 나의 지식, 자존심을 다 내려놓고 겸손히 행하면 언젠가는 하나님이 높이실 것입니다.

아버지!
오늘 특별히 저희들의 부부생활을 위해 기도합니다.
말씀에 남편에게 복종하기를 주께 하듯 하라고 하시며
이로써 주님에 대한 사랑이 증명된다고 하셨습니다.
우리는 남편의 알코올중독과 성격과 질병
그리고 남편의 가족과 지위에 복종할 수 없습니다.
하지만 하나님이 짝지어주신 것을 사람이 나눌 수 없음을 알아
남편의 역할에 순종함으로 주님에 대한 사랑을 확증하는
삶을 살게 해주옵소서.
우리의 결혼생활에는 티나 주름 잡힌 것이 너무도 많아

아무리 펴도 끝이 없음에 절망하게 됩니다.

그러나 우리의 티나 주름은 천국에 가는 그날까지도

완전히 펼 수 없는 것임을 인정하게 하시고,

우리를 거룩하고 흠이 없게 하시기 위해

그리스도께서 우리를 신부 삼으신 것에 감사하게 해주옵소서.

또한 주님과의 인격적인 만남과 비밀스러운 교제가 있을 때

내가 기쁨으로 남편에게 복종하고 사랑할 수 있다는 사실을

알게 해주시기를 원합니다.

피차 복종하라고 하셨습니다.

우리 남편들이 예수 그리스도의 사랑으로

아내들을 사랑하게 해주시기를 원합니다.

그러나 그들이 주님을 만나기 전에는

자신의 생명을 내어놓는 사랑이 무엇인지를 모릅니다.

그러므로 먼저 우리 남편들과 자녀들을 주께 인도하기 원합니다.

그러기 위해 오늘도 제가 복종합니다.

그러한 사실을 잊지 않게 도와주시고 시와 찬미와 신령한 노래로

아버지 하나님을 찬양하는 입을 허락해주옵소서.

또한 지혜로운 여인이 되어 세월을 아끼는 저희들 되게 도와주옵소서.

예수님 이름으로 기도합니다. 아멘.

Chapter 17

예레미야서,
이스라엘 백성의 노예근성

요시야의 아들 시드기야가 여호야김의 아들 고니야의 뒤를 이어
왕이 되었으니…… 여호와께서 이와 같이 말씀하시니라 너희는
스스로 속여 말하기를 갈대아인이 반드시 우리를 떠나리라 하지
말라 그들이 떠나지 아니하리라 가령 너희가 너희를 치는 갈대아
인의 온 군대를 쳐서 그중에 부상자만 남긴다 할지라도 그들이 각
기 장막에서 일어나 이 성을 불사르리라 _렘 37:1-10

세상의 종노릇

예레미야가 아무리 "바벨론에 순종하라"고 외쳐도 여호야김과 시드기야는 애굽이 좋다고 합니다. 믿음 없는 사람이 보면 예레미야는 정말 '징글징글한' 사람입니다. 애굽이 좋다는 왕에게 왜 그리 끈질기게 바벨론으로 가라고 하는지 알 수가 없습니다.

애굽은 8천 년의 역사를 자랑하던 강대국인데 반해 바벨론은 신흥 강대국이라서 왠지 우습게 여겨집니다. 집안 대대로 내려오는 부자는 우러러봐도 벼락부자는 무시하는 것처럼, 다들 애굽에서 노예생활을 했으면서도 애굽만 찾습니다. 이것이 인간의 노예근성입니다.

그러나 사건이 닥쳤을 때 무엇이 바벨론이고 무엇이 애굽인지 분별하기란 참 어렵습니다. 자녀들의 대학을 정할 때도 서울대가 바벨론인지, 지방에 있는 학교가 바벨론인지 알기 힘듭니다. 어떤 경우에는 서울대가 바벨론일 수도 있고, 어떤 경우에는 지방 대학이 바벨론일 수 있습니다.

늘 술 마시고 행패를 부리며 가족들을 괴롭히는 아들을 둔 분이 있었습니다. 나름대로 부족함 없이 해줘도 정신을 차리지 않는 아들을 더는 볼 수가 없어서 굳게 마음먹고 집에서 내쫓으셨다고 합니다. 그 후 5년 동안 소식을 끊고 지내다가 우연히 어느 목사님이 그 아들을 돌보고 있다는 소식을 듣게 되었습니다. 아들은 중국집 배달부로 일하고 있었다고 합니다.

가족들까지 외면할 만큼 엉망이던 아들이 목사님의 양육을 받고 자기 일을 하며 산다는 것에 너무 감사했지만 선뜻 찾아가지는 못했다고 합니다. 그런데 이번에 그 아들이 교통사고를 당했다는 연락을 받았다며 가야 할지, 말아야 할지를 몰라 하셨습니다.

이런 경우에는 그 아들을 찾아가는 것이 바벨론일까요, 찾아가지 않는 것이 바벨론일까요? 달라졌다고는 하지만 부모에게 돌아오면 다시 예전처럼 엉망이 될 수도 있다는 생각이 옳은 것일까요, 아니면 나름대로 달라졌으니 이제 받아들이는 것이 옳을까요?

어느 것도 정답이라고 할 수는 없습니다. 각자 믿음의 수준대로 순종해야 할 바벨론이 다르기 때문입니다. 하나님께도 좋고 사람에게도 좋은 것을 선택할 수 있다면 좋겠는데, 그걸 알기가 어려우니 인생이 힘든 것입니다.

요시야의 아들 시드기야가 여호야김의 아들 고니야의 뒤를 이어 왕이 되었으니 이는 바벨론의 느부갓네살 왕이 그를 유다 땅의 왕으로 삼음이었더라 (렘 37:1)

적통(嫡統)으로 따지면 선왕(先王) 여호야김의 아들인 고니야가 왕이 되어야 하는데 동생인 시드기야가 뒤를 이어 왕이 되었습니다. 개역한글 성경에서는 '고니야를 대신하여 왕이 되었다'고 말씀합니다. 남유다는 기적 같은 과정을 통해 적통이 이어져왔지만 북이스라엘은 여덟 번의 반역으로 왕조가 바뀌면서 이미 주전

722년에 멸망했습니다.

시드기야가 고니야를 '대신하여' 왕이 될 수 있었던 이유는 바벨론 왕이 임명했기 때문입니다. 내가 처부숴야 할 세상 왕에게서 왕으로 임명을 받았습니다. 표면적으로만 종교의 자유를 내세우는 북한이나 중국에서 교회 목사를 정부가 임명하듯이 시드기야가 그렇게 임명된 것입니다. 시드기야에게는 이런 태생적인 한계가 있었습니다.

사랑과 공의로 온 세상에 하나님의 명성을 전해야 하는 인생의 목적은 저버린 채 믿는 사람들끼리의 싸움(고니야와 시드기야의 싸움)을 세상 법정 바벨론에 맡긴 격입니다. 그래서 세상의 통치를 받을 수밖에 없었습니다. 결국 이것도 유다가 지금까지 살아온 날의 결론입니다.

요즘은 교회가 많다 보니 교회 소송으로 세상이 시끄럽습니다. 목사가 장로를 고소하고 장로가 목사를 고소하는 판입니다. 억울하고 부당하다 여겨질 때 어떻게든 자신의 결백을 증명하고 싶겠지만 하나님께서 그런 사건을 주시는 데는 이유가 있음을 믿고 잠잠히 순종해야 합니다. 감옥에 갈 각오로 아무 변명도 하지 말고 세상 법으로 대응도 하지 말아야 합니다. 그럴 때는 감옥에 가는 것이 바벨론에 순종하는 길입니다.

적용 혹 세상의 종이 되는 것인 줄 모르고 세상에서 왕 노릇하고 있지는 않습니까? 세상 지식과 권력에 의뢰한 고소는 없는지 잘 생각해보십시오.

그와 그의 신하와 그의 땅 백성이 여호와께서 선지자 예레미야에게 하신 말씀
을 듣지 아니하니라 (렘 37:2)

백성들은 여호야김이 강제로 폐위되는 것을 보고도 예레미야
를 통해 하신 말씀을 듣지 않았습니다.

한때 휴거 날짜를 받아놓고 세상을 떠들썩하게 했던 목사가 있
었습니다. 결국 그의 주장은 한바탕 해프닝으로 끝났고 그가 잘못
됐다는 것을 모든 사람이 알게 되었습니다. 하지만 그 목사는 여
전히 활동하고 있고 그를 따르는 사람들도 여전히 있습니다. '그
와 그의 신하와 그의 땅 백성'이 되어 도통 말을 듣지 않는 것입니
다. 예수를 믿는다고 해도 '그와 그의 신하와 그의 땅 백성'에 속한
사람들이 꼭 있게 마련입니다.

시드기야의 권력을 보고 따른 신하와 백성은 다 시드기야 같은 사
람들이었습니다. 불이익을 감수하고도 하나님 편에 선 예레미야를
제외하고는 모두, 심지어 선지자나 제사장들까지도 '그' 부류였습니
다. 대부분의 사람들은 불이익을 당하는 쪽보다는 뭔가 생기는 것이
있고 누릴 게 있는 기득권 부류에 속하고 싶어 합니다.

그리고 그런 부류에 속한 사람들은 하나님 말씀에 순종하며 사
느라 돈이 있어도 안 쓰고, 가고 싶은 곳이 있어도 안 가고, 억울해

도 참고 사는 사람을 보고 "너만 예수 믿냐? 너무 그렇게 사는 거 아냐" 하고 오히려 충고합니다.

오래전 일본 코스타에 갔을 때, 여러 목사님들과 기업경영인 한 분이 동행한 적이 있습니다. 1차 집회 후 목사님들은 먼저 귀국하시고, 저와 기업경영인 그리고 네 명의 일행들만 하루를 더 머물게 되었습니다. 저는 속으로 '명색이 기업 회장님이 계시니까 하룻밤이라도 편한 곳에 머물겠구나' 하고 생각했습니다.

그러나 그런 생각도 잠시였습니다. 제가 그분과 저녁 식사를 한 곳은 서서 먹는 라면집이었고, 숙소는 집회를 한 교회였기 때문입니다. 그가 기업 운영에 적용하는 원칙들을 평소에도 그렇게 지키는 걸 보며, 저는 한참 멀었다는 생각이 들었습니다.

회장님뿐 아니라 그 일행들도 '그의 신하와 그의 땅 백성'이 되어 잘 훈련되었다는 것을 알 수 있었습니다. 그런 분들이 운영하는 기업에는 하나님께서 좋은 것으로 맡기실 거라는 생각이 들었습니다.

어떤 신혼부부는 한 달에 2백만 원 정도로 생활하면서 1년 만에 멀쩡한 차를 새 차로 바꾸고 자랑하는 것을 보았습니다. 세계 정세로나 국내 상황으로나, 하다못해 그 가정의 형편을 봐도 무리인 것 같은데 말입니다.

아마 그들이 앞의 회장님이나 예레미야 같은 이를 봤으면 징글징글하다고 여겼을 것입니다. 하나님께서는 분별력 있는 사람에게 물질도 주십니다. 말씀이 없어서 옳고 그른 것을 분별하지 못하는 사람에게 어떻게 육적인 것을 부어주시겠습니까?

저희 큐티 모임에 나오시는 분 가운데 술집을 운영하던 집사님이 계셨습니다. 이분이 어느 날 큐티를 하다가 하나님이 술집 운영을 기뻐하지 않으신다는 사실을 깨닫고 정리하기로 마음먹었습니다. 그런데 막상 정리하고 새로운 일을 시작하려고 보니 남은 돈이 얼마 되지 않았습니다. 어렵사리 알아본 시장 한쪽의 세 평짜리 가게도 건물 주인이 불을 쓰는 일은 절대 안 된다며 차라리 복권 가게를 하라고 했답니다. 하지만 다른 사람의 사행심을 이용해 돈을 버는 것 역시 하나님이 기뻐하지 않으시리라는 생각에 어묵이나 떡볶이 장사를 해보겠다고 하셨습니다.

그러고 나니까 건물 주인도 의외로 순순히 허락해주었습니다. 임대 보증금이 부족한데도 벌어서 갚으라고 했다는 것입니다. 요즘 그 집사님의 가게는 장사가 너무 잘되어서 따로 일하는 사람을 구한다는 구인 광고를 내보낼 정도입니다. 이래서 여호와께서 선지자 예레미야로 하신 말씀을 들으면 축복이고 듣지 않으면 저주인 것입니다.

적용 나는 누구의 신하와 백성이 되어 살아가고 있습니까? 혹시 당장의 유익을 가져다줄 사람들을 찾아다니지는 않습니까? 영육 간에 모든 것을 책임지시는 하나님을 믿으며 그분의 말씀을 잘 듣고 있는지 생각해봅시다.

나의 애굽과 바벨론

시드기야 왕이 셀레먀의 아들 여후갈과 마아세야의 아들 제사장 스바냐를 선지자 예레미야에게 보내 청하되 너는 우리를 위하여 우리 하나님 여호와께 기도하라 하였으니 (렘 37:3)

시드기야 왕은 예레미야가 전하는 하나님의 말씀에는 순종하지 않으면서 자신이 원하는 것을 위해 기도를 부탁합니다. 우리도 우리 자신을 돌아보면 하나님이 명하시는 말씀대로 살지 못하면서 필요한 부분에 대해서는 기복적인 기도를 드립니다.

제 주변에도 평소 말씀은 행하기 싫어하면서 뭔가 급한 일이 있으면 기도 부탁을 하러 오는 사람들이 있습니다. 뭐가 옳은지 알긴 하지만 자기 욕심 때문에 받아들이지 않다가 급하면 그제야 기도를 합니다.

시드기야도 예레미야의 말이 옳다는 건 알지만 포로로 가기는 싫어서 기도 부탁을 하러 두 사람을 보냅니다. 한 사람은 "하나님이 능하시다"라는 뜻의 이름을 가진 '여후갈'이고, 또 한 사람은 거짓 예언을 한 스마야(렘 29:24-32) 사건 때 예레미야 편을 들었던 '스바냐'입니다. 기도를 부탁할 때 이렇게 들어줄 만한 사람들을 골라 보낸 것입니다. 그러나 시드기야는 스스로 기도하지는 않았습니다. 하나님과의 관계가 올바르지 않은데 어떻게 기도할 수 있겠습니까?

적용 우리 모두 돈이나 병 또는 남편과 자녀에게 갇힐 수 있습니다. 그렇게 갇히기 전에 내가 행해야 할 일은 무엇입니까? 갇히는 것이 싫어서 갇힐 때를 예비하라는 말씀에 귀를 닫고 입을 막고 있는 것은 어리석은 일임을 기억하시기 바랍니다.

바로의 군대가 애굽에서 나오매 예루살렘을 에워쌌던 갈대아인이 그 소문을 듣고 예루살렘에서 떠났더라 (렘 37:5)

바벨론에 순종하라고 그렇게 외쳤는데 난데없이 애굽이 나타나자 바벨론이 물러갔습니다. 그러나 그 물러남이 잠시의 휴전 상태인 줄 알지 못하는 사람들은 바벨론에 순종하라고 한 예레미야를 얼마나 무시했겠습니까? 사실은 바벨론이 더 무서운 기세를 떨치려는데 시드기야는 착각하고 있습니다.

주식을 하다 망해서 부인에게 이혼을 요구당한 분이 있었습니다. 처음에는 절대 이혼을 못 한다고 버티다 부인이 남은 집 한 채를 정리해 반씩 나누자고 했더니 얼른 이혼을 했습니다. '그 돈으로 주식해서 돈 많이 벌어 큰소리쳐야지' 하고 생각한 것입니다.

그러나 이런 이혼은 절대 해서는 안 되는 것이었습니다. 집을 파는 것이 애굽이고, 이혼을 안하는 것이 바벨론에 순종하는 일이기 때문입니다. 결국 이혼 후 그 남편은 집 팔아서 나눈 돈으로 다시 주식을 해서 완전히 망하고 말았습니다.

바벨론은 이렇게 아주 실재적인 세력입니다. 오늘 내 삶에 존재하는 바벨론의 세력에 순종하기 위해서는 도와줄 애굽이 있어도 없는 듯 여기고 사는 훈련을 해야 합니다. 잠시 지나갈 뿐인 애굽 세력에 스스로 속아서는 안 되는 것입니다.

적용 막연한 하나님의 뜻이 아니라 내 삶에 실재하고 있는 바벨론 세력은 무엇입니까? 그 실재하는 바벨론에 순종하지 못하고 뜬구름 같은 주식, 돈, 사람, 권력, 지식을 잡기 위해 허우적거리지는 않습니까?

처음 십자가

여호와의 말씀이 선지자 예레미야에게 임하여 이르시되 이스라엘의 하나님 여호와께서 이와 같이 말씀하시니라 너희를 보내어 내게 구하게 한 유다의 왕에게 아뢰라 너희를 도우려고 나왔던 바로의 군대는 자기 땅 애굽으로 돌아가겠고 갈대아인이 다시 와서 이 성을 쳐서 빼앗아 불사르리라 여호와께서 이와 같이 말씀하시니라 너희는 스스로 속여 말하기를 갈대아인이 반드시 우리를 떠나리라 하지 말라 그들이 떠나지 아니하리라 (렘 37:6-9)

유다를 도우려고 왔던 애굽은 전혀 도움이 안 된다고 하십니다.

그런데도 우리는 '갈대아인이 반드시 우리를 떠나리라', '어디 어디에 투자하면 당장 일확천금이 생긴다'고 하는 말에 속고 싶어 합니다. 돈만 있으면 해결되고 이혼하면 일이 풀릴 것 같지만 결코 그렇지 않습니다.

처음 주시는 십자가가 가장 쉬운 십자가입니다. 주식을 하다 망한 남편을 섬기며 가정을 꾸려 가는 것이 가장 쉬운 십자가인데, 그 십자가가 지기 싫어서 피하려다 더 큰 십자가를 지게 됩니다. 그러나 우리가 믿음으로 하나님의 명령에 순종하면 하나님께서 책임지십니다. 아무리 힘든 남편도 하나님 때문에 순종하고 섬기면 하나님께서 그 남편을 책임지십니다. 그래서 어쩔 수 없어서 순종하고 사는 것도 축복입니다.

제가 시집살이 때문에 힘들어할 때 저희 친정에서 집 한 칸 마련해주고 유학이라도 보내줬다면 저는 100퍼센트 뛰쳐나왔을 겁니다. 제 인생에 그런 돈이 없었던 것이 축복이었고, 지금은 이 큐티 사역을 위해 먹고살 만큼 허락하신 것이 축복입니다.

적용 나에게 처음 주신 십자가는 무엇입니까? 그 십자가에 순종하기 싫어서 상황이 변하기만을 기다리고 있지는 않은가요? 꿈을 깨십시오. 더 힘든 십자가가 기다리고 있습니다.

가령 너희가 너희를 치는 갈대아인의 온 군대를 쳐서 그중에 부상자만 남긴다 어떤 분이 이혼을 결심하셔서 제가 만류했습니다. 그런데도 그냥 이혼을 하시더니 얼마 지나지 않아 다른 사람과 재혼을 하겠다고 하셨습니다. 그래서 저는 이혼은 했어도 남편이 돌아오기를 기다려야 하지 않겠느냐고 말씀드렸지만, 결국 재혼을 하셨습니다. 말씀의 인도를 잘 받고 한 것이 아니었기에 그분은 결국 말씀과 멀어진 삶을 살게 되셨습니다.

내 힘으로 온 군대를 친다고 해도 하나님께서 허락하시지 않으면 그 부상자라도 일어나서 나를 망하게 한다고 하셨습니다. 말씀 안에서 가치관이 변하지 못해 남편과 이혼하고 다른 사람과 재혼했기 때문에 그 행복은 오래갈 수 없는 것입니다. 아무리 스스로 행복한 길을 찾아 나선다 해도 하나님께로 돌이키지 않으면 망할 수밖에 없습니다.

앞에서 술집을 정리한 집사님처럼 말씀에 순종해서 직업도 내려놓을 수 있는 분이라면 혹 이혼을 한다고 해도 홀로 설 수 있을 것입니다. 그러나 "말씀 봐라, 들으러 가자"고 권유해도 밤낮 "내 환경이 안 돼 봐서 모른다. 남편이 어떻고 시어머니가 어떤데…… 내가 말씀 볼 여유가 어디 있냐" 하시는 분들은 힘들다고 이혼하면 더 힘들어지게 됩니다. 오히려 지금의 환경에서 훈련을 받으며 하나님의 뜻을 발견하는 것이 더 낫습니다.

적용 말씀이 내 욕심과 맞지 않아 핑계만 대고 거부하지는 않았습니까? 하나님과 멀어지는 것도 모르고 내 뜻대로 했더니 다 잘됐다고 착각하지는 않습니까? 하나님의 뜻을 알면서도 내 욕심대로 행했기 때문에 내 성이 불살라진 것을 깨닫고 있습니까?

아버지 하나님!

요시야의 아들 시드기야가 여호야김의 아들 고니야를 대신하여

왕이 되었습니다. 바벨론 왕이 임명해서 왕이 되었습니다.

하나님 나라의 왕자가 세상 왕의 통치를 받고

세상에게 종노릇해서야 되겠습니까.

남편과 아내가, 목사와 장로가 서로 고소를 하면서도

그것이 내가 살아온 삶의 결론이라는 사실을 생각하지 못합니다.

그리고 시드기야 편에서 '그와 그 신하와 그 땅 백성'이 되어

옳고 그른 것을 전혀 분별하지 못하는

목자 잃은 양과 같을 때가 많습니다.

그렇게 우매하기 때문에 여호와께로 말미암는

예레미야의 말을 경청하지 않는 저를 불쌍히 여겨주옵소서.

오늘 여러 가지 적용을 나누며 하나님 뜻대로 산다는 것이

인간적으로 볼 때는 참으로 어려운 인생임을 알았습니다.

저는 하나님 때문에 남들보다 더 절제하고 인내하는 삶,

내 것을 포기하는 삶을 살 수 없는 사람입니다.

그러나 하나님의 자녀 된 자들은

결국 그런 인생을 살아야 한다는 것을 알고 있습니다.

제가 치우치지 않고 여호와께로 말미암는

예레미야의 말씀을 들을 수 있도록 은혜 내려주옵소서.

바벨론에 순종하라는 말은 듣지 않으면서도 힘든 상황 때문에

기도를 부탁하는 시드기야를 보면서,

저에게도 싫은 부분은 합리화하고

원하는 부분은 기도해달라고 하는 악함이 있음을 고백합니다.

그러나 예레미야는 아직 갇히지 않고

백성 사이에 출입할 수 있을 때 왕의 존전에 나아가

바벨론에 순종하라고 용감하게 전했습니다.

저도 돈에 갇히기 전에, 병에 갇히기 전에,

환경에 갇히기 전에 제 환경이 허락되는 날까지

주님만 전하기 원합니다.

갇히는 것을 두려워하지 않고 맡겨진 일에 잘 순종해야

갇혔을 때도 그 속에서

하나님의 뜻을 발견하는 역사가 있을 줄 믿습니다.

바벨론이 잠시 물러갔다고 거기에 속지 않도록 도와주옵소서.

날마다 주님이 말씀하셔도 당장 환경이 좀 풀려서 돈이 생기고
집이 생기면 애굽에 안주하려는 마음이 있습니다.

오직 주께서 명하신 대로

바벨론에 순종하며 살 수 있도록 은혜 내려주옵소서.

감사드리며 예수님 이름으로 기도합니다. 아멘.

Chapter 18

에스더서,
믿음의 결단

모르드개가 그를 시켜 에스더에게 회답하되…… 네가 왕후의 자
리를 얻은 것이 이때를 위함이 아닌지 누가 알겠느냐…… 나도 나
의 시녀와 더불어 이렇게 금식한 후에 규례를 어기고 왕에게 나아
가리니 죽으면 죽으리이다 _에 4:13-16

모르드개의 한계상황

우리는 지금까지 에스더와 모르드개를 구국의 영웅으로 알아 왔습니다. 그러나 그들이 처음부터 영웅이었던 것은 아닙니다. 그들은 바벨론 포로 1차 귀환 때 고향 땅인 예루살렘으로 돌아가지 않고 60년 동안 바벨론에서 잘 살았던 사람들입니다. 포로생활 70년에 버금가는 시간 동안 왕의 문지기로 기득권을 누리며 살았습니다.

바벨론에 얼마나 충성했는지 이름도 '마르둑' 신의 이름을 따라 모르드개라 짓고, '하닷사'라는 히브리 본명을 두고 에스더라는 이름을 사용했습니다. 결국 성공해서 왕후가 되었지만 말씀과 거리가 먼 삶을 산 것입니다.

역사서의 마지막인 에스더서는 인간이 어쩔 수 없는 죄인이라는 것을 말해줍니다. 사사기, 사무엘상하, 열왕기상하, 역대상하 시대를 지내면서 하나님의 은혜를 맛본 이스라엘 백성이 자기 나라에 돌아가지 않고 적의 땅에 살고 있기 때문입니다. 온 백성이 포로 된 상황에 처해 있을 때 하나님이 망극하신 사랑으로 구원해주셨는데도 그들은 적의 땅에 남아 있는 것입니다. 에스더서에 '하나님'이라는 말이 나오지 않는 이유입니다.

다니엘서, 느헤미야서, 에스라서 등 바벨론 포로로 갔어도 그들이 기록한 책에 모두 자신의 이름을 사용하게 하셨는데, 모르드개는 나라를 구했는데도 왜 '모르드개서'라고 하지 않았는지 그 이유를 생각해볼 수 있습니다.

에스더서 4장에서 하나님은 130년간이나 하나님을 잊고 지낸 이스라엘 백성에게, 모르드개가 하만에게 무릎을 꿇어야 하는 사건으로 드디어 찾아오십니다. 그러나 모르드개가 하만에게 무릎 꿇고 절하지 않은 것은 그의 믿음이 대단해서가 아닙니다. 왕에게 암살자를 가르쳐준 자기에게는 상을 안 주고 원수 집안의 하만에게는 상을 주었기 때문에 분해서 안 했다고 볼 수 있습니다.

모르드개의 이 같은 행동 때문에 온 나라가 도탄에 빠지고 다 죽게 생겼습니다. 3장까지만 보면 모르드개와 에스더의 어떤 면이 좋은 믿음인지 알 수 없습니다. 모르드개의 한계는 거기까지인 것 같습니다. 모르드개는 자기 의가 높아서 자기만 죽는다고 했으면 절대로 무릎 꿇지 않았을 사람입니다. 그런데 온 민족의 생명이 걸려 있으니 드디어 생의 한계상황에 직면하게 된 것입니다.

합당한 회개

모르드개가 이 모든 일을 알고 자기의 옷을 찢고 굵은 베옷을 입고 재를 뒤집어쓰고 성중에 나가서 대성통곡하며 (에 4:1)

모르드개가 회개하는 내용이 처음으로 나옵니다. 하만 때문에 모르드개에게 하나님이 찾아오셨습니다. '하만'이 큰 축복의 사자입니다. 하만이 있어서 하나님이 찾아오셨으니 얼마나 감사한 일입니까?

누가 뭐래도 안 깨지는 자기 의가 자신의 힘으로는 어찌할 수 없는 불가항력적인 일을 통해 무너집니다. 자신의 한계는 자기만 압니다. 다른 사람은 모릅니다. 돈으로도 자식으로도, 제아무리 안 무너지는 '육'이라 할지라도 무너지는 어떤 한 가지의 한계가 모든 사람에게 다 있는 것입니다.

모르드개는 자기 민족이 다 죽게 되어서야 회개합니다. 강한 사람에게는 또 이렇게 역사하신 것입니다. 그는 포로 된 나라에서 좋은 직장을 얻고 딸처럼 키운 사촌 동생을 왕후로 만든, 뭐든지 다 할 수 있는 사람이었습니다. 그랬던 모르드개가 옷을 찢고 굵은 베를 입었습니다. 이것은 회개했다는 말입니다.

그러나 130년 동안이나 하나님과 예루살렘을 잊은 모르드개가 굵은 베를 입었다고 했지 하나님께 회개했다는 말은 없습니다. 4절까지 한 절에 한 번씩 '굵은 베'라는 말은 나와도 '하나님'이나 '하나님께 회개했다'는 말은 아직 못 쓸 정도로 이 백성의 믿음과 영적 수준이 침체된 것입니다. 그러나 하나님은 이 백성을 잊지 않으시고 잔악한 자의 잔악함으로 징계하셨습니다.

우리도 혹 하만과 같은 사람에게 잔악함을 당하게 된다면 하나님이 나를 기억하셔서 내게 잔악한 자를 붙이셨다는 사실을 알아야 합니다. 설령 예수 믿지 않는 사람들이 "예수 믿더니 꼴좋다. 예수 믿는 사람의 결론이 겨우 그거냐" 하면서 비웃어도 '나는 예수 잘 믿고 살았는데 왜 이런 일이 생기는가' 반문할 것이 아니라 자기 속의 탐심을 봐야 합니다. 모르드개가 하만에게 무릎 꿇지 않은 것도 실은 탐심 때문이었습니다. 그 탐심 때문에 온 민족이 죽게 생겼습니다.

그러나 나를 치고 핍박하는 자를 하나님은 그냥 놔두지 않는다고 하십니다. 아무리 내가 형편없어도 다른 사람이 나를 조롱하고 멸시하는 것을 하나님은 가슴 아파서 견디지 못하시는 것입니다. 친히 손보겠다고 하십니다.

이 세상의 다른 신은 아파할 줄 모릅니다. 오직 하나님만이 고통하십니다. 참으로 형편없는 나를 만세 전에 택하셔서 마음 아파하심으로 구덩이에서 꺼내주시고 치료해주십니다. 하만의 사건에서 모르드개가 이 사실을 알게 된 것입니다. 지금까지 회개할 줄 몰랐던 모르드개가 굵은 베를 입었습니다. 이것이야말로 하나님이 치료하신 결과입니다.

하나님이 나에게 찾아오시는 일은 회개로부터 시작됩니다. 그러나 회개는 인간의 힘으로는 못 합니다. 그래서 회개할 수 있는 것도 인간이 받은 축복입니다. 모르드개도 하나님이 찾아오셔서 자신을 위해 울어주셨을 때 회개하면서 자기 자신을 알게 되었습니다.

사람이 자기 자신을 알게 되면 문제의 90퍼센트는 해결된 것입니다. 회개를 하니 의지의 사나이 모르드개가 대성통곡을 합니다. 하만 때문에 분하게 여기던 모르드개도 드디어 자기 자신 때문에 눈물 흘리기 시작했습니다.

적용 고난 앞에서 회개하십니까? 우리가 말씀을 공부하는 이유도 회개하기 위해서입니다. 회개 없는 성경공부는 상대방을 찌르는 도구밖에 안 됩니다. 하나님께서 여러분에게 무엇을 가장 원하느냐고 물으신다면 회개하는 마음과 영적인 복을 구하시기 바랍니다.

대궐 문 앞까지 이르렀으니 굵은 베옷을 입은 자는 대궐 문에 들어가지 못함이라 (에 4:2)

회개하는 사람은 이 세상에서 합당하지 않습니다. 세상에서는 다 실패자로 봅니다. 그러므로 믿지 않는 남편이나 친구 앞에서 울며불며 장탄식할 생각하지 마십시오. 대궐 문에 들어가지 못하는 줄 알고 아예 안 들어가야 합니다. 굵은 베는 대궐 밖에서 서로 믿음이 통하는 사람끼리 입어야 합니다.

모르드개는 '내가 출세하려고 고토인 예루살렘에 돌아가지 않고 여기 머물러 있다가 이 난리를 당하는구나. 그때 돌아갔으면 재산만 내놓아도 되었을 텐데 지금은 생명까지 내놓아야 하는구나. 왕의 문지기로 사는 것을 좋아하다가 여기서 죽게 생겼구나'

하면서 많은 생각을 했을 것입니다. 모르드개의 대인관계가 다 왕궁에서 이루어졌을 텐데, 이제는 그곳에 가서 동정을 구하고 싶은 생각이 없어졌습니다.

적용 어디서 회개하고 울어야 하는지를 분별하시기 바랍니다. 분별하지 못하면 회개해도 멸시만 받을 뿐입니다.

왕의 명령과 조서가 각 지방에 이르매 유다인이 크게 애통하여 금식하며 울며 부르짖고 굵은 베옷을 입고 재에 누운 자가 무수하더라 (에 4:3)

포로 귀환 때 예루살렘에 돌아가지 않고 남아 있던 유대인이 70만 명입니다. 대다수 사람들이 돌아가지 않았습니다. 이스라엘 사람들은 예나 지금이나 세계 어디를 가더라도 성공하고 경제권을 쥐고 삽니다. 포로로 간 바사(페르시아)에서도 이스라엘 백성은 오뚝이처럼 신화를 창조하며 지냈을 것입니다.

이런 사람들에게 죽음이 다가온 것입니다. 죽음은 사탄의 역사이기 때문에 편안하게 생각할 수가 없습니다. '나는 죽음이 아무렇지도 않아' 하는 생각은 이상한 것입니다. 이 세상에서 멸망될 최고의 원수는 사망이기 때문에 불편한 것입니다. 그래서 이들이 죽음의 명령 앞에서 다들 재에 뒹굴면서 회개하기 시작했습니다.

그러나 어떤 사람은 암에 걸려도 회개하지 않습니다. 왜 그렇습니까? 회개야말로 생명으로 인도하는 문인데, 이런 사람은 어떻게 하면 좋습니까? 우리는 이런 사람을 위해 기도 외에는 할 일이 없습니다. 에스더를 에스더 되게 한 것도 회개의 역사가 있었기 때문입니다. 회개 없는 에스더서는 그저 신데렐라 이야기일 뿐입니다.

적용 죽음의 사건이 생겼을 때 굵은 베를 입고 재에 누우며 회개하셨습니까? 그 사건에서 회개하게 해주신 하나님께 감사하십시오. 죽음과 같은 사건이 생겼는데도 회개하지 못한 가족과 친척, 이웃이 있다면 그들이 회개할 수 있도록 기도하십시오.

에스더의 무지

에스더의 시녀와 내시가 나아와 전하니 왕후가 매우 근심하여 입을 의복을 모르드개에게 보내어 그 굵은 베옷을 벗기고자 하나 모르드개가 받지 아니하는지라 (에 4:4)

여기서 우리는 에스더의 무지함을 보아야 합니다. 에스더는 아직 사건의 본질을 모른 채 굵은 베를 벗기고자 했습니다. 회개하고 있는 사람에게 "됐어, 그 정도면 됐어. 너는 회개할 거 없어. 네가 왜 회개를 해? 네가 회개해야 하면 이 세상 사람들 모두 회개해야 되게"라고 말하는 것입니다.

사랑한다면서 금식을 못 하게 하고 회개를 말리는 사람이 있습니다. 회개는 아무리 해도 지나침이 없습니다. 온 백성이 회개하는 역사가 일어나고 있는 이 시점에 왕후 에스더는 굵은 베를 벗기고자 했습니다. 거듭난 신앙을 갖지 못했다고 할 수밖에 없습니다.

적용 굵은 베를 벗기고자 하는 모습이 내게는 없습니까? 같이 재에 누워 회개하는 믿음이 될 수 있습니까?

에스더가 왕의 어명으로 자기에게 가까이 있는 내시 하닥을 불러 명령하여 모르드개에게 가서 이것이 무슨 일이며 무엇 때문인가 알아보라 하매 하닥이 대궐 문 앞 성중 광장에 있는 모르드개에게 이르니 모르드개가 자기가 당한 모든 일과 하만이 유다인을 멸하려고 왕의 금고에 바치기로 한 은의 정확한 액수를 하닥에게 말하고 또 유다인을 진멸하라고 수산 궁에서 내린 조서 초본을 하닥에게 주어 에스더에게 보여 알게 하고 또 그에게 부탁하여 왕에게 나아가서 그 앞에서 자기 민족을 위하여 간절히 구하라 하니 하닥이 돌아와 모르드개의 말을 에스더에게 알리매 에스더가 하닥에게 이르되 너는 모르드개에게 전하기를 왕의 신하들과 왕의 각 지방 백성이 다 알거니와 남녀를 막론하고 부름을 받지 아니하고 안뜰에 들어가서 왕에게 나가면 오직 죽이는 법이요 왕이 그 자에게 금 규를 내밀어야 살 것이라 이제 내가 부름을 입어 왕에게 나가지 못한 지가 이미 삼십 일이라 하라 하니라 (에 4:5-11)

온 나라 고향 백성이 난리를 치는 사건이 생겼는데 에스더는 왕후인 자기만 모릅니다. 옆에서 굿을 해도 모르는 사람이 있습니다. 대단한 간증을 해도 "그게 뭔데" 합니다. 그 일에 대해 그만큼 예민하지 않기 때문입니다.

하만이 은 일만을 왕의 금고에 바치기로 했다는 것을 밝히는 이유는 사태의 심각성을 알리기 위해서입니다. 하만이 왕에게 바친 돈이 뇌물임을 왕에게 알리기 위해 증서까지 첨부해서 보냈습니다. 그런데 에스더의 태도는 어떻습니까? 나라와 민족이 걸린 문제인데 모르드개의 말에 따르기 힘들겠다고 합니다. 이것이 에스더의 믿음입니다. 나라와 민족을 위한 믿음의 흔적이 어디에 있습니까? 처음부터 에스더가 믿음이 좋아서 나라를 구한 것이 아니라는 것입니다.

그래도 감사한 것은 신앙의 선배가 있어서 그의 가르침을 받고 결정적인 순간에 다른 길로 가지 않았습니다. 말 한마디 해주는 이가 있어서 이혼하지 않는 사람이 있는가 하면 한마디를 해줄 사람이 없어서 이혼하는 사람이 있습니다.

에스더는 변명합니다. "네가 남편을 몰라서 그래. 내가 내 백성을 살려달라고 한마디 하면 남편인 아하수에로가 나를 죽이려고 할 걸? 내 입장이 돼 보면 기도하라고 못 할 거야. 내 입장이 되어 봐" 하면서 말입니다.

에스더가 몸에 예물을 발라 가며 만난 남편이 아하수에로입니다. 이 부부가 지금 인격적인 교제를 하고 있습니까? 고아였다가 돈 많고 지위가 높은 왕에게 시집가니 말이 좋아 출세지 남편은 무슨 남편입니까? 30일 동안이나 안 부른 걸로 보아 그새 사랑이 식었을지도 모릅니다.

에스더가 믿음으로 택한 남편이 아니기 때문에, 고토 예루살렘으로 돌아가지 않았기 때문에 금세 이런 꼴을 당하게 됩니다. 예루살렘에 돌아가지 않은 모르드개와 에스더가 바람 앞의 등불과 같이 언제 죽을지 모르는 인생이 된 것입니다.

배우자를 택할 때 아하수에로 왕이나 권세 있는 사람을 꿈꾸지 마시기 바랍니다. 그저 제일 좋은 사람은 평범한 사람입니다. 양복장이의 아내 훌다와 번개 같은 남편과 살았던 드보라가 대단한 이유는 그들이 평범한 가정생활을 해냈기 때문입니다. 평범한 가정생활을 잘하면서 말씀을 잘 깨달으면 다 예언자가 됩니다. 아직도 세상적인 것만 바라보기 때문에 솔로몬과 같은 아들, 에스더 같은 딸이 되기를 기도하는 것입니다.

적용 지금 왕궁의 편안한 생활에 젖어 생명을 구하는 일에 무관심하지는 않습니까? 교회 주보의 선교란에 실린 글을 주의 깊게 읽어보셨습니까? 오늘은 그들을 위해 기도합시다.

그가 에스더의 말을 모르드개에게 전하매 모르드개가 그를 시켜 에스더에게

회답하되 너는 왕궁에 있으니 모든 유다인 중에 홀로 목숨을 건지리라 생각하지 말라 (에 4:12-13)

사람이 어려운 처지일 때는 오히려 민족을 위해 싸우고 싶어 하지만 편안한 자리에 가면 그 자리에 안주하고 싶어 합니다. 에스더도 온 국민이 재에 누워 회개하는데도 일부러 잊고 싶어 합니다. 아하수에로 왕이 무서워 그 힘의 원리에 굴복하고 싶어 합니다.

부자 남편이 돈을 주니까 그게 좋아서 옷이나 사 입고 맛있는 거나 먹으러 다닙니다. "저 사람은 아무리 예수 믿는 남편이 있어도 자가용도 돈도 없으니 그래도 내가 더 낫다"고 비교하면서 위로를 얻습니다. 남들에게 남편 욕하기 싫어서, 그래도 잘난 남편이라고 자랑하고 싶어 합니다. 영성 작가 헨리 나우웬의 말처럼 힘의 원리에 굴복하고 싶은 것이 우리의 마음입니다.

시어머니도 복음으로 사랑하기 싫고 참고 기다리는 것이 싫으니까 돈으로 때우고 옷이나 사드립니다. 에스더도 아하수에로를 사랑하기가 싫은 것입니다. 홀로 면하겠다고 해서 면해지는 것이 아닙니다. 내가 아무리 딴 길로 가려고 해도 하나님이 만세 전에 택한 사람은 자석처럼 엉덩이가 자꾸 끌려갑니다. 그러니 우리가 세상을 따라가려고 하면 우리 몸이 찢어지지 않겠습니까?

적용 나와 내 가족은 구원받았으니 그만이라고 생각하지 않으십니까? 하나님이 만세 전에 나를 택하셨다면 그런 생각을 할 수 없습니다. 나만 홀로 면할 수는 없습니다.

이때를 위함이라

이때에 네가 만일 잠잠하여 말이 없으면 유다인은 다른 데로 말미암아 놓임과 구원을 얻으려니와 너와 네 아버지 집은 멸망하리라 네가 왕후의 자리를 얻은 것이 이때를 위함이 아닌지 누가 알겠느냐 하니 (에 4:14)

모르드개가 에스더에게 경고했습니다. 아무리 권세 있는 왕이 나를 위해 180일 동안 잔치를 베풀어준다고 해도 그 권세는 끝나는 권세이고, 오직 하나님 나라의 권세만이 진짜 권세라는 것을 말합니다. 그러니 제아무리 화려한 잔치를 베풀어도 속지 말라는 것입니다.

에스더에게 야단쳐줄 신앙의 양육자 모르드개가 있어서 참 다행입니다. "잘 먹고 잘사는데 교회는 무슨 교회야. 사람 사는 게 다 그렇지, 교회는 뭐 별다르겠어" 하며 인생을 끝낼 뻔했는데, 그런 게 아니라고 말해줄 수 있는 사람이 있다는 것은 축복입니다. 하나님이 에스더를 왕후 되게 하신 것은 에스더 혼자 편하게 살라는 게 아닙니다.

저도 에스더처럼 고아나 다름없이 지냈습니다. 생각하면 할수록 기적이라고 생각되는 것이 부모님의 도움 없이 음악을 했는데, 제가 대학교에 붙은 것입니다. 저희 자매들이 모이면 우리가 학교에 다닌 것은 하나님의 은혜였다고 입을 모아 이야기합니다.

그런데 제가 하라는 주의 일은 안 하고 딴청을 피우니 아하수에로를 붙여주셨습니다. 저도 아하수에로 같은 남편을 만났던 것입니다. 남편과 인격적인 교제는 하지 않으면서 남편이 베풀어주는 잔치에 만족하며 살라고 능력도 없는 저를 학교에 붙여주신 것이 아니라는 말입니다.

적용 잘못된 길로 갈 때 말씀으로 경고하고 양육해주는 신앙의 선배가 있습니까? 감사하십시오. 지체가 현실에 안주하며 구원에 무관심할 때 올바른 조언을 해주고 계십니까? 알면서도 그냥 지나친다면 올바른 지체가 아닙니다.

에스더가 모르드개에게 회답하여 이르되 당신은 가서 수산에 있는 유다인을 다 모으고 나를 위하여 금식하되 밤낮 삼 일을 먹지도 말고 마시지도 마소서 나도 나의 시녀로 더불어 이렇게 금식한 후에 규례를 어기고 왕에게 나아가리니 죽으면 죽으리이다 하니라 모르드개가 가서 에스더가 명령한 대로 다 행하니라 (에 4:15-17)

에스더가 제대로 양육을 받은 후 나온 말이 "죽으면 죽으리이다"입니다. 우선 자신을 위한 중보기도를 부탁합니다. 그리고 자신도 기도한 후 진리가 아닌 왕의 규례를 어기겠다고 말합니다.

적용 예수님 때문에 왕의 규례를 어겨야 할 사건이 있습니까? 우선 믿음의 지체들에게 중보기도를 부탁하십시오. 그리고 죽으면 죽으리이다 하는 심정으로 나아가십시오.

제삼 일에 에스더가 왕후의 예복을 입고 왕궁 안뜰 곧 어전 맞은편에 서니 왕이 어전에서 전 문을 대하여 왕좌에 앉았다가 왕후 에스더가 뜰에 선 것을 본즉 매우 사랑스러우므로 손에 잡았던 금 규를 그에게 내미니 에스더가 가까이 가서 금 규 끝을 만진지라 (에 5:1-2)

사흘 동안 금식을 했으니 얼마나 초췌하겠습니까. 그렇다고 예수 안 믿는 남편 아하수에로에게 초췌한 모습으로 나타나 금식한다고 자랑을 하겠습니까 아니면 동정을 구하겠습니까? 우리는 금식할수록 더 아름다운 모습으로 남편에게 나아가야 합니다. "죽으면 죽으리이다" 하고 나아갈 때 이를 갈면서 가는 것이 아니라 왕후의 예복을 입고 화사하고 온유하게 나아가야 합니다.

사람이 무서운 게 없어지면 자유함과 담대함이 생겨 웬만한 일에는 혈기가 나지 않습니다. 저도 남편의 구원을 위해 생명을 내놓고 기도한 후부터는 혈기도 잘 내지 않고 같이 싸우는 일도 별로 없어졌습니다.

그렇게 에스더가 왕후의 예복을 입고 뜰에 서니 왕의 눈에 심히 아름답게 보였습니다. 에스더가 회개한 후에 이렇게 바뀌었습니다. 허락 없이 자기 앞에 나오면 죽일 수도 있는 아하수에로 왕이었는데 에스더를 심히 사랑스럽게 보게 된 것입니다.

이것은 기적입니다. 와스디는 남편을 바꾸지 못했는데, 하나님 앞에 기도한 에스더는 아하수에로 왕을 바꾸고 자신도 매력적인 모습으로 바뀌었습니다. 죽음을 두려워하지 않을 때 창조적인 지혜가 생겨난 것입니다. 이처럼 왕을 만날 때는 왕에게 맞는 태도를 취해야 합니다. 그렇다고 우리가 모두 왕후의 예복을 입어야 하는 것은 아닙니다. 전도 대상에 따라 그 태도를 달리해야 합니다.

제 언니도 40일 금식기도한 후에 죽음을 한번 경험하고 나서는 정말로 이 세상에서 부러운 것이 없어진 것 같다고 했습니다. 언니는 필리핀 빈민가에서 30년 가까이 선교 사역을 했습니다. 명문대 학벌을 비롯한 모든 것을 내려놓고 외모에 대해 완전히 자유로운 모습으로 살았습니다. 검게 그을린 얼굴로 그들에게 맞는 태도와 모습을 보이니 필리핀 빈민가 사람들은 언니에게 전혀 거부감을 느끼지 않았습니다. 필리핀의 빈민가에 맞는 왕후의 예복을 입은 것입니다.

기도하면 엄청난 기적의 역사가 일어납니다. 미리 '죽을까' 하는 것을 염려하지 마십시오. 죽으면 죽으리이다 하고 금식기도한 기도의 응답은 '겸손'과 '지혜' 그리고 '안정감'으로 오지 않을 수가 없습니다.

적용 각자의 아하수에로 왕(전도 대상자)에게 적합한 왕후의 예복을 입고 다가가
십니까? '죽으면 죽으리이다'의 태도는 온유하고 지혜로운 모습으로 나아가는
것입니다. 자신의 전도 방법을 다시 한 번 묵상해봅시다.

왕이 이르되 왕후 에스더여 그대의 소원이 무엇이며 요구가 무엇이냐 나라의
절반이라도 그대에게 주겠노라 하니 에스더가 이르되 오늘 내가 왕을 위하여
잔치를 베풀었사오니 왕이 좋게 여기시거든 하만과 함께 오소서 하니 (에 5:3-4)

왕이 생각지도 않게 나라의 절반이라도 에스더에게 주겠다고
합니다. 그런데 에스더는 더 예쁜 말만 골라서 합니다. 예수 믿는
사람이라면 상대방이 아무리 나보다 더 부유하게 산다고 해도 잔
치를 베풀며 초청할 수 있어야 합니다. "나는 가난하니까……"하
면서 거지 근성으로 늘 얻어먹으려고만 하는 사람은 매력이 없습
니다. 예수 믿는 사람은 줄 것만 있는 인생입니다.

이미 거듭난 에스더의 기도제목은 나라의 절반이 아닌 민족과
남편 아하수에로에게 가장 좋은 것이었습니다. 아하수에로가 이
스라엘 민족을 구해주는 것이 하나님 뜻대로 사는 것이기 때문에
참고 인내하며 남편을 유리그릇처럼 다룹니다.

첫 번째 부인 와스디는 남편 아하수에로에게 죄를 짓게 했지만,

에스더는 남편으로 하여금 죄도 짓지 않게 하고 나라도 구하는 놀라운 지혜를 발휘했습니다. 믿지 않는 남편에게 나아갈 때는 이런 지혜가 필요합니다.

적용 나라의 절반이라도 주고 싶을 만큼 남들에게 심히 아름답게 보이고 있습니까? 회개의 역사 없이는 지혜로운 전도를 할 수 없습니다. 뱀처럼 지혜롭고 비둘기처럼 순결하게 전도할 수 있게 해달라고 기도합시다.

하나님 아버지!
모르드개와 에스더의 회개를 보았습니다.
성령이 함께하신 회개가 놀라운 역사를 일으킨다는 것도 알았습니다.
그런데 주님, 날마다 눈물의 회개가 일어나지 않음을 고백합니다.
아직도 저의 육이 살아 있고 의가 높기 때문이오니
불쌍히 여겨주옵시고, 하만과 같은 사람을 붙여서라도
저의 한계를 알게 해주옵소서.
주님에게 잊힌 자처럼 살지 않도록 왕궁에 홀로 거하지 않게 하옵소서.

특별히 생명에 관한 일에 무관심하지 않으며
늘 깨어 기도할 수 있게 하옵소서.
각자의 배우자나 자녀, 친척들이 죄에 빠지지 않도록
권면할 수 있는 지혜를 허락하옵소서.

평생 믿음의 선배를 허락하셔서 양육 받을 수 있는 축복도 허락하옵소서.

예수님 이름으로 기도합니다. 아멘.

날마다 큐티하는 여자

초판발행일 ㅣ 2002년 12월 28일
개정증보 11쇄 발행 ㅣ 2024년 7월 15일

지은이 ㅣ 김양재

발행인 ㅣ 김양재
편집인 ㅣ 송민창
편집장 ㅣ 정지현
편집 ㅣ 김윤현 정연욱 진민지 고윤희 이은영
디자인 ㅣ 디브로㈜

발행한 곳 ㅣ 큐티엠
출판 신고 ㅣ 제2017-000130호(2017년 10월 20일)
주소 ㅣ 경기도 성남시 분당구 판교공원로2길 22, 4층 큐티엠 (우)13477
편집 문의 ㅣ 070-4635-5318   **구입 문의** ㅣ 031-707-8781
팩스 ㅣ 031-8016-3193
홈페이지 ㅣ www.qtm.or.kr   **이메일** ㅣ books@qtm.or.kr
총판 ㅣ ㈔사랑플러스 02-3489-4380

ISBN ㅣ 979-11-962393-1-2 03230

큐티엠(QTM, Question Thinking Movement)은 '날마다 큐티'하는 말씀묵상 운동을 통해
영혼을 구원하고, 가정을 중수하고, 교회를 새롭게 하는 일에 헌신합니다.